Le CV, la lettre, l'e-mail et l'entretien

Groupe Eyrolles
61, bd Saint-Germain
75240 Paris Cedex 05

www.editions-eyrolles.com

Avec la collaboration de Patrick Lenormand

Cet ouvrage a été publié précédemment sous le titre *Le CV, la lettre et l'entretien*, aux Éditions Eyrolles

ISBN : 978-2-212-56138-8

Charles-Henri Dumon – Jean-Paul Vermès

Le CV, la lettre, l'e-mail et l'entretien

Nouvelle édition 2015

EYROLLES

Table des matières

Partie 3 - Internet, l'accélérateur d'opportunités

Partie 4 - Candidater à l'étranger

Partie 5 - L'entretien d'embauche

Introduction

« Des chercheurs qui cherchent, on en trouve ; des chercheurs qui trouvent, on en cherche… » Cette phrase ironique, lancée par le général de Gaulle lors de sa visite d'un laboratoire, pourrait servir de pense-bête – ou de garde-fou – à tous ceux qui sillonnent le marché de l'emploi en quête du candidat idéal ou de l'emploi rêvé. On peut se perdre dans cette quête qui se doit d'être efficace : du côté du recruteur comme du côté du chercheur d'emploi, on n'a pas de temps à perdre ni d'espoirs à gâcher.

Comme son nom le laisse entendre, ce guide s'adresse essentiellement aux demandeurs d'emploi, sans oublier les recruteurs – la relation se joue à deux ! Il se fonde sur notre longue expérience du recrutement et vous livre nos conseils professionnels pour vous aider à trouver un emploi correspondant à vos compétences, à vos attentes et, plus largement, à votre projet professionnel et personnel.

Cet ouvrage est à la fois un guide du CV et de l'entretien de recrutement. Il a pour vocation d'accompagner concrètement le candidat tout au long de son parcours de recherche d'emploi, notamment en l'aidant à se poser les bonnes questions et à trouver les réponses les plus justes, c'est-à-dire les plus adaptées au candidat.

Chercher un emploi invite à une réflexion sur soi-même. Elle permet de faire le point sur ce que vous savez faire (ou pas), sur ce que vous voulez faire (ou pas, ou plus), sur votre évolution professionnelle. Le questionnement proposé au chapitre 14 vous permettra d'affiner votre candidature, de préciser les contours du ou des postes que vous recherchez, d'enrichir toutes les étapes de votre recherche, de la réalisation du CV et de la lettre d'accompagnement à la préparation et à la conduite de l'entretien.

L'objectif final n'est pas tant de trouver des offres d'emploi (vous les trouverez facilement ou, mieux encore, elles viendront à vous), il est plutôt de tout mettre en œuvre pour rassurer le recruteur et lui donner envie de vous rencontrer.

Pour vous aider à y parvenir, ce guide vous donne des informations sur les attentes des recruteurs. Il regorge, aussi, de conseils pratiques sur ce qu'il est recommandé de faire (et de ne pas faire) pour bien utiliser les outils et les ressources pour la recherche d'emploi et s'assurer du bon déroulement de l'entretien. Il démythifie, enfin, le recrutement lui-même en rappelant quelques règles de bon sens qui permettront de mieux appréhender cette étape obligée. Avec de telles armes, la « chasse à l'emploi » deviendrait presque une partie de plaisir !

En vous invitant à la cohérence de votre stratégie et à la sincérité de vos actions, ce guide vous permettra de multiplier vos chances d'atteindre vos objectifs. Après en avoir parcouru le sommaire, n'hésitez pas à le consulter librement, en vous rendant directement aux points qui vous intéressent et sans lire forcément les chapitres les uns après les autres. Puisse cet ouvrage répondre à toutes vos questions et vous guider pas à pas vers l'emploi correspondant idéalement à votre projet. Et qu'au final, vous puissiez jeter les bases d'une union profitable et solide avec l'entreprise.

Partie 1

Composer un CV efficace

Parcouru en quelques instants à peine, le CV n'a que quelques secondes pour convaincre et doit être paré de toutes les qualités : il doit être court, clair, original et adapté à son lecteur aux besoins parfois flous, en un mot, efficace. Paradoxe supplémentaire, il doit en dire assez sur le candidat mais sans en dire trop non plus pour déclencher l'envie de rencontrer le postulant. Des règles précises, que nous vous détaillons ici, permettent de se donner toutes les chances de décrocher le rendez-vous tant espéré.

Le CV doit rassembler des informations personnelles et professionnelles qui permettront à un candidat d'obtenir un stage ou un emploi. C'est une sélection d'éléments destinée à convaincre de la pertinence d'une personne avec un poste ou une mission. Ce document, par nature synthétique et pas exhaustif, est un condensé, pas le roman complet de votre vie. Cette synthèse doit en dire assez pour commencer à vous connaître, mais pas suffisamment. Elle doit juste donner envie de vous rencontrer pour en savoir plus.

On voit parfois fleurir ici ou là l'expression « CV gagnant ». Comment parler de CV gagnant quand celui-ci aura été, le plus souvent, adressé à nombre de recruteurs sans plus de retour...

Le CV ne permet pas de faire la différence entre les candidats mais de franchir la première étape du recrutement. Le CV n'est donc pas « gagnant » à tous les coups mais il peut vous permettre de gagner en suggérant au recruteur que l'auteur du document peut être le candidat recherché pour le poste. Gagner, c'est tout simplement décrocher un rendez-vous et éventuellement, par la suite, un poste.

En revanche, il est plus intéressant de préciser ce que serait un « CV perdant » : mal « ficelé », trop long, incohérent, il est difficile à lire et à comprendre et suscite pour toute réaction un « classement vertical ».

Chapitre 1

Les principes de base

La composition de ce support de communication spécifique qu'est le CV s'appuie sur des principes de base qu'il faut garder à l'esprit avant de le réaliser concrètement.

L'objectif est simple : faire en sorte que votre CV sorte du lot… et pour de bonnes raisons. Il doit impressionner favorablement par sa structuration claire, son originalité, aussi bien sur la forme que sur le fond, et son authenticité.

Éviter le CV fourre-tout

Rédiger un CV est une action de communication. Celle-ci suppose un émetteur soucieux d'envoyer un message adapté à un destinataire. Par voie de conséquence, pas de CV fourre-tout ! Vous ne pouvez pas envoyer un document rassemblant la totalité des informations vous concernant tout simplement parce qu'une partie de ces informations ne concerne pas et n'intéresse pas le recruteur.

Si vous avez du mal à retirer des éléments de ce « CV biographie », si tout vous semble intéressant à conserver, posez-vous une question simple : ce CV, l'écrivez-vous pour votre recruteur ou pour vous-même ? Un candidat inexpérimenté ou en début de carrière est souvent dans la deuxième situation : accumuler les informations et les expériences professionnelles et personnelles permet de se rassurer – c'est humain – et, accessoirement, de remplir la page… Un peu de bon sens, toutefois, fait vite opter pour la première finalité : on écrit ce CV non pas pour soi-même mais pour quelqu'un, il va falloir trier et mettre en avant ce qui lui parle *à lui.*

Le candidat doit tout d'abord s'efforcer de sélectionner les étapes les plus significatives, les résultats les plus marquants de son parcours, puis les hiérarchiser par ordre d'importance décroissante. Il doit également illustrer le plus clairement possible ses responsabilités et ses missions actuelles ou récentes. Toutes ces informations, soigneusement rédigées et agencées, donneront au recruteur une idée du poste ou de la fonction que le candidat pourrait occuper.

Éviter le CV passe-partout

Cette première approche de rédaction d'un CV « sur mesure » permet de répondre à une question que se posent beaucoup de chercheurs d'emploi : faut-il envoyer le même CV à tous les recruteurs potentiels ? Une telle façon de faire – si elle n'est pas motivée par la paresse ou la lassitude – contient une certaine logique : les informations personnelles et professionnelles, c'est-à-dire son identité résumée en quelques points saillants, ne changent pas, il est donc normal de présenter au monde extérieur la même vitrine de vous-même.

Comment un document de présentation uniforme et figé pourrait-il être adapté à tous les postes, être utilisé dans toutes les recherches d'emploi ?

Si les informations générales vous concernant ne varient naturellement pas, les informations spécifiques, elles, pourront, selon les cas, être mises en avant, reléguées plus loin dans le CV ou même ignorées si vous estimez qu'elles ne sont plus d'actualité ou inadaptées pour le poste ou le recruteur. Cette sélection fine des informations et leur hiérarchisation permettront de « parler » plus précisément au destinataire du CV. D'une certaine façon, le CV reste le même sur le fond mais, suffisamment ouvert et flexible, il s'adapte dans la forme à chaque interlocuteur, à chaque situation de recrutement.

Pour les candidats en début de carrière, c'est la partie « Qualités personnelles et professionnelles » qui fera l'objet de cette adaptation : vous mettrez en avant les qualités qui vous semblent particulièrement adaptées au poste visé. Il sera également possible de mettre l'accent sur un stage dans une fonction ou un secteur d'activité spécifiques et les compétences qu'il vous a permis de développer si celles-ci sont particulièrement recherchées par le recruteur.

Pour les candidats déjà plus expérimentés ou affichant plusieurs compétences, le choix de mettre en avant certains atouts plutôt que d'autres sera plus facile à opérer. Le titre du CV pourra lui aussi s'adapter et changer en fonction du poste visé sans perdre pour autant de sa crédibilité : les compétences et les expériences permettant de valider cet intitulé figureront en bonne place dans la partie haute du CV.

Éviter de frauder

Le CV mensonger est une réalité : selon une étude menée par la société VérifDiploma, 26 % des candidats à l'embauche prendraient des libertés avec la vérité en « enjolivant » leur CV. À tel point que certaines sociétés se proposent de passer au crible les CV des candidats à de hauts postes. Les mensonges les plus courants portent sur l'âge, la situation maritale ou l'adresse ou consistent en l'auto-attribution d'un diplôme réel ou imaginaire, l'exagération des postes et des responsabilités, l'invention de hobbies ou de centres d'intérêt pour se créer de toutes pièces la personnalité la plus proche du poste convoité.

Les exemples sont parfois comiques à force d'exagération : un candidat affirme sur son CV être champion du monde universitaire de natation... alors que son record personnel aux 100 mètres dos était seulement meilleur que celui du recordman mondial de l'époque ! Plus troublant encore, un autre candidat a réussi, en truquant ses diplômes et ses expériences professionnelles, à se voir confier la direction d'un aéroport en province avant d'être démasqué deux mois après son embauche.

Quels sont les risques de telles pratiques ? Il est difficile de faire durer une relation initiée sur le mode du mensonge ou de l'omission. Pour le tricheur, le stress d'être découvert est permanent et, au-delà de la tension permanente, le risque est bien réel de voir que l'entrée par effraction par l'intermédiaire de mensonges et d'exagérations peut être suivie d'une sortie prématurée de l'entreprise.

Plus précisément, le mensonge sur un CV peut être sanctionné juridiquement. Aux yeux d'un tribunal, il peut constituer un dol, qui se définit comme « des agissements trompeurs ayant entraîné le consentement qu'une des parties à un contrat n'aurait pas donné, si elle n'avait pas été l'objet de ces manœuvres » (*Dictionnaire juridique*). Et la conséquence directe est l'annulation du contrat de travail : selon l'article 1116, al. 1er du Code civil, applicable au contrat de travail « le dol est une cause de nullité de la convention lorsque les manœuvres pratiquées par l'une des parties sont telles qu'il est évident que, sans ces manœuvres, l'autre partie n'aurait pas contracté ». La jurisprudence a en outre établi que la production de faux diplômes peut justifier un licenciement pour faute grave.

Enfin, la production de faux diplômes peut constituer un délit de faux réprimé par l'article 441-1 du Code pénal. Celui-ci stipule que « constitue un faux toute altération frauduleuse de la vérité, de nature à causer un préjudice et accomplie par quelque moyen que ce soit, dans un écrit ou tout autre support d'expression de la pensée qui a pour objet ou qui peut avoir pour effet d'établir la preuve d'un droit ou d'un fait ayant des conséquences juridiques ». Le faux et l'usage de faux sont punis de trois ans d'emprisonnement et de 45 000 euros d'amende (Code pénal, art. 441-1, al. 2).

Moralité ? Jouez la carte de la vérité ! Le lien qui commence à se nouer entre le candidat et le recruteur au moyen du CV n'en sera que plus durable. Fixez-vous une règle simple : CV = sincérité. Être soi-même, c'est le meilleur moyen de faire passer un message crédible sur ses motivations et ses capacités et, surtout, de convaincre.

Savoir se vendre sans se vanter

Vous avez une vraie plus-value professionnelle, comment mettre en avant ces qualités sans donner l'impression de se vanter ? L'exercice est parfois délicat, « s'auto-photographier » n'a jamais été chose simple. Vous devez « vous vendre » – vendre vos compétences et vos qualités personnelles, pour être plus précis – mais pas à n'importe quel prix !

Le risque serait de céder à la tentation de l'auto-contemplation, au narcissisme, au « tout-à-l'ego ». Gardez à l'esprit que le destinataire, ce n'est pas vous mais le recruteur. Celui-ci a des attentes précises : il souhaite simplement obtenir de vous un bilan personnel et professionnel précis, sincère (voir paragraphe ci-dessus) et donc convaincant. Un parcours professionnel qui ne serait qu'une succession de réussites ininterrompues, de succès croissants ne trompera personne et encore moins des professionnels aguerris comme les recruteurs !

Savoir se dévoiler... sans se dénuder

Présentez-vous tel que vous êtes, ni plus, ni moins. Votre CV n'en sera que plus crédible : il « tiendra la route » parce qu'il contiendra des informations précises qui esquisseront l'être humain derrière le collaborateur potentiel, le parcours de vie derrière le cheminement professionnel.

Ce point d'équilibre entre la vie privée et professionnelle est parfois difficile à trouver et peut même susciter de la gêne. Une règle simple permet de gérer cette situation potentiellement délicate : le CV, s'il doit révéler des expériences ou des compétences utiles pour un poste donné, s'arrête à la porte de l'intimité. De l'autre côté, il faut comprendre le point de vue du recruteur : si c'est un bon professionnel, il cherche simplement à connaître les éléments qui peuvent avoir une incidence sur le poste que vous souhaitez occuper (absences à prévoir, traitement médical plus ou moins lourd, adaptation du poste, etc.).

Les exemples qui suivent permettent, notamment, d'expliquer les pauses dans la carrière et de gérer les trous les plus courants dans un CV :

- **L'arrêt pour raisons familiales :** grossesse, congé parental pour élever un enfant, congé pour s'occuper d'un parent malade. Notre conseil : mentionnez simplement cet arrêt comme un fait chronologique (2005-2006 : interruption d'activité pour raisons familiales). Si le recruteur veut en savoir plus, il vous le demandera en entretien... ou pas. Il y verra, c'est certain, une marque de sincérité. Au cours de l'entretien, vous pourrez expliquer en quelques mots de quoi il s'agissait sans vous épancher outre mesure. Vous êtes en entretien et pas dans un cabinet de psychanalyste : il s'agit juste pour vous de mentionner un fait personnel qui s'insère dans une chronologie à dominante professionnelle.

- **L'arrêt pour raisons personnelles :** maladie ou accident. Le raisonnement est le même, bien sûr, avec une vigilance accrue sur ce qui doit rester strictement dans la sphère privée. S'il s'agit d'un accident ou d'une maladie, bénigne ou plus sérieuse, le recruteur n'a pas à s'aventurer dans un questionnement trop poussé. Là encore, mentionnez de manière neutre cet événement personnel comme un simple fait dans une chronologie (2004-2005 : interruption professionnelle suite à un accident automobile). Aux yeux de votre interlocuteur, vous ferez là encore acte de franchise et cette information lui suffira sans doute. S'il cherche à en savoir plus, mentionnez uniquement ce que vous souhaitez dire ou affirmez votre souhait de ne pas vous étendre sur ce sujet. Un recruteur intelligent saura s'arrêter où il faut dans son questionnement. Il ne pourra en aucun cas se servir de votre état de santé comme d'un motif de refus, il s'agirait là d'une discrimination à l'embauche (art. L. 1132-1 du Code du travail).
- **L'arrêt pour raisons professionnelles :** période consacrée à une formation longue, à un processus de reconversion, voire à un arrêt comme une période de chômage. Les deux premiers motifs se conçoivent aisément pour un professionnel du recrutement : ils montrent que vous vous souciez d'entretenir vos compétences et que vous savez vous remettre en question. La dernière raison, le chômage, peut être difficile à mentionner et à assumer. Jouez la carte de la franchise et présentez cette période sous son meilleur jour : parlez de « repositionnement professionnel » et, surtout, montrez que pendant cette inactivité le plus souvent subie et involontaire, vous êtes resté actif par votre veille, par votre participation active à des cercles de recherche d'emploi ou à des associations ; le bénévolat temporaire montre que vous avez conservé une activité malgré tout et que vous avez démontré une qualité de résistance à l'adversité que vous subissiez.

La rédaction suit également des règles de forme que nous détaillons dans le prochain chapitre.

Chapitre 2

La préparation du CV

À première vue, écrire un CV n'est pas trop compliqué. La trame est connue, l'ordre des rubriques classique. De plus, les sites Web d'entreprises, d'annonces en ligne (*job board*) ou autres plateformes de mise en relation professionnelle proposent fréquemment des CV sous forme de tableau ou de fichier type à renseigner. Il suffirait donc de suivre les étapes en remplissant les cases. En une demi-heure, le travail est terminé ! Mais attention aux CV vite faits… et mal faits ! « Bâcler » la préparation et la réalisation d'un CV ne pardonne pas. Cela se voit au premier coup d'œil.

Même si la mise en forme est guidée, l'essentiel se situe – au-delà de la présentation qui doit être soignée comme on vient de le voir – dans le travail en amont sur la recherche et la sélection des informations qui vont constituer le corps du CV.

Avant même d'organiser et de présenter les moments clés de sa carrière, il faut « récupérer » la matière première de son parcours. Que dire et par quoi commencer ? La réponse est simple : procédez avec méthode.

La démarche la plus facile consiste à mettre noir sur blanc tous les éléments vous concernant de façon chronologique et en essayant de ne rien omettre. Ajoutez-y les idées qui vous viennent à l'occasion de ce « grand rangement ». Vous classerez et sélectionnerez ensuite toutes ces informations.

Vous allez logiquement commencer par faire un état des lieux de vos activités professionnelles et extraprofessionnelles. Poursuivez cette première étape par un bilan personnel, puis par un examen professionnel (bilan de vos réalisations professionnelles) qui vous permettront de dégager, au final, votre projet de carrière, et surtout de préciser un peu mieux le poste ou les postes qui vous intéresse(nt).

Enfin, sachez que, même si les avis et les conseils que vous pouvez solliciter auprès de tiers peuvent être utiles, vous devez rester maître de votre travail et réaliser un CV qui vous ressemble.

L'état des lieux

Commencez par noter toutes les données ayant trait à votre état civil, à votre formation, à votre expérience professionnelle et à vos activités extraprofessionnelles. Faire cet état des lieux, c'est faire le récapitulatif le plus exhaustif possible des formations initiales et continues suivies, c'est décrire avec précision les réalisations effectuées, c'est enfin réaliser la synthèse des techniques professionnelles que vous maîtrisez.

Il s'agit de retrouver avec précision toutes les informations pratiques sur les différents moments de votre parcours :

- les informations essentielles relatives à votre état civil : mention de l'âge, de la situation familiale (mariage, divorce...) et de la mobilité (être mobile sur toute la France ou pas, être propriétaire de son logement ou pas) ;
- les informations essentielles relatives aux études (les différents diplômes et certificats obtenus, précisez les dates et lieux de votre scolarité), formations complémentaires ;
- les stages en entreprise ;
- le service militaire ou service civique (le cas échéant) ;
- les langues maîtrisées avec, pour chacune d'elles, le niveau de maîtrise (lu, parlé, écrit) ;
- les bulletins de salaire, avec les dates exactes de présence chez vos précédents employeurs ; détaillez également les principales réalisations effectuées pour le compte de vos précédents employeurs, les sources de motivation ou de démotivation pour chacune des étapes de votre parcours (« à l'aise dans... », « mal à l'aise pour... »), ainsi que les raisons du départ de l'entreprise. Pensez enfin à indiquer le niveau du premier et du dernier salaire ;
- les activités extraprofessionnelles.

Bien évidemment, il est essentiel de décrire avec le plus de précision et d'honnêteté possible les étapes de votre parcours professionnel – du premier emploi au dernier – en indiquant à chaque fois les fonctions exercées, les missions tenues et les dates correspondantes. N'hésitez surtout pas à donner force détails et à apporter vos commentaires (et avis critiques) sur votre passé professionnel en insistant par exemple sur les conditions de réalisation de ces missions (« dans un contexte de très vive concurrence » ou « alors que l'entreprise était sur le point d'être rachetée » ou bien encore « en pleine phase de réorganisation complète du réseau des points de vente »). Vous pouvez aussi indiquer les contraintes que vous avez surmontées et les qualités révélées.

Exemple

Pour vous aider dans la recherche de ces indications, vous pouvez suivre une grille d'analyse semblable à celle-ci :

Manager une équipe de vendeurs :

- *Tâches réalisées* : réorganiser les secteurs de vente.
- *Objectif* : mettre en place la nouvelle politique commerciale.
- *Résistances* : grande ancienneté des commerciaux.
- *Contraintes* : ne pas déstabiliser la clientèle.
- *Résultats obtenus* : redynamisation de l'équipe et satisfaction de la clientèle.
- *Qualités révélées* : persévérance, sens de l'organisation.

Le bilan personnel

Bien se connaître, tel est le but de cet exercice. Pour y parvenir, vous allez devoir porter sur vous-même un double regard : sur votre façon de vivre (vos habitudes, votre mode de vie...), mais aussi sur votre personnalité, sur votre caractère.

CV et vie privée

Comme précisé précédemment dans cet ouvrage, le CV s'arrête à la porte de l'intimité. Cependant, sa préparation nécessite un tour d'horizon de tous les éléments de votre vie privée susceptibles de donner des indications sur ce qui, à vos yeux, est prioritaire, essentiel, par exemple votre situation familiale (marié(e) ou non, parcours du conjoint, âge et besoins des enfants).

Ce bilan personnel doit vous obliger à préciser des considérations qui, à première vue, peuvent vous sembler anodines, par exemple votre emploi du temps de la semaine ou vos habitudes de week-end. Ce sont pourtant des indications utiles car elles vont vous donner une vue assez précise de votre mode de vie, de l'importance que vous attachez à telle ou telle activité et, par voie de conséquence, de l'équilibre que vous devez trouver entre ces contingences personnelles et votre vie professionnelle.

Ajuster votre objectif professionnel à votre mode de vie est en effet essentiel. Ainsi, il n'est pas cohérent et donc réaliste de prétendre devenir steward dans une compagnie aérienne si l'on souhaite, par ailleurs, avoir une vie de famille active et une présence régulière à la maison.

En un mot, à défaut de rechercher une parfaite harmonie entre les désirs et les habitudes de la vie privée, d'un côté, et les obligations et contraintes professionnelles, de l'autre, vous allez au-devant de frustrations et de tensions de part et d'autre, voire d'impossibilités majeures de concilier vie professionnelle et vie privée.

Les traits dominants de votre personnalité

Remplissez le questionnaire suivant. Vous devez cocher pour chaque critère, la case qui vous semble le mieux vous correspondre, en fonction de ce que vous savez de vous et de ce que vous avez déjà entendu sur vous. Une recommandation : essayez de répondre le plus spontanément possible.

Contacts humains

1. Glacial, évite et repousse le contact des autres. ❑
2. Réservé mais se montre aimable une fois mis en confiance. ❑
3. Ne repousse pas mais ne recherche pas non plus le contact des autres. ❑
4. Aimable, aime discuter et rencontrer les autres. ❑
5. Chaleureux, recherche le contact et est généralement très apprécié. ❑

Sens de la communication

1. Silencieux, ne s'exprime que très rarement. ❑
2. Bafouille, cherche ses mots et est très mal à l'aise quand il faut s'exprimer. ❑
3. Dit clairement ce qu'il a à dire, et uniquement quand il a quelque chose à dire. ❑
4. Prend facilement la parole et s'exprime avec aisance. ❑
5. Monopolise la parole et s'exprime d'une manière claire et agréable. ❑
6. Monopolise la parole sans pour cela être clair et agréable. ❑

Tenue/présentation

1. Négligée, devrait vraiment faire des efforts. ❑
2. Décontractée, mais nette. ❑
3. Correcte, adaptée à la majorité des circonstances. ❑
4. Soignée, franchement agréable à regarder. ❑
5. Raffinée, très chic. ❑

Anxiété

1. Très anxieux et très fragile, paraît tourmenté. ❑
2. Inquiet et soucieux. ❑
3. Maîtrise ses émotions, on ne peut pas les deviner. ❑
4. Paraît serein la plupart du temps. ❑
5. Absolument serein et équilibré. ❑

Esprit d'équipe

1. Refuse de travailler en équipe. ❑
2. S'incorpore difficilement dans un groupe. ❑
3. Accepte le travail en groupe. ❑
4. Bon élément de groupe, participe en tenant compte des autres. ❑
5. Catalyse et stimule les groupes. ❑

Sens de la hiérarchie

1. Insubordonné et rebelle. ❑
2. Obéit contre son gré. ❑
3. Obéit en apparence, mais s'arrange pour faire ce qu'il veut. ❑
4. Docile. ❑
5. Très respectueux. ❑

Indépendance

1. Incapable de travailler seul. ❑
2. A besoin d'être suivi de très près. ❑
3. Aime agir seul à l'intérieur d'un cadre. ❑
4. Travaille beaucoup mieux seul. ❑
5. Adore travailler seul. ❑

Dévouement

1. Très égocentrique. ❑
2. Peu capable de faire abstraction de lui-même. ❑
3. S'intéresse aux autres. ❑
4. Assez généreux. ❑
5. Toujours disponible pour autrui. ❑

Sérieux

1. Aucune conscience professionnelle. ❑
2. Léger et fantasque. ❑
3. Assez solide. ❑
4. Consciencieux. ❑
5. Réalise un travail de haute qualité. ❑

Organisation

1. Très médiocre. ❑
2. Laisse à désirer. ❑
3. Sait organiser si aidé. ❑
4. Sait organiser si seul. ❑
5. Esprit organisateur. ❑

Efficacité

1. Très médiocre. ❑
2. Rendement faible. ❑
3. Fait bien son travail. ❑
4. Rapide, avec bonne exécution. ❑
5. Haut rendement. ❑

Esprit d'initiative

1. N'aime que l'exécution. ❑
2. Se laisse souvent dépasser. ❑
3. A parfois besoin d'être poussé. ❑
4. A de l'initiative dans sa sphère. ❑
5. Saisit ou provoque l'occasion opportune. ❑

Sens des responsabilités

1. Inhibé. ❑
2. Les rejette lorsqu'il peut. ❑
3. Ne les recherche pas systématiquement. ❑
4. Les accepte volontiers. ❑
5. Les recherche. ❑

Émotivité

1. Sensible à tous et à tout. ❑
2. Réagit souvent aux événements. ❑
3. Se contrôle assez bien. ❑
4. Les événements ont rarement prise. ❑
5. Toujours impassible. ❑

Maîtrise de soi

1. Très facilement perturbé. ❑
2. Souvent perturbé. ❑
3. Parfois perturbé, même encadré. ❑
4. Calme. ❑
5. Maîtrise totale. ❑

Humeur

1. Déprimé en permanence. ❑
2. Lunatique. ❑
3. D'humeur égale. ❑
4. Plutôt gai, malgré les déboires. ❑
5. Toujours plein d'entrain. ❑

Vivacité d'esprit

1. Extrêmement lent. ❑
2. Met longtemps à comprendre. ❑
3. Saisit assez vite. ❑
4. Assez rapide intellectuellement. ❑

Souplesse intellectuelle

1. Très rigide. ❑
2. Manque de souplesse. ❑
3. Écoute. ❑
4. Peut changer d'avis. ❑
5. S'adapte toujours. ❑

Synthèse (esprit de)

1. Aucun esprit de synthèse. ❑
2. Ne sait pas dominer les détails. ❑
3. Fait des efforts pour appréhender les problèmes. ❑
4. Parvient à une appréhension synthétique. ❑
5. Appréhende d'emblée très synthétiquement. ❑

Analyse

1. Hermétique à l'analyse. ❑
2. Se perd dans les détails. ❑
3. Comprend les problèmes mais les classe mal. ❑
4. Hiérarchise bien les problèmes. ❑
5. Va droit au problème principal. ❑

Bon sens

1. Perdu dans les nuages. ❑
2. Raisonneur abstrait. ❑
3. Ne perd jamais de vue la réalité. ❑
4. Raisonnant et raisonnable. ❑
5. A toujours les pieds sur terre. ❑

Humour (sens de l')

1. Totalement dénué d'humour. ❑
2. A peu le sens de l'humour. ❑
3. Possède un certain sens de l'humour. ❑
4. Plaisante volontiers sur lui-même. ❑
5. Garde le sens de l'humour en toutes circonstances. ❑

Imagination

1. Dénué d'imagination. ❑
2. Imagination pauvre. ❑
3. Imagination satisfaisante. ❑
4. Assez créateur. ❑
5. Forte imagination. ❑

Cet exercice vous a permis de saisir votre image au travers du regard des autres. En pointant ces traits de caractère – forces et faiblesses –, vous allez pouvoir mieux vous présenter. Ces qualificatifs (volontaire, organisé, méthodique par exemple) donneront de la « couleur » et, surtout, une « couleur » toute personnelle à votre résumé de carrière.

Reconnaissons-le : il n'est jamais très aisé de parler de soi avec le regard critique et la sincérité voulus. Et pourtant, dans une recherche d'emploi, l'exercice est souvent payant. Il est assez fréquent que le recruteur vous pose des questions directement ou cherche à savoir, en décryptant vos réponses, les traits essentiels de votre personnalité. Mais l'exercice est aussi utile pour la réalisation de votre CV. Ces éléments donnent de la couleur à votre document.

Pour vous aider dans cette tâche, essayez d'établir la liste de dix traits de votre personnalité, aussi bien positifs que négatifs. Vous pourrez ainsi enrichir la description de vos activités professionnelles par des qualificatifs comme « volontaire », « dynamique », « entreprenant »...

Par exemple, pour signaler une étape marquante, réussie de votre vie professionnelle, plutôt que de mettre :

- « Directeur des ventes : progression des ventes de tant de pourcentage »,

indiquez plutôt :

- « Directeur des ventes : ai mené une action volontariste pour former le réseau de distribution ou ai mené une action novatrice sur la présentation de nos produits ».

Ainsi, en soulignant discrètement vos qualités, en glissant des qualificatifs choisis avec soin et judicieusement placés (d'une certaine façon, « en le disant sans avoir l'air de le dire »), votre CV laissera des traces positives dans l'esprit du recruteur. Ces indications donneront à penser que ces qualités ont été déterminantes dans la réussite de votre carrière et dans votre épanouissement professionnel.

Logiquement, le recruteur cherchera à vérifier en entretien, si son intuition au moment de la découverte du CV a été bonne, si le profil qui s'est dessiné à la lecture du résumé de carrière correspond bien au poste à pourvoir. Comme pour l'expérience professionnelle, pensez à faire lire cette liste à vos proches. Leur perception affirmera ou infirmera votre analyse ; en tout état de cause, elle l'enrichira. En choisissant ainsi avec soin cinq ou six traits révélateurs de votre personnalité et en les plaçant judicieusement à l'appui de vos réalisations professionnelles, vous donnerez du relief à votre CV. C'est le plus sûr moyen de se distinguer de tous les CV formels ou squelettiques.

Le bilan professionnel

Une fois effectué ce bilan personnel, reprenez votre état des lieux de départ. Vous allez hiérarchiser, évaluer les différents éléments de votre parcours pour réaliser un bilan professionnel.

Ce bilan va vous permettre :

- de présenter de manière précise les réalisations accomplies à chaque étape de votre vie professionnelle en décrivant en détail votre expérience, ce qui vous permettra d'évaluer l'ampleur de vos réalisations ;
- de synthétiser les techniques professionnelles que vous maîtrisez ;
- de cibler les expériences susceptibles de stimuler l'intérêt d'un nouvel employeur ;
- de cerner les plus et les moins de votre parcours ;
- de préparer les réponses à fournir lors des entretiens de recrutement ;
- d'avoir un comportement professionnel illustré par un langage plus percutant et adapté.

Il s'agit de souligner les éléments que vous jugez les plus significatifs et valorisants de votre carrière. Votre présentation y gagnera en clarté et en efficacité. Vous donnerez ainsi au lecteur une image plus fidèle de votre progression de carrière.

Pour recenser toutes vos compétences professionnelles, livrez-vous à une autoanalyse honnête de vos points forts et de vos points faibles grâce au questionnaire ci-dessous.

Questionnaire-vérité : quelles sont vos réalisations marquantes ?

Pour remplir ce questionnaire :

- Commencez par cocher dans la liste ci-après les verbes qui vous correspondent le mieux.
- Ensuite, par séries d'éliminations successives, sélectionnez les six à dix verbes qui correspondent à des réalisations professionnelles marquantes de ces quinze dernières années ou des trois derniers postes que vous avez occupés.

Acheter
Acquérir
Adapter
Administrer
Agir
Améliorer
Analyser
Animer
Anticiper
Apprendre
Approuver
Arbitrer
Assurer
Augmenter
Avancer
Budgéter
Calculer
Cataloguer
Chercher
Choisir
Commander
Commercialiser
Communiquer
Comprendre
Concevoir
Conclure
Concurrencer
Conduire
Confier
Connaître
Conseiller
Conserver
Consolider
Construire
Consulter
Contracter
Contraindre
Contrôler
Convaincre
Coordonner
Créer
Décentraliser
Décider
Définir
Déléguer
Dessiner
Déterminer
Développer
Dialoguer
Diriger
Distribuer
Diversifier
Dynamiser
Écouter
Écrire
Éduquer
Élaborer
Élargir
Embaucher
Entendre
Entériner
Entraîner
Entreprendre
Envisager
Éprouver
Établir
Étendre
Étudier
Évaluer
Examiner
Expérimenter
Exploiter
Exporter
Extrapoler
Fabriquer
Façonner
Faire participer
Faire valoir
Financer
Former
Fusionner
Gagner
Gérer
Gouverner
Grouper
Guider
Harmoniser
Homologuer
Imaginer
Implanter
Importer
Imposer
Improviser
Inciter
Indexer
Informer
Innover
Installer
Instruire
Intégrer
Intéresser
Interpréter
Interviewer
Inventer
Inventorier
Lancer
Licencier
Lire
Louer
Manipuler
Manœuvrer
Marchander
Mettre au point
Mettre en confiance
Mettre en place
Mettre en route
Modérer
Moderniser
Motiver
Négocier
Normaliser
Œuvrer
Organiser
Orienter
Parler
Participer
Penser
Persuader
Planifier
Préciser
Préparer
Présenter
Présider
Prévoir
Produire
Profiter
Programmer
Projeter
Promouvoir
Proposer
Prospecter
Rationaliser
Réaliser
Rechercher
Recommander
Recruter
Rectifier
Rédiger
Redresser
Réduire
Réformer
Rejeter
Renforcer
Renseigner
Rentabiliser
Réparer
Résoudre
Restructurer
Réunir
Réussir
Réviser
Sanctionner
Sélectionner
Signer
Solliciter
Souscrire
Stocker
Structurer
Subir
Suggérer
Superviser
Surveiller
Synthétiser
Systématiser
Tester
Traduire
Transformer
Transporter
Trier
Trouver
Usiner
Vendre

- Terminez ensuite ce travail préparatoire par la définition de votre projet professionnel formulé en verbes d'action concrets.

De la définition de votre projet découleront le type de poste, le type d'entreprise et les ambitions professionnelles que vous souhaitez atteindre. Vous aurez ainsi une vue à court, moyen et long terme des fonctions que vous souhaitez occuper, à commencer par le prochain poste que vous visez.

Ce travail de collecte des informations sur votre parcours a besoin d'être complété et enrichi par un bilan professionnel afin de pouvoir faire apparaître la logique de votre progression de carrière.

Vous devez être le premier juge de la valeur et de l'importance de ces éléments au regard de l'objectif que vous souhaitez atteindre. Évaluez donc de 1 à 10 chacune des étapes de votre parcours en répondant à la question suivante : que vous ont apporté professionnellement ces différentes expériences ?

Une fois ce premier auto-bilan établi, faites-le valider par vos parents ou des amis, peu complaisants, et dont le jugement vous semble sûr. Demandez à ces proches, qui se situent hors champ professionnel, de commenter, de critiquer ce classement. Leur opinion, leur regard sur votre parcours vous permettra de hiérarchiser peut-être différemment ces étapes.

Ainsi, vous avez pu classer comme très importante une expérience professionnelle que vous n'estimiez pourtant pas très enrichissante à l'époque. Vos proches peuvent utilement vous le rappeler !

Matériellement, une fois que l'on a mis sur le papier toutes les étapes de son parcours, on fait des photocopies de toutes ces pages et l'on porte un regard plus critique sur ce qui va constituer l'essentiel du CV : la formation et l'expérience professionnelle.

Vous devez vous poser quelques questions incontournables et surtout y répondre avec honnêteté :

- « Quels sont la valeur réelle et l'intérêt de ma formation initiale au regard de mon parcours professionnel et de ce que j'ambitionne de faire maintenant ?

- « Comment la mettre en exergue ? »
- « Est-il utile d'insister dessus pour convaincre le recruteur que je cible ? »

Une dernière recommandation, toute simple : pensez également, pour définir votre projet professionnel, et ainsi le vendre au mieux sur le marché du travail, à intégrer dans votre réflexion la valeur ajoutée que vous allez apporter aux entreprises que vous visez.

Chapitre 3
La composition du CV

Un CV se présente sur du papier de qualité. La norme dans ce domaine est de présenter le CV sur du papier blanc de qualité au format A4. Si vous devez faire de l'envoi en nombre, prenez soin de faire de nouvelles impressions plutôt que des photocopies qui finissent par dégrader l'original.

Une page ou deux ?

Tout ce que vous avez accompli dans votre vie professionnelle et personnelle est passionnant, mais le recruteur n'a pas le temps de lire un CV de plusieurs pages. Le but de ce document n'est pas de tout dire sur vous, mais d'attirer l'attention du recruteur et de lui donner envie de vous accorder un entretien. Enfin, être capable d'être sélectif et synthétique est une première qualité professionnelle qui se démontre dès la rédaction du CV. Pour toutes ces raisons, le CV sur une page est devenu la norme et mieux vaut ne pas y déroger au risque de paraître inutilement original.

Si vous êtes senior et avez accumulé une expérience riche et variée, il pourra passer sur deux pages remplies également. Vous prendrez alors le soin de détailler certaines missions en rapport avec le poste recherché. Mais respectez cette limite de deux pages : le but, là encore, n'est pas de tout dire mais de susciter l'intérêt et de déclencher un rendez-vous… qui vous permettra de raconter la suite !

Un titre clair

Placé bien en évidence en haut du document et avec une typographie spécifique (au centre de la ligne, en gros caractères gras), le titre du CV est essentiel. Il permet au recruteur, en un clin d'œil, de savoir si votre candidature correspond à ses attentes. Ce titre doit être court (3 à 4 mots maximum) et tenir sur une ligne si possible, être clair et bien résumer votre parcours par sa précision.

Une photo ou pas ?

La photo n'est plus obligatoire sur le CV, d'autant que sa présence peut parfois desservir le candidat (impression d'ego trop affirmé, discrimination au faciès). Si vous choisissez d'en mettre une malgré tout, misez sur une photo simple, naturelle, sans pose particulière. Enfin, si vous postulez à un emploi de représentation (chargé d'accueil, mannequin), mettre une photo va de soi : votre physique sera un atout.

La photographie, élément d'identification, ne doit pas comporter de message particulier. Inutile donc d'adresser une photo de vos dernières vacances ou une photo en situation de travail.

La photographie doit être une photo d'identité, couleur ou noir et blanc. Dans la majorité des cas, le port d'une veste et d'une cravate est conseillé. Les personnes à leur avantage (qui notamment paraissent plus jeunes que leur âge) ont tout intérêt à l'adresser avec leur CV.

Attention, cependant, à ne pas envoyer une photo de vous dix ans plus jeune : cela serait interprété comme un piège.

En règle générale, la photo n'est adressée que si l'annonce le spécifie expressément.

La règle de l'entonnoir

La structuration la plus efficace pour un CV est héritée des règles de la communication ou du journalisme. Le principe en est simple : puisque la lecture est rapide, l'essentiel du message à transmettre au destinataire doit être au début et occuper la plus grande place. Plus on avance dans le document, plus on aborde des éléments secondaires auxquels on accorde naturellement moins de place. Le document se termine par des informations très périphériques auxquelles on accorde le minimum d'espace. Cette structuration spécifique du plus important au moins important porte le nom de « règle de l'entonnoir » ou, pour les journalistes, de « pyramide inversée », ces deux figures géométriques allant d'une surface maximale à une surface minimale.

Une édition soignée et harmonieuse

Avant de lire votre CV, le recruteur va le regarder, ne serait-ce que quelques secondes et recueillir des impressions, même inconscientes, de qualité formelle réelle... ou défaillante. Et la qualité perçue sur la forme laisse souvent présupposer une qualité sur le fond. L'édition – toutes les caractéristiques de présentation d'un document écrit – doit donc être particulièrement soignée. Les points qui suivent doivent faire l'objet d'une attention toute particulière :

- Pour ne pas dérouter le recruteur, la mise en page devra s'efforcer d'être le plus classique possible. Si celle-ci est originale, cette originalité devra se justifier (CV d'un graphiste, par exemple) et, en tout état de cause, ne jamais perturber la bonne lisibilité du CV.
- Les paragraphes doivent être alignés sur la gauche (ferrés à gauche) ; sur le côté droit, ils pourront être justifiés (les mots vont jusqu'au bout des lignes qui sont toutes alignées à droite) ou laissés libres (alignement du paragraphe seulement à gauche, donc).
- Les paragraphes devront ne pas être trop massifs et bien séparés les uns des autres pour rendre le texte aéré et lisible.
- La police devra être lisible par son dessin et sa taille (corps 10 ou 11 minimum). Si elle n'est pas classique, la police plus originale ne devra pas gêner la lisibilité. Plusieurs polices peuvent être utilisées mais mieux vaut ne pas en abuser (de deux à trois polices au maximum).
- Les graisses (caractères gras et italiques) apporteront un réel plus, surtout le gras qui permettra de distinguer les niveaux de lecture (titre général, titre de paragraphe, certains mots-clés). Attention à ne pas

en abuser : un texte peut vite apparaître comme « moucheté » et dévaloriser les parties qui ne sont pas mises en avant par cet artifice d'édition. Trop de gras tue le gras...

- Dans le même esprit, l'utilisation de la couleur peut apporter un plus à condition de ne pas en abuser. Une couleur en plus du noir, employée judicieusement, peut apporter une touche d'originalité... ou pas si le CV est imprimé en noir et blanc chez le recruteur !

Une présentation positive

Même si chacun se doute que la vie professionnelle – ou personnelle – n'est pas un long fleuve tranquille, rien ne vous pousse à présenter les éventuels accidents de parcours sous une forme négative. Deux exemples :

- Une période de chômage reste une période de chômage mais il n'est pas obligatoire de la mentionner avec des tournures du style : « 2005-2006 : je n'ai pas travaillé. » Choisissez plutôt une formule plus neutre et moins connoté comme : « 2005-2006 : interruption d'activité. »
- Une mission pour laquelle vous n'avez pas atteint les objectifs assignés peut être présentée sous la forme suivante : « Mission X : objectifs atteints à 50 %. »

Attention à l'orthographe et à la typographie

Est-il besoin de le rappeler : la langue française a des règles qu'il est bon de respecter sur un document qui constitue une vitrine de vos atouts personnels et professionnels. Et la maîtrise de l'orthographe, dans un pays qui attache autant d'importance à l'écrit que la France, est primordiale. Un CV parsemé de fautes de toutes sortes, c'est comme si cette vitrine était maculée de taches multiples, empêchant de percevoir la qualité de ce que vous avez en magasin.

Quelques idées simples pour vous aider à faire un « sans-faute » :

- La relecture papier et écran : elle doit être systématique, sachant que certaines choses se voient mieux à l'écran, d'autres sur papier. Un premier conseil : si vous venez de terminer la rédaction de votre CV, laissez reposer, puis revenez plus tard avec pour seule mission d'en retirer les fautes éventuelles. Ce délai vous aidera à porter un regard neuf sur votre document et à voir plus facilement les problèmes. Un second conseil : relisez syllabe par syllabe en vous aidant du doigt ou de la pointe d'un stylo. C'est comme ça que travaillent les correcteurs professionnels, cette façon de faire imposant une lecture plus lente et donc plus efficace.
- La double relecture : on voit toujours mieux sur les textes des autres. Croisez votre CV avec celui d'une autre personne qui verra certainement des problèmes que vous ne voyez pas (ou plus) parce que vous êtes trop près de votre propre production. Faites de même pour son CV, vous vous rendrez service mutuellement. Choisissez, évidemment, quelqu'un qui a un « œil » et un bon niveau en orthographe.
- L'utilisation d'un correcteur orthographique : tous les logiciels de traitement de texte en sont pourvus, il suffit de les lancer pour voir votre texte passé à la loupe en quelques secondes. Il ne vous restera plus qu'à choisir parmi les différentes options orthographiques proposées.

Il est d'usage d'adresser le CV dans une enveloppe de format long. Il est impératif d'y joindre une lettre d'accompagnement : une carte de visite ou un autocollant avec un mot d'explication ne suffisent pas ! Dans le même ordre d'idées, n'envoyez jamais un CV avec un numéro de téléphone rayé et modifié. Cela arrive encore trop souvent !

La photo se place en haut à droite. Elle n'est ni agrafée, ni fixée au moyen d'un trombone, mais collée sur le CV. Dernier point, la photo n'est jamais photocopiée (le résultat est souvent déplorable : la photo est noircie et peu convaincante).

Les cinq rubriques du CV

Les cinq rubriques du CV seront présentées selon les principes énoncés plus haut, du plus important au moins important.

L'état civil

Cette rubrique (coordonnées et informations personnelles), même succincte, est essentielle car elle donne des indications sur votre situation et doit permettre de vous contacter rapidement. Elle peut délivrer des éléments aussi variés que le nom et le prénom, la ville et le quartier de résidence, l'âge, le statut marital, le nombre d'enfants, le permis, la nationalité, le ou les numéros de téléphone, l'e-mail, les comptes sur les réseaux sociaux. Attention à l'effet catalogue : le but n'est pas de tout dire, d'autant que la place occupée par cette rubrique doit rester modeste pour ne pas empiéter sur la suivante, la plus importante. Limitez-vous aux données essentielles (nom, e-mail, téléphone...) et aux infos qui parleront à un recruteur précis (statut marital pour accentuer des caractéristiques comme la disponibilité ou la stabilité, permis pour confirmer la mobilité...).

Les compétences

C'est la partie la plus importante du CV : les savoir-faire, savoirs, savoir-être qui y figurent doivent permettre au recruteur de se projeter, d'imaginer déjà comment il va pouvoir transférer ces compétences dans le poste qu'il envisage pour vous. Ces compétences seront présentées par ordre décroissant d'importance pour l'employeur, de la plus significative *pour le destinataire du CV* à la moins parlante. N'hésitez pas à faire très court mais explicite : gestion de projet immobilier, correction-révision d'ouvrages, etc. Si vous en avez un certain nombre à présenter, regroupez-les par thème. Enfin, ces atouts devront naturellement être confortés par les différentes expériences professionnelles que vous présenterez dans la rubrique suivante.

L'expérience

L'expérience sera présentée par ordre antéchronologique, c'est-à-dire de l'expérience professionnelle la plus récente à la plus ancienne. Elles devront être présentées de manière explicite : intitulé précis du poste occupé, durée, entreprise, responsabilités/missions exactes (deux ou trois par poste), résultats obtenus, etc. Assurez-vous qu'elles collent bien avec les compétences annoncées plus haut mais veillez à les formuler de manière originale pour éviter les redites.

La formation

La formation sera présentée soit par ordre antéchronologique, soit par ordre décroissant d'importance (des plus hauts diplômes aux moins importants). Si vous avez la chance d'avoir de nombreux diplômes, n'hésitez pas à supprimer les moins importants : ils ont certes été précieux pour vous lorsque vous les avez obtenus mais ils ne le sont pas forcément aujourd'hui pour votre recruteur. En revanche, si certaines de vos études ont donné lieu à des travaux (mémoire, rapports), mentionnez le thème de ces travaux en une phrase.

Les centres d'intérêt, les loisirs

Le but de ce dernier paragraphe est de montrer les autres facettes de votre personnalité, que vous n'êtes pas seulement un être professionnel mais aussi un être humain avec des passions, des réalisations. Là encore, soyez sélectif : mentionnez uniquement les caractéristiques personnelles qui vous semblent correspondre à ce que peut attendre un tel recruteur pour un tel poste.

Les bonnes pratiques

L'en-tête

Soyez direct et mentionnez tout de suite vos nom et prénom (le prénom usuel suffit, le CV n'est pas une carte d'identité).

Exemple

Marie DUPONT
13, rue Curial
75019 PARIS
Tél. : 01 36 99 36 99
Portable : 06 20 30 20 30
E-mail : *marie.dupont@wananet.fr*

Si votre prénom est peu explicite, précisez.

Exemple

Monsieur Dominique BERTRAND
1, rue Lacroix
75017 PARIS
Tél. : 01 36 99 36 99
Portable : 06 20 30 20 30
E-mail : *dominique.bertrand@wananet.fr*

Mentionnez votre situation familiale dès le début et pas à la fin du CV ; c'est une information importante pour l'employeur.

Exemple 1

Charles DURAND
2, rue Gabrielle
75018 PARIS
Tél. : 01 36 99 36 99
Portable : 06 20 30 20 30
E-mail : *charles.durand@wananet.fr*
49 ans – Marié, 3 enfants

Exemple 2

> **Sylvie DUPONT**
> 12, rue de Lacaille
> 75017 PARIS
> Tél. : 01 36 99 36 99
> Portable : 06 20 30 20 30
> E-mail : *sylvie.dupont@wananet.fr*
> 51 ans
> Mariée
> 2 enfants (18 et 21 ans)

En cas de veuvage ou de séparation, gardez cette information pour l'entretien. Mentionnez éventuellement le nombre d'enfants et leur âge si vous souhaitez souligner qu'ils sont élevés et ne représentent plus une charge pour vous.

Si votre situation présente des particularités, soyez clair.

Exemple

> **Hoang TRAN**
> 1, rue de Douai
> 75009 PARIS
> Tél. : 01 36 99 36 99
> Portable : 06 20 30 20 30
> E-mail : *hoang.tran@wananet.fr*
> Permis de travail (autorisation : 21/10/2008 – valable 10 ans)

Pour plus de clarté, présentez une seule information par ligne.

Exemple

> **Sylvie JACQUES**
> 11, rue du Soleil
> 75020 PARIS
> Tél. : 01 36 99 36.99
> Portable : 06 20 30 20 30
> E-mail : *sylvie.jacques@wananet.fr*

Pour plus de clarté, distinguez bien vos différents numéros de téléphone.

Exemple

Laurent DUPOND
10, rue du Dupin
75006 PARIS
Tél. : 01 36 99 36 99 (dom.)
01 12 12 12 12 (bureau)
Portable : 06 20 30 20 30
E-mail : *laurent.dupond@wananet.fr*

Évitez toute rature ou surcharge.

Exemple

Philippe DUPOND
10, rue Chénier
75002 PARIS
Tél. : 01 36 99 36 99
~~01 36 99 36 99~~
Portable : 06 20 30 20 30
E-mail : *philippe.dupond@wananet.fr*

Le corps du CV

Si vous souhaitez mettre en avant une fonction particulière, soyez le plus explicite possible et soulignez-la clairement.

Exemple 1

Sylvain DURAND
10, rue Jarry
75010 PARIS
Tél. : 01 36 99 36 99
Portable : 06 20 30 20 30
E-mail : *sylvain.durand@wananet.fr*
DIRECTEUR DE PRODUCTION

EXPÉRIENCE PROFESSIONNELLE

Depuis 2001 SOCIÉTÉ A, GROUPE B
Fabrication de matériel médical
CA : 150 ME – Effectif : 180 personnes
Directeur de production
- Création des nomenclatures
- Suivi des temps de production
- Études/négociations/achats/installation du matériel
- Création d'un cahier des charges « Qualité »

Résultat : Réduction des coûts de 20 %, réduction des stocks de 25 %
- Recrutement des personnels cadres et employés
- Mise en place des grilles de salaire

Exemple 2

Lucien DUPOND
3, rue Appert
75011 PARIS
Tél. : 01 36 99 36 99
Portable : 06 20 30 20 30
E-mail : *lucien.dupond@wananet.fr*
40 ans
Célibataire

DIRECTEUR MARKETING

EXPÉRIENCE PROFESSIONNELLE

1999 – 2014 **SOCIÉTÉ X**
2003 – 2014 Responsable marketing et ventes
2001 – 2003 Responsable de l'organisation de la production et de la Qualité
1999 – 2000 Responsable du développement du produit Z

Exemple 3

Jean-Pierre DURAND
4, rue Lacroix
75017 PARIS
Tél. : 01 36 99 36 99
Portable : 06 20 30 20 30
E-mail : *jean-pierre.durand@wananet.fr*
41 ans
Marié – 2 enfants

…

• • •

ACHATS/ORGANISATION
ACHATS : Gestion de 5 familles de produits (7 000 références)
ORGANISATION : Réorganisation de l'implantation des stocks
Mise en place du réapprovisionnement de 22 000 références sur 4 entrepôts

MARKETING
PRODUITS : Définition des besoins en termes de caractéristiques, de présentation
Prévisions quantitatives et de trésorerie
Gestion des stocks
Détermination des prix de revient
MANAGEMENT : Direction de 4 équipes
Embauche de saisonniers

PARCOURS PROFESSIONNEL

2005-2008 **SOCIÉTÉ X**
Directeur d'exploitation

2000-2004 **SOCIÉTÉ Y**
Chef du département Organisation et Méthodes

Mentionnez votre formation assez haut dans le CV si elle est valorisante.

Exemple

Hugues DURAND
3, rue Jolivet
75014 PARIS

Tél. : 01 36 99 36 99
Portable : 06 20 30 20 30
E-mail : *hugues.durand@wananet.fr*

50 ans
Marié – 3 enfants

FORMATION
1987 – 1988 Ingénieur génie civil – INSA (Lille)
1977 Maîtrise de physique – Faculté des sciences de Lyon

EXPÉRIENCE PROFESSIONNELLE

1988 – 1989 **SOCIÉTÉ U**
Formateur en résistance des matériaux

Si vous présentez une liste de vos expériences professionnelles, mentionnez-les selon un ordre allant de la plus importante à la moins importante.

Exemple

Gérard DUPONT
Rue Lacroix
6, rue Say
75009 PARIS
Tél. : 01 36 99 36 99
Portable : 06 20 30 20 30
E-mail : *gérard.dupont@wananet.fr*
42 ans
Marié – 2 enfants

EXPÉRIENCE PROFESSIONNELLE

2005-2014	**SOCIÉTÉ A** Directeur de programmes
2004-2005	**SOCIÉTÉ B** Monteur d'opérations – Prospecteur foncier
2002-2003	**SOCIÉTÉ C** Responsable de département
2000-2001	**SOCIÉTÉ D** Pilote – Coordinateur d'un grand chantier

FORMATION
1999 Ingénieur en travaux du bâtiment – École supérieure des travaux publics de Rouen
Formation complémentaire : certificat d'aptitude à l'administration des entreprises – IAE de Paris

Si l'expérience professionnelle la plus importante n'est pas la plus récente, mettez-la en avant grâce à l'édition (utilisation des gras ou du souligné).

Exemple

EXPÉRIENCE PROFESSIONNELLE

Oct. à déc. 2013	**SOCIÉTÉ A** Secrétaire (CDD) • Frappe de rapports d'études
Fév. 2010 à sept. 2012	**SOCIÉTÉ B** **Secrétaire du directeur général et de 9 ingénieurs commerciaux** • Gestion et suivi de la facturation • Frappe des propositions commerciales • Tenue des agendas • Organisation de réunions

Si vous présentez une liste de vos diplômes, mentionnez-les selon un ordre allant du plus récent au plus ancien, sans séparer formation initiale et formation continue.

Exemple

Serge DURAND
3, rue de la Chaise
75007 PARIS
Tél. : 01 36 99 36 99
Portable : 06 20 30 20 30
E-mail : *serge.durand@wananet.fr*

FORMATION
2012 Administration du réseau : NOVELL – Organisme X
2010 Gestionnaire de projets – Institut X
2009 Licence en technique aérospatiale – Option Équipements de vol – Paris
2008 DUT Génie Électrique et Informatique Industrielle – Lyon

Si la date de votre formation est importante, mentionnez-la.

Exemple

Gérard DURAND
6, rue Ramus
75020 PARIS
Tél. : 01 36 99 36 99
Portable : 06 20 30 20 30
E-mail : *gerard.durand@wananet.fr*

FORMATION
Promotion 2008 École Polytechnique – Palaiseau

Si vous avez un double cursus, mentionnez-le et mettez en avant la formation la plus en rapport avec le poste visé.

Exemple

FORMATION
2005 Maîtrise de biochimie – université de Lyon
2006 DESS Industrie pharmaceutique
Institut européen de sciences pharmaceutiques industrielles de Montpellier

Si votre formation est peu étoffée, développez les travaux menés pendant votre formation.

Exemple

Hervé DUPOND
10, rue Jaunas
75013 PARIS
Tél. : 01 36 99 36 99
Portable : 06 20 30 20 30
E-mail : *hervé.dupond@wananet.fr*
26 ans
Célibataire

FORMATION

2003 Mastère « Management stratégique des ressources technologiques et qualité ».
École supérieure d'ingénieurs de Marseille (Esim).
Mémoire sur une démarche stratégique d'aide à la gestion dynamique des potentialités technologiques.

2002 Cycle C « Prospective et stratégie des organisations » Cnam – Paris.
Mémoire sur la prospective de l'échange de données informatisées (EDI).

Si vous avez suivi des stages, détaillez les compétences que vous avez mises en œuvre pendant ces périodes. Soyez clair et distinguez bien ces stages de vos expériences professionnelles.

Exemple 1

STAGES
Janv. à mai 2009 SOCIÉTÉ T
Service commercial
- Prospection des électriciens installateurs de chauffages électriques.
- Étude concernant les clients équipés d'un chauffage électrique.

Exemple 2

FORMATION

2009-2011 École nationale supérieure des industries alimentaires (Ensia) – Massy.
2007-2009 Classes préparatoires mathématiques supérieures et spéciales – Lycée X de Caen.

•••

...

LANGUES
- Anglais : courant
- Allemand : maîtrise convenable

EXPÉRIENCE PROFESSIONNELLE

Oct. 2013 à janv. 2014 **SOCIÉTÉ T**
Analyste
Application de méthodes statistiques sur les résultats de tests de consommateurs dans le but de donner des conseils méthodologiques et des recommandations sur l'utilisation du produit X.

STAGES

Mars à juin 2012 **SOCIÉTÉ U**
Analyse sensorielle : meilleure compréhension des réponses du panel et conseils méthodologiques pour la cellule X au sein du Département R & D.

Sept. à déc. 2012 **SOCIÉTÉ V**
Suivi expérimental et résolution d'un problème X pour améliorer la qualité des produits (au sein du département R & D).

TRAVAIL SAISONNIER

Juillet 2008 **SOCIÉTÉ W**
Participation à la rédaction d'un manuel de synthèse sur les procédures de fabrication (qualité totale).

Si vous n'avez pas obtenu votre diplôme ou si vous n'avez pas terminé votre scolarité ou votre formation, soyez franc et surtout, ne trichez pas.

Exemple

Alexandra DURAND
1, rue Fabert
75007 PARIS
Tél. : 01 36 99 36 99
Portable : 06 20 30 20 30
E-mail : *alexandra.durand@wananet.fr*

FORMATION
2005 2e année de BTS Secrétariat de direction

Si votre formation est assez peu en rapport avec la candidature ou trop peu étoffée, placez cette rubrique à la fin.

Exemple

Alain DURAND
8, rue de Sofia
75018 PARIS

Tél. : 01 36 99 36 99
Portable : 06 20 30 20 30
E-mail : *alain.durand@wananet.fr*

48 ans
Marié – 2 enfants

EXPÉRIENCE PROFESSIONNELLE

2002 – 2009	**BANQUE D'AFFAIRES**
	Conseiller en gestion de patrimoine.
1990-2001	**SOCIÉTÉ DE SERVICE INFORMATIQUES X.**
1995-2001	Directeur d'agence.
1990-1995	Ingénieur principal.
1989	**HÔPITAL X.**
	Chef de projet.
1977-1988	**SOCIÉTÉ X.**
1984-1988	Direction de la division Informatique.
1977-1983	Programmeur.

FORMATION

1976 Baccalauréat

Formation continue

- Gestion du temps.
- Techniques de vente.
- Management.
- Négociations.
- La Bourse et les valeurs mobilières.
- Le cadre juridique de l'assurance.
- L'immobilier d'investissement.

ACTIVITÉS EXTRAPROFESSIONNELLES

Football
Échecs

Si vous employez des sigles (notamment pour les écoles et diplômes) : expliquez le sigle d'abord, mentionnez le sigle après.

Exemple

Fabrice DURAND
10, rue Abel
75012 PARIS

Tél. : 01 36 99 36 99
Portable : 06 20 30 20 30
E-mail : *fabrice.durand@wananet.fr*

FORMATION

2004 Institut des sciences de l'ingénieur de Nancy (ISIN)/École supérieure des sciences et technologies de l'ingénieur de Nancy (ESSTIN).

Si vous parlez des langues étrangères, mettez-les bien en avant par un mot-clé ou une sous-rubrique.

Exemple

Christine DURAND
24, rue Duc
75018 PARIS

Tél. : 01 36 99 36 99
Portable : 06 20 30 20 30
E-mail : *christine.durand@wananet.fr*

FORMATION

2005 École supérieure de commerce et d'administration des Entreprises (ESCAE) – Clermont-Ferrand

LANGUES

- Anglais : courant
- Allemand : maîtrise convenable

EXPÉRIENCE PROFESSIONNELLE

2007-2014	**SOCIÉTÉ X.**
2008-2014	Chef du service communication.
2007	Responsable de la communication.
2005-2006	**SOCIÉTÉ Z.**
	Chargée de clientèle.

Si vous avez obtenu des diplômes de langue précis qui attestent d'une maîtrise spécifique d'une langue étrangère, n'hésitez pas à les mentionner.

Exemple

FORMATION

2012	European Master of Business Administration (MBA) – Business School Montpellier. Option Gestion des ressources humaines et Communication.
2010	Maîtrise de langues étrangères appliquées (LEA) – université d'Aix-Marseille I. Option Affaires et Commerce.
1998	Certificate of Proficiency in English – Ealing College of Higher Education – Londres.

LANGUES
- Anglais : courant

Si vous maîtrisez peu ou pas d'autres langues, déplacez cette caractéristique à la fin du CV.

Exemple

Christiane DURAND
76, rue Plumet
75015 PARIS
Tél. : 01 36 99 36 99
Portable : 06 20 30 20 30
E-mail : *christiane.durand@wananet.fr*

FORMATION
2010 Baccalauréat G1 – Secrétariat

EXPÉRIENCE PROFESSIONNELLE
Depuis 2011 **SOCIÉTÉ X.**
Secrétaire.

LANGUES
Anglais : notions.

ACTIVITÉ EXTRAPROFESSIONNELLE
Tennis.

Si vous avez des compétences informatiques, mentionnez-les avec précision.

Exemple

Jean-Pierre DUPOND
19, rue Lacroix
75012 PARIS

Tél. : 01 36 99 36 99
Portable : 06 20 30 20 30
E-mail : *jean-pierre.dupond@wananet.fr*

30 ans
Marié – 2 enfants

CONTRÔLE DE GESTION

FORMATION

2004 DEA de Finances Publiques à Paris II – Assas.
Option : – droit et économie bancaire.
– fiscalité de l'entreprise.

2003 Maîtrise de droit des affaires et fiscalité à la faculté libre de droit et d'économie (FACO).
Maîtrise des logiciels WINDOWS, EXCEL, WORD, LOTUS.

Les informations inutiles

Il est inutile de mentionner la profession du conjoint et son lieu d'exercice ou encore la profession des parents.

Exemple 1

Laurent CABANE
11, rue de Lagny
75020 PARIS

Tél. : 01 36 99 36 99
Portable : 06 20 30 20 30
E-mail : *laurent.cabane@wananet.fr*

Marié – 3 enfants
Profession du conjoint : mère au foyer

Exemple 2

Sylvain LAURENT
12, rue de Cambrai
75019 PARIS
Tél. : 01 36 99 36 99
Portable : 06 20 30 20 30
E-mail : *sylvain.laurent@wananet.fr*
Profession du père : ingénieur
Profession de la mère : commerciale

Il est inutile de mentionner le permis de conduire et ses déclinaisons à moins de postuler pour un emploi de chauffeur ou de conducteur de véhicules spécifiques.

Exemple

Richard DUPOND
3, rue Cépré
75015 PARIS
Tél. : 01 36 99 36 99
Portable : 06 20 30 20 30
E-mail : *richard.dupond@wananet.fr*
Permis B – n° 770221101181

Il est inutile de mentionner son numéro de Sécurité sociale.

Exemple

Pascale DURAND
1, rue de Javel
75015 PARIS
Tél. : 01 36 99 36 99
Portable : 06 20 30 20 30
E-mail : *pascale.durand@wananet.fr*
N° de Sécurité sociale : 2 63 04 91 171 171

Il est inutile de mentionner le terme *curriculum vitae*, le document est assez explicite.

Exemple

CURRICULUM VITÆ

Charles EMIL
12, rue de Lappe
75011 PARIS

Tél. : 01 36 99 36 99
Portable : 06 20 30 20 30
E-mail : *charles.emil@wananet.fr*

Des CV très fonctionnels

Exemple 1

Dans ce CV sont valorisés les points forts du candidat : son expérience de la communication et de la coordination entre les partenaires et sa double culture franco-américaine.

COMPÉTENCES
Une expérience confirmée du management, de la gestion de centres de profit et du développement d'affaires à l'international.

MANAGEMENT – GESTION

- Participer à l'élaboration de la politique commerciale générale de l'entreprise.
- Créer, organiser et gérer des centres de profit ; y définir et mettre en œuvre les politiques commerciales.
- Fixer des objectifs en termes de valeur, volume et qualité ; en contrôler l'atteinte.
- Coordonner des équipes pluridisciplinaires (ingénieurs, techniciens, vendeurs, administratifs).
- Conseiller des directions (techniques, achats, vente) en matière de contrats commerciaux internationaux.
- Intégrer les activités de filiales à celles d'un groupe à l'échelon mondial.
- Manager des équipes de vente.

DÉVELOPPEMENT – VENTE

- Négocier les achats et la vente de matières premières stratégiques.
- Développer des relations commerciales avec les principaux clients.

- Créer de nouvelles affaires en coopération : représentation d'intérêts étrangers en France.
- Créer et développer une clientèle (nouveaux marchés, nouveaux produits).
- Analyser et suivre des marchés et la concurrence à l'échelon mondial.
- Coordonner les actions marketing et vente entre groupes industriels mondiaux.
- Élaborer et négocier des contrats internationaux.

PARCOURS

1999 à ce jour **X ÉQUIPEMENT.**
GROUPE A INDUSTRIES (US) depuis 2001 directeur des opérations après-vente.
Membre du comité de direction.

1999-2001 Directeur des ventes civiles.

1993-1999 **Société Y.**

1997-1999 Responsable de la coordination commerciale (création de poste).

1993-1997 Responsable du service Prix-Offres-Contrats

1986-1993 **GROUPE Z**
Chargé d'affaires.

Exemple 2

EXPÉRIENCE PROFESSIONNELLE

2009 à ce jour **X ÉQUIPEMENT**
GROUPE A INDUSTRIES (US)

Depuis 2011 **Directeur des opérations après-vente.**
Membre du comité de direction.

- Créer et organiser la structure après-vente avec création de 4 départements : Assistance technique – Marketing et Commercial – Logistique – Réparations/Production (100 personnes).
- Gérer, animer et coordonner les actions des 4 départements.
- Fixer les objectifs de qualité et mesurer les résultats atteints.
- Intégrer les activités après-vente de la filiale à celles du Groupe.
- Développer et gérer le centre de profit.

2009-2011 **Directeur des ventes civiles.**

- Mettre en œuvre la politique commerciale.
- Manager la force de vente et son administration (5 ingénieurs des ventes, 20 administratifs).
- Développer les ventes à l'étranger.
- Entretenir et développer les relations commerciales avec les avionneurs.
- Participer à l'intégration des différentes activités de la filiale française au sein du Groupe et coordonner les actions communes.
- Conseiller les directions (technique, achats, ventes militaires) pour les contrats commerciaux.

•••

...

2003-2009 **SOCIÉTÉ Y.**

2007-2009 **Responsable de la coordination commerciale** (création de poste).
- Établir et développer les relations entre les services marketing et vente de Y et du Groupe.
- Garantir la cohérence des actions menées en clientèle (vente, après-vente).

2003-2007 **Responsable du service Prix-Offres-Contrats.**
- Élaborer les offres et négocier les contrats (compagnies aériennes, avionneurs...).
- Suivre et analyser les statistiques de ventes.
- Réaliser les études *ad hoc* de marketing et de concurrence.

2006-2003 **GROUPE Z.**
Chargé d'affaires.
- Négocier et gérer des contrats internationaux de vente de métaux non ferreux.
- Créer et développer la clientèle (nouveaux marchés et produits).
- Représenter en France les intérêts de compagnies minières étrangères.

Exemple 3

Bernard LEGENDRE
20, rue des Châtaigniers
75010 PARIS

Tél. : 01 36 99 36 99
Portable : 06 20 30 20 30
E-mail : *bernard.legendre@wananet.fr*

40 ans – Marié – deux enfants

CONTRÔLEUR BUDGÉTAIRE

Budget
- Établissement et contrôle des budgets annuels de fonctionnement et d'investissement.
- Mesure des écarts entre les prévisions et les résultats, analyse des causes des écarts.
- Contrôle des imputations analytiques et de la cohérence entre balance comptable et gestion.
- Contribution à l'établissement du plan à moyen terme.
- Mise en place d'indicateurs pour la tenue du TDB général de la société.
- Création d'une gestion centralisée des engagements sur système informatique pour l'ensemble des directions de la société.
- Détermination, actualisation et suivi mensuel des provisions pour risques.

Immobilisations
- Établissement du plan annuel d'investissements et analyse de cohérence avec les objectifs budgétaires.

– Gestion des immobilisations.
– Mise en place de la procédure d'inventaire.
– Déclarations fiscales et administratives.

Gestions diverses

– Élaboration du TDB d'activité destiné au comité d'entreprise.
– Réponses aux enquêtes administratives.
– Interface avec les interlocuteurs extérieurs pour élaborer les documents comptables.

Exemple 4

Hervé DURAND
3, rue Cépré
75012 PARIS

Tél. : 01 36 99 36 99
Portable : 06 20 30 20 30
E-mail : *hervé.durand@wananet.fr*

46 ans – Marié – 3 enfants

INGÉNIEUR
Anglais courant, Allemand, Italien

INFORMATIQUE APPLIQUÉE AUX SYSTÈMES TEMPS RÉEL

PARCOURS PROFESSIONNEL

2006-2014 Responsable du département Études et Développement
Société X à Versailles.

2004-2006 Directeur des programmes de simulateurs d'instruction
Société Y à Vélizy.

1987-2004 Ingénieur d'études (1987 à 1992).
Chef d'un secteur logiciels d'application (de 1992 à 1996).
Chef du service développement des logiciels (de 1996 à 1998).
Chef de projets département simulateurs de centrales nucléaires (de 1994 à 2004).
Société W à Saint-Quentin en Yvelines.

RESPONSABILITÉS EXERCÉES – COMPÉTENCES MISES EN ŒUVRE

INGÉNIEUR SYSTÈMES

– Conception, réalisation et livraison clé en main de systèmes de simulation de conduite de trains, de missiles, de tir d'engins tactiques, d'automobiles, d'études d'accidents et conduite de centrales nucléaires, de pilotage du X.
– Conception de systèmes temps réel en télévision numérique.

INGÉNIEUR INFORMATICIEN

– Intégration et fédération de l'organisation informatique autour de quatre axes.
  • intégration, développement d'applications embarquées et adaptation de progiciels,

...

- migration (nouvelle plateforme technologique),
- réengineering (refonte d'applications),
- maintenance (évolutive et corrective), sur Unix, en configuration réseau Ethernet avec une méthodologie interne.

– Hardware appliqué à la télévision numérique et à la télétransmission.

FONCTION D'ENCADREMENT

– Management, recrutement et formation (techniciens, ingénieurs et chefs de projets), gestion administrative de personnels, mise en place et animation d'équipes pluridisciplinaires, de sous-traitants, de coopérants.
– Élaboration et gestion d'un budget.
– Gestion de projets France et export.

FORMATION

SUPELEC Paris en 1986
Formation à la gestion de projets (1996), à la communication et au management (2002)

Cinq CV commentés

Exemple 1

Aude DURAND
3, rue de Cluny
75005 PARIS

Tél. : 01 36 99 36 99
Portable : 06 20 30 20 30
E-mail : *aude.durand@wananet.fr*

49 ans
Mariée – 2 enfants (24 et 20 ans)

SECRÉTAIRE

EXPÉRIENCE PROFESSIONNELLE

1993 à ce jour SOCIÉTÉ A.

- Secrétaire de l'ingénieur commercial.
- Accueil et assistance téléphonique auprès de la clientèle.
- Gestion des délais de règlement clients.
- Relances écrites et téléphoniques.
- Suivi des commandes et livraisons d'articles publicitaires.
- Gestion administrative du système de contrôle de qualité des produits.
- Création et tenue du fichier matériel.
- Suivi des fiches techniques, documentation.
- Relation avec les délégués commerciaux.
- Tableaux et statistiques.
- Secrétariat courant.

1985-1992 **NOTAIRES B et C.**
- Secrétaire.
- Accueil de la clientèle.
- Constitution et suivi administratif des dossiers.
- Rédaction d'actes notariés.
- Recherche documentaire (texte de loi).

1981-1984 **SOCIÉTÉ D.**
Secrétaire.
- Accueil clientèle.
- Courrier, téléphone
- Travaux comptables.

1975-1980 **SOCIÉTÉ E.**
- Sténodactylographie.
- Courrier.
- Relances écrites.
- Travaux comptables, balances.

FORMATION
1975 CAP de Sténodactylographie.
Formation complémentaire : WORD - EXCEL
Langues : Anglais courant

ACTIVITÉS EXTRAPROFESSIONNELLES
Randonnée.
Cinéma.

Commentaires :

Ce CV est simple, clair et précis, peut-être un peu trop dans le détail de la dernière expérience professionnelle. Il reste néanmoins opérationnel et convaincant.

Exemple 2

Robert DUPONT
3, rue Clisson
76000 ROUEN

Tél. : 01 36 99 36 99
Portable : 06 20 30 20 30
E-mail : *robert.dupont@wananet.fr*

35 ans – Marié – 3 enfants

DIRECTEUR DE PRODUCTION

FORMATION
2000 Ingénieur en organisation Industrielle – Organigramme G.
1993 BTS Fabrications mécaniques – Organisme H.

•••

•••

Formation complémentaire :
- Analyse de la valeur – Organisme I.
- Gestion des entreprises – Organisme J.
- Gestion de production (GPAO) – Organisme J.
- Comptabilité analytique et générale – Organisme J.

LANGUES : Anglais courant.

EXPÉRIENCE PROFESSIONNELLE

2010-2014 **SOCIÉTÉ A (Rouen).**
Fabrication de tuyaux en PVC.
CA : 200 M€ – Effectif : 500 personnes dont 420 à l'usine.
Directeur de production rattaché à la direction générale, membre du comité de direction.

Méthodes :
- Création des nomenclatures et gammes standard.
- Suivi des temps de production (personnalisation de logiciels).
- Industrialisation (définition de communs + options).
- Études/négociations/achats/installation de 2 lignes de montage.

Achats :
- Création de contrats de partenariat sous-traitance mécanique et électronique.
- Création d'un cahier des charges « Qualité » et délégation du contrôle chez le fournisseur.

Gain : délai d'approvisionnements 10 jours maximum, non-conformité inférieure à 1 %, réduction des coûts de 15 %, réduction des stocks de 20 %.

Magasin :
- Réorganisation des flux matières.
- Personnalisation d'un logiciel de sorties magasin avec cheminement.
- Contrôle des sorties et valorisation pour SAV.

Gain : suppression de 2 postes de magasinier, coûts de la garantie et du SAV contrôlés.

Ordonnancement :
- Chef de projet GPAO.
- Développement de programmes spécifiques de gestion des encours.

Résultat : réduction des délais de fabrication de 8 semaines à 20 jours.

Personnel :
- Mise en place des grilles de salaire et recrutement des personnels cadres/AM/employés.
- Mise en place d'un programme de formation en relation avec un centre.
- Réorganisation du travail par la restructuration de la production en lignes et en îlots.
- Président du CHSCT.

Résultat : gain de productivité moyen de 30 %, motivation des personnels.

Gestion :
- Établissement et suivi des prix de revient et coûts standard (développement d'un utilitaire spécifique).
- Établissement et suivi des coûts directs de production.

2007-2009 **DUPONT-DURAND, Groupe DURAND (Rouen)**
Fabrication de bonbons
CA : 20 M€ – Effectif : 140 personnes dont 80 productifs.
Adjoint de direction industrielle.
- Création du service Méthodes.
- Mise en place d'un logiciel d'établissement des devis. Études/négociations/investissements (6 M€ dont 3 M€ pour un nouveau bâtiment).
- Instauration d'un contrat de partenariat et délégation Qualité.
- Chef de projet GPAO.

Réduction du stock de 40 % sur 3 ans.
- Négociation sous-traitance montage.
- Mise en place du contrôle des coûts par section.

2003-2006 **SOCIÉTÉ B (Bordeaux)**
Montage sous licence d'alimentations.
CA : 50 € – Effectif : 300 personnes dont 200 productifs
Directeur de production
- Participation au démarrage de l'entreprise créée en 1993.
- Création et mise en œuvre de tous les moyens de production et services connexes.

2002-2003 **SOCIÉTÉ C (Grenoble)**
Horlogerie – Mécanique de précision et injection plastique
CA : 25 M€ – Effectif : 300 personnes dont 120 productifs.
Adjoint de direction technique.
- Responsable méthodes, ordonnancement lancement, fabrication.
- Chef de projet GPAO.
- Responsable du transfert de l'unité dans un nouveau bâtiment.

2001-2003 **SOCIÉTÉ D (Pau)**
Fabrication de cycles
CA : 100 M€ – Effectif : 2 200 personnes.
Responsable Gestion de Production.
- Chef de Projet GPAO et participation au développement d'un logiciel devenu depuis X.
- Gestion de 14 lignes de montage.

ACTIVITÉS EXTRAPROFESSIONNELLES
Membre de l'AFCIQ (Association française pour le contrôle industriel et la qualité).
Tennis.

Commentaires :

Ce CV est précis mais trop dense et trop détaillé. Il est donc trop long et risque de lasser l'interlocuteur. À trop vouloir convaincre…

Exemple 3

Georges DUPONT
34, rue du Clos
75020 PARIS

Tél. : 01 36 99 36 99
Portable : 06 20 30 20 30
E-mail : *georges.dupont@wananet.fr*

30 ans – En couple – 2 enfants

FORMATION

2008-2010 Master of Sciences – MIT (USA).
Thèse sur les systèmes de contrôle.

2004-2007 Ingénieur Électronique/Électrotechnique – École nationale d'électronique, électrotechnique, informatique, hydraulique de Toulouse (ENSEEIHT).

LANGUES : anglais bilingue.

SERVICE MILITAIRE VSNA accompli au Gabon en 2003-2004 (professeur de mathématiques).

EXPÉRIENCE PROFESSIONNELLE

2006-2014 SOCIÉTÉ A.

Depuis 2013 Directeur du marketing.

- Définition de la stratégie, élaboration des cahiers des charges et des plans de rentabilité.
- Interface entre le marché, le bureau d'études et la production : mise sur le marché de deux gammes de produits.

CA annuel : 20 ME.

2006-2012 Directeur des ventes en France et à l'export.

Effectif : 50 personnes.

MISSION : Faire évoluer sans heurts graves une équipe de vente ayant acquis des habitudes de travail dans le cadre d'une petite société française (avant le rachat par DDX en 1975) pour l'adapter aux exigences de croissance d'un groupe américain important et augmenter les parts de marché.

RÉALISATION

Organisation

- Redéfinition de l'organigramme ventes/assistance technique/marketing.
- Établissement de procédures.
- Formation du personnel au respect des engagements pris.
- Contribution à l'informatisation du traitement des commandes.

Ventes

- Croissance annuelle composée de 28 % dans un marché de croissance d'environ 9 %.

De 1990 à 1994 commandes multipliées par 3 à l'exportation et 2,5 en France.
- Lancement commercial réussi d'oscilloscopes à mémoire numérique dans un marché dominé par un concurrent.
- Croissance annuelle du service après-vente de 30 %.

Marketing
- Promotion de l'image de qualité et du service à la clientèle : accroissement des marges.
- Pénétration du marché médical parallèlement à notre marché industriel traditionnel.
- Institutionnalisation des séances de travail bureau d'études/clientèle dans le cadre de la définition des cahiers des charges.

2004-2006 **ELECTRONIC AND SYSTEMS**
Constructeur mondial de systèmes électroniques (analogique + numérique)
CA européen : 61 millions d'euros

2005-2006 **Chef des ventes**
- Commercialisation des simulateurs et de produits de plus grande diffusion.
- Étude des activités de diversification acquises par notre Groupe pour l'Europe.
- Préparation du budget et du contrôle de son exécution.
- Ouverture de nouveaux marchés : premières commandes de simulateurs en Europe de l'Est et au Moyen-Orient.

2004-2005 **Ingénieur commercial**
France, Italie, Espagne, Belgique et Suisse.

ACTIVITÉS EXTRAPROFESSIONNELLES
Randonnée en montagne à ski.
Collectionneur de faïences de Gien.

Commentaires :

Ce CV convainc par sa structuration, sa précision, sa densité en informations, sa présentation. Un document très percutant.

Exemple 4 : un contre-exemple

CURRICULUM VITÆ

Nom : DUPONT
Prénom : Édouard
Adresse : 23, rue de l'Ours-Brun 75018 PARIS

Tél. : 01 36 99 36 99
Portable : 06 20 30 20 30
E-mail : *edouard.dupont@wananet.fr*

Date de naissance : 21 décembre 1955
Situation de famille : Marié – 3 enfants

FORMATION ET DIPLÔMES
BAC SCIENTIFIQUE
DIPLÔME DU CONSERVATOIRE NATIONAL DES ARTS ET MÉTIERS :
Mathématiques générales.
Résistance des matériaux Ao.
Thermodynamique Ao.
Thermocinétique Ao-TP.
Mécanique des fluides Ao.
Physique générale A2.
Physique générale A2-TP.
DPCT énergétique.
Thermodynamique Bo.
Turbomachinisme Bo.
Combustion Bo.
Thermique B1 conduction.
Thermique B2 rayonnement.
Thermique B3 convection.
Informatique générale Ao.

EXPÉRIENCE PROFESSIONNELLE

2006-2013

De façon générale
Expérience de la gestion et de l'exploitation d'installations thermiques de toutes puissances.

De façon particulière
Expérience de la gestion et de l'exploitation d'installation d'usines de traitements de déchets sur 25 sites en France et participation à la conception et à la réalisation de projets nouveaux.

Différents postes occupés

Chef d'agence	10 M€
Directeur d'agence	20 M€
Directeur régional	50 M€
Directeur de division	100 M€

2003-2006
Ingénieur de travaux pour le département construction de la société X (construction d'usine clés en mains).

PRÉTENTIONS
Salaire annuel 120 000 euros + logement de fonction + véhicule de fonction.

Commentaires :

Le CV détaille énormément certaines parties et laisse d'autres dans l'ombre. Au final, un document très disproportionné et déséquilibré qui vous « tombe des mains ».

Exemple 5 : un autre contre-exemple

Lucien DUPONT
3, rue Appert
75011 PARIS

Tél. : 01 36 99 36 99
Portable : 06 20 30 20 30
E-mail : *lucien.dupont@wananet.fr*

24 ans – célibataire

DISPONIBLE GÉOGRAPHIQUEMENT

FORMATION
2012 Diplôme de comptable d'entreprise (niveau BTS) au CFPA de Rouen.
2010-2012 Faculté de droit de Rouen.
Baccalauréat Série ES.

FORMATION COMPLÉMENTAIRE
2013 Stage Sécurité Incendie

EXPÉRIENCE PROFESSIONNELLE

Transport
Suite à ma formation militaire, j'ai assuré durant mon service la direction du peloton de transport de 60 personnes et d'environ 3 M€ de matériel, c'est-à-dire la formation de ces personnes.

Comptabilité
- Au sein d'une association humanitaire de 10 personnes, j'ai effectué la tenue de la comptabilité générale (établissement des paies et déclarations fiscales).
- Au sein du cabinet d'expertise-comptable X, j'ai effectué les bilans et comptes de résultat d'entreprise et la gestion prévisionnelle sur LOTUS.

•••

•••

Commercial

- Technico-commercial en matériels d'incendie auprès des entreprises, commerces et particuliers.
- Chargé de mission de l'assurance-vie sur des agences régionales du groupe Y.
- Gérant stagiaire de magasins.

Sécurité

- Chef de poste à Rouen, responsable des recrutements, formation et développement et suivi commercial pour le département de la Seine-Maritime, dans le domaine du gardiennage et de la sécurité.

LOISIRS

Basket-ball, randonnée pédestre.

Commentaires :

Le CV démarre bien (en-tête) mais laisse ensuite la place à un fourre-tout qui égrène beaucoup d'informations sans lien véritable entre elles. Au final, un CV peu efficace car ne pouvant répondre aux besoins d'un employeur en particulier.

Partie 2

La lettre et l'e-mail d'accompagnement

La lettre et l'e-mail sont les meilleurs ambassadeurs d'une candidature, surtout en France où l'écrit conserve une importance aussi déterminante. Ils doivent établir un lien étroit, clair, logique entre le demandeur et son interlocuteur, direct (employeur) ou indirect (recruteur).

L'objectif de ces écrits est unique : susciter l'envie d'en savoir plus sur le candidat, ses compétences, sa personnalité, son potentiel d'adéquation avec le poste envisagé. En détaillant les règles de forme et de fond propres à « compagnons du CV », les chapitres qui suivent vous donnent les moyens de faire naître cette envie.

« Vous croyez être fait pour cet emploi ? Prouvez-le-moi ! » C'est le défi que propose de relever le recruteur ou l'employeur qui demande de compléter l'envoi d'une candidature par un texte écrit. Celui-ci a pour vocation d'étayer une démarche et de prouver son bien-fondé.

Pour cette raison, ce texte, et notamment la lettre d'accompagnement, suit un canevas assez rigoureux : la description de l'offre et de ses caractéristiques, la description des diverses compétences du candidat et leur adéquation avec le poste préalablement décrit, les raisons de vouloir travailler pour cette entreprise spécifique.

L'e-mail d'accompagnement sera plus laconique et informatif, remettant l'argumentation à plus tard. Il cherche moins à convaincre qu'à exposer des faits et à susciter directement en retour un e-mail, un entretien téléphonique ou un entretien.

Même si la lettre ou l'e-mail d'accompagnement sont des écrits au ton généralement neutre, ils en disent souvent beaucoup sur la personnalité du candidat avant même de le rencontrer.

La description du poste et la compréhension de ses caractéristiques, le lien plus ou moins bien argumenté entre ces éléments et les compétences propres au candidat, la façon de présenter son parcours et de se présenter soi-même sont des éléments très significatifs pour le recruteur. Sur la forme, le soin – ou la négligence – relevé dans l'expression écrite, les tournures, l'orthographe sont autant d'indices sur la valeur et les compétences du postulant.

Pour l'e-mail enfin, la maîtrise de l'outil et de ses subtilités (envoi de pièces jointes non volumineuses ou passant par un service externe, demande d'accusé de réception, par exemple) peut également être un « début de preuve » démontrant un savoir-faire mis en avant dans le CV.

Chapitre 4

Les lettres et les e-mails, les meilleurs compagnons du CV

Présentation soignée de vos compétences et de votre parcours, le CV devrait se suffire à lui-même et permettre de convaincre un recruteur de vous accorder un entretien. Pourtant, il est toujours pertinent d'accompagner ce « parcours de votre vie » d'une lettre ou, pour gagner en réactivité, d'un e-mail. Tout l'art va consister à éviter de doublonner, de répéter ce que le CV dit déjà et d'inventer une complémentarité entre les deux documents. Si le CV est très factuel, la lettre ou e-mail d'accompagnement seront plus humains et mettront en valeur et en perspective les compétences et les éléments d'expérience professionnelle les plus en phase avec le poste à pourvoir. Vous pourrez vous inspirer des conseils proposés au chapitre 14 sur le bilan de carrière.

La lettre d'accompagnement

Elle se distingue de la lettre de motivation. Il y a souvent confusion entre ces deux types de lettres, entretenue par les recruteurs eux-mêmes. La lettre d'accompagnement expose factuellement les motifs de la candidature et souligne l'étroite adéquation entre le contenu du CV, le profil du poste et les caractéristiques et compétences souhaitées.

La lettre de motivation va plus loin et veut faire croire au recruteur que le candidat est « l'homme/la femme de la situation ou que l'entreprise est celle qu'il/elle espérait secrètement rejoindre depuis si longtemps »... La « motivation » a ses limites : faire étalage des qualités et des points forts recherchés et mentionnés dans la petite annonce pour apparaître de façon incontournable comme LE/LA candidat(e), sosie parfait du profil décrit, n'est guère crédible.

Ce n'est pas un prospectus

La recherche d'un emploi s'apparente bel et bien à une démarche commerciale : vous devez vendre vos compétences, votre expérience, vos qualités. Pour autant, votre CV ne doit pas être considéré comme un prospectus distribué à la va-vite sans réelle réflexion sur le destinataire et ses attentes.

Elle établit une relation humaine

Joindre à son CV une lettre d'accompagnement, c'est tout d'abord un acte de politesse. Cette lettre permet d'éviter une réponse un peu « sèche », déconnectée de l'offre ou de l'entreprise visée et d'entamer un dialogue avec le recruteur. Rappelons une évidence : la lettre précède le CV dans la lecture ; c'est le tout premier contact avec le recruteur. Sa fonction ? Servir de tremplin au *curriculum vitæ* en présentant le candidat et donner envie de lire ce CV.

Une lettre pour quels destinataires ?

Écrire une lettre pose la question du destinataire et de ses attentes. La lettre d'accompagnement vise plusieurs destinataires (cabinet de recrutement, RH, service devant accueillir le candidat), une évidence encore plus marquée lorsqu'il s'agit d'un e-mail qui a vocation à être transmis.

Dans cette lettre d'accompagnement, vous avez donc tout intérêt à mettre l'accent sur une double compétence (technique et commerciale, expertise d'un domaine et managériale...) ou sur des expériences diverses et complémentaires. Vous montrerez ainsi la cohérence de votre parcours et permettrez d'ouvrir également des perspectives au recruteur (d'autres évolutions possibles dans l'entreprise ?), notamment en n'étant pas restrictif dans la liste des postes que vous visez et dans les perspectives d'évolution de carrière espérées.

Si la lettre d'accompagnement peut « viser large », faut-il alors l'envoyer en même temps à plusieurs personnes dans l'entreprise, par exemple au directeur général, au directeur des ressources humaines et au directeur de la division dont dépend le poste qui vous intéresse ?

À notre sens, il n'est pas judicieux de multiplier les envois dans une même société. Il est en général plus efficace de l'adresser au directeur des ressources humaines ou au directeur de la division qui vous concerne (par exemple au directeur recherche et développement si vous êtes ingénieur spécialisé dans ce domaine ou au chef d'entreprise si la société est plus petite).

Ce principe souffre d'une exception : dans le cas d'un grand groupe avec des établissements éclatés géographiquement et autonomes dans leur gestion, il est alors tout à fait possible d'envoyer votre lettre de candidature à différents responsables de l'entreprise travaillant dans des établissements distincts.

Trois étapes pour convaincre son interlocuteur

Sur le plan de la construction, la lettre d'accompagnement comporte trois étapes : les motifs de l'acte de candidature (pourquoi je vous adresse mon CV), la particularité de ma candidature (mon CV correspond étroitement au profil décrit) et, en fin de lettre, « la porte du rendez-vous doit être entrouverte » (formule de politesse).

Deux principaux écueils à éviter :

- **La redite de l'annonce de recrutement :** cette annonce sera très brièvement évoquée par le simple rappel de l'intitulé du poste. Il peut être utile de rappeler l'origine de l'envoi : réponse à une annonce classée parue dans la presse, une offre d'emploi mise en ligne sur Internet ou une candidature spontanée.
- **Le résumé du CV :** dans son déroulé, le CV tend à être exhaustif. La lettre d'accompagnement, elle, est sélective ; elle oriente la lecture et ne mentionne que les compétences et l'expérience adaptées au poste.

Les bonnes pratiques

Quelques principes de base à respecter pour la réalisation d'une lettre d'accompagnement :

- La lettre tient en une page et se signe.
- Le nom de l'entreprise destinataire de la lettre doit figurer en haut, légèrement sur la droite de la page (au-dessus de la date).

- Il n'est pas nécessaire de joindre une carte de visite.
- La lettre doit être simple, accessible, claire et directe.
- Ne pas multiplier les « je » : l'usage de la première personne du singulier doit être modéré. Par exemple, pour éviter les répétitions, préférez écrire : « Veuillez trouver ci-joint mon CV » plutôt que : « Je vous adresse ci-joint mon CV. »
- Évitez les formules alambiquées, compassées ou trop empreintes de politesse, par exemple : « J'ai l'honneur de solliciter de votre haute bienveillance ».
- Comme pour le CV, les fantaisies relatives au papier, à sa couleur ou à celle de l'encre sont à proscrire.

Exemples de formulation pour une lettre d'accompagnement

> « Je souhaite faire évoluer ma carrière et le contact avec un groupe tel que le vôtre se présente comme une opportunité que je souhaite saisir. »
>
> « J'occupe actuellement la fonction de… au sein de l'entreprise… à tel endroit. »
>
> « Je souhaite m'orienter vers tels types de postes, telles perspectives d'évolution, tels types de responsabilités. »
>
> « À cet effet, je joins mon CV et je me tiens à votre disposition pour vous rencontrer à votre meilleure convenance et dans les meilleurs délais. »
>
> « Dans cette attente, veuillez agréer, Monsieur, l'assurance de mes salutations distinguées. »

Il est tout à fait habile de faire référence à une expérience acquise et, par la même occasion, de montrer que l'on connaît la société que l'on contacte.

> « Je connais bien la société Dupont-Durand et son principal concurrent auquel je m'adresse aujourd'hui. » Ceci constitue une invitation à aller découvrir plus avant ce passé évoqué et le potentiel qui se dessine.
>
> Vous ambitionnez de devenir responsable commercial dans une société travaillant à l'exportation, vous pouvez commencer votre lettre d'accompagnement par : « Bilingue anglais – expérience de 10 ans aux États-Unis – *sales manager* pendant X années au sein de tel groupe, je vous propose mes compétences… »

La lettre de recommandation

Certaines candidatures ne sont pas si « spontanées » et s'appuient sur des conseils de tiers bien informés. Pour adresser habilement ce genre de candidature en faisant état d'une recommandation, vous pouvez vous inspirer de la formulation suivante :

« Monsieur X m'a conseillé de vous contacter. Je suis en recherche d'emploi et je vous adresse mon CV. Si vous pressentez un poste que je puisse tenir au regard de mon expérience, je serais très heureux de vous rencontrer. Si ce n'est pas le cas, je vous serais particulièrement reconnaissant de bien vouloir faire part de ma demande à des personnes de votre entourage qui pourraient être intéressées par ma démarche ou de bien vouloir m'indiquer les coordonnées de ceux qui seraient susceptibles de montrer un intéressement à ma candidature en me permettant de me recommander de votre part. »

Les PS sont à utiliser avec modération. Trois autres précisions peuvent être formulées en bas de page :

- « Ma disponibilité est immédiate (ou sous un mois ou...).
- « Je vous précise que je suis gaucher. »
- « Ma mobilité géographique est totale sur telle ou telle région. »

Peut-on parler argent quand on propose ses services ?

– Oui, si c'est demandé explicitement dans l'annonce.
– Non en cas de candidature spontanée : ni dans la lettre, ni dans le CV. Car, de fait, une offre de services adressée à un interlocuteur qui ne l'a pas sollicitée ne saurait reposer, en premier lieu, sur une question de rémunération. En clair, on ne parle pas du salaire avant d'avoir parlé du travail ! De plus, évoquer la question salariale dans la lettre d'accompagnement c'est aussi se priver d'une discussion libre et argumentée (en intégrant intelligemment les éléments fournis par le recruteur sur les caractéristiques, contraintes mais aussi perspectives du poste). Le niveau de rémunération sera abordé en entretien, le plus souvent d'ailleurs, par le recruteur.

Si les prétentions salariales sont requises, vous pouvez les indiquer en post-scriptum (PS) en vous inspirant d'une formule du type : « Mes prétentions, sur la base d'un mi-temps, seraient de l'ordre de 150 K€, mais je reste à l'écoute de la proposition de votre client en fonction de ses contraintes budgétaires. »
Pensez à intégrer dans le calcul de votre rémunération tous les éléments qui la composent : 13e mois, primes, épargne salariale et autres avantages en nature (par exemple, une voiture de fonction).

Les lettres de motivation

Exemple 1 : une lettre de motivation courte et efficace

Jean-Baptiste MARTIN-LEBEAU
199, rue Louis-David
75016 PARIS

Groupe DUPONT-DURAND T et D
1 *ter*, rue du Paris-Béni
75999 PARIS

Paris, le 1er février 2015

REF : CV/SM – Le Figaro du 30/01/15

Monsieur,

Votre annonce citée en référence a retenu toute mon attention. En effet, la nature du poste à pourvoir correspond à mes aspirations.

J'ai noté dans votre proposition la perspective de collaborer à un groupe leader sur le marché et la possibilité de mettre en pratique une formation de commercial.

Titulaire d'un diplôme de gestion et de commerce, j'ai acquis une expérience de la vente au travers de l'organisation d'opérations commerciales réussies (voir curriculum vitæ joint).

Je serais heureux de vous donner plus de détails dans un prochain entretien et, dans cette attente, je vous prie d'agréer, Monsieur, l'assurance de mes salutations distinguées.

Exemple 2 : une lettre de motivation simple et personnalisée

Sylvie LEGRAND
1, rue Chalgrin
75016 PARIS

Groupe DUPONT-DURAND T et D
1 *ter*, rue du Paris-Béni
75999 PARIS

Paris, le 3 février 2015

REF : CV/SM – Le Figaro du 30/01/15

Madame, Monsieur,

Votre annonce parue dans *Le Figaro* a retenu toute mon attention.

Je souhaite en effet rejoindre une équipe dynamique et performante avec laquelle je pourrai mettre à profit mes compétences, mes qualités de contact et d'organisation et ma forte capacité de travail.

Ma formation spécialisée ainsi que mes neuf années d'expérience dans la fonction commerciale me permettront de vous apporter une collaboration efficace. Le curriculum vitæ ci-joint vous donnera de plus amples renseignements sur mon parcours professionnel.

Je reste à votre disposition pour un premier entretien et vous prie d'agréer, Monsieur, l'assurance de mes salutations distinguées.

Exemple 3 : une lettre de candidature spontanée précise et impliquée

Jacques DURAND
4, rue Severo
14000 CAEN

CABINET X
1 *ter*, rue du Paris-Béni
75999 PARIS

Paris, le 10 janvier 2015

Objet : Candidature spontanée

Monsieur,

Après six ans dans l'industrie et neuf ans dans le conseil, je souhaite reprendre des responsabilités opérationnelles en entreprise.

Je suis à la recherche d'une direction marketing et de développement de nouvelles activités au sein d'une structure de taille moyenne dans un contexte international.

Résidant à Caen, je donnerai ma préférence à toutes les propositions dans ce secteur géographique. Je suis, cependant, mobile pour les autres grandes villes de province et à l'étranger.

Mon implication dans une entreprise qui peut être une PME dynamique et en croissance ou une entité indépendante d'un grand groupe peut aller jusqu'à une prise de participation financière.

J'ai pensé que vous seriez susceptible d'être intéressé par cette démarche, c'est pourquoi je serais heureux d'avoir un entretien avec vous à ce sujet.

Dans cette attente, je vous prie de croire, Monsieur, à l'assurance de mes salutations distinguées.

Exemple 4 : une lettre de candidature spontanée pointue mais compréhensible

Pierre DURAND
5, rue Piat
75020 PARIS

CABINET X
1 ter, rue du Paris-Béni
75999 PARIS

Paris, le 2 février 2015

PJ : Curriculum vitæ

Madame, Monsieur,

Docteur en chimie organique, j'ai acquis lors de ma thèse une solide expérience en recherche. J'ai abordé en particulier le domaine de la chimie aromatique et hétérocyclique et le développement de nouvelles voies d'accès à des photochromes organiques.

Ces trois années de travail, financées par la Société X International, m'ont sensibilisé aux impératifs industriels auxquels doit répondre le travail de chercheur. Je souhaiterais rejoindre l'industrie pharmaceutique pour occuper idéalement un poste à responsabilités dans le domaine de la recherche en chimie organique.

Je vous serais reconnaissant de bien vouloir intégrer mon dossier dans votre base de candidatures et, dans le cas où mon profil pourrait intéresser un de vos clients, de bien vouloir me contacter.

Je serais heureux de vous rencontrer préalablement pour vous donner de vive voix de plus amples informations. Dans cette attente, je vous prie d'agréer, Madame, Monsieur, l'expression de ma considération distinguée.

L'e-mail d'accompagnement et de motivation

Le Web a-t-il tué la lettre d'accompagnement ? La question vaut la peine d'être posée : la généralisation des échanges rapides par e-mail, pour la recherche d'emploi comme pour beaucoup d'autres activités professionnelles, peut faire apparaître la lettre de candidature comme une pratique désuète, dépassée.

Mais la lettre d'accompagnement classique n'est pas morte et plusieurs éléments militent encore en faveur de la lettre d'accompagnement classique :

- Le recruteur ou l'employeur demandent expressément une lettre manuscrite, sans doute pour mener une expertise graphologique.
- Il n'y a pas de caractère d'urgence pour la réponse et vous estimez, non sans raison, qu'une lettre d'accompagnement, manuscrite ou rédigée par ordinateur, vous permettra de déployer tous vos arguments – un e-mail, c'est court – ou d'exprimer toute votre personnalité dans le cas d'une lettre manuscrite.
- Vous pensez, ce que confirment certains recruteurs, que votre lettre vous permettra de sortir votre candidature du lot puisque tous vos concurrents auront répondu par e-mail.

Une candidature bien référencée grâce à l'e-mail

La procédure de traitement des CV (*via* les formulaires en ligne, mais aussi les envois e-mail) est de plus en plus intégralement automatisée. Et ce, à la fois pour le classement, mais aussi pour le tri des CV. Aussi, sachez utiliser intelligemment cette évolution en choisissant habilement des mots-clés qui permettront un référencement optimal de votre CV et surtout une sélection accrue.

L'e-mail que vous envoyez peut être de deux types :

- **L'e-mail d'accompagnement** : très court, il a pour seul objectif de ne pas envoyer un e-mail trop sec : rappel de la nature du poste, disponibilité pour un entretien.

- **L'e-mail de motivation** : il se substitue à la lettre de motivation classique tout en restant d'un format adapté à l'e-mail : raisons de la candidature, principales compétences et expériences, demande d'entretien.

Les erreurs à éviter

N'envoyez pas un e-mail doublé d'une lettre pour accompagner votre CV. Le recruteur pourrait alors penser que vous êtes indécis, peu au fait des pratiques actuelles de recherche d'emploi ou encore que vous cherchez à le harceler...

N'envoyez pas un CV « sec », sans message ou presque et sans objet, ce qui serait certainement perçu comme de l'impolitesse.

Ne tapez pas directement votre CV dans l'e-mail que vous rédigez, mais adressez-le plutôt en pièce jointe.

N'envoyez pas un e-mail « bateau », avec un message type identique pour tous les destinataires. Le recruteur saura repérer facilement le copier-coller... et vous en tiendra rigueur.

Dans le même esprit, n'envoyez pas en masse votre e-mail avec de multiples destinataires en copie cachée.

N'envoyez pas de pièces jointes dans des formats difficiles à lire ou à manipuler pour certains interlocuteurs (zip, html...). Cantonnez-vous aux formats standards comme PDF ou Word.

Les bonnes pratiques

Faites court, simple et lisible : un e-mail doit « tenir » dans une page-écran (10-15 lignes maxi) pour ne pas donner l'impression d'un document fastidieux ou doublonner avec le CV. En outre, 50 % des e-mails sont aujourd'hui lus sur un mobile, ce qui pousse plus encore à la brièveté et à l'efficacité du message. Veillez également à soigner le morcellement (paragraphes courts et donc « digestes ») et l'intitulé/l'objet de l'e-mail qui doit être court et explicite. Si vous répondez à une annonce précise ou plus encore dans le cas d'une candidature spontanée, concentrez votre message sur votre motivation et sur le profil de poste que vous souhaitez. Veillez également à proposer des phrases courtes (13-14 mots environ) qui seront plus faciles à lire que des phrases plus longues, même si celles-ci sont construites correctement. Enfin, pensez à morceler votre message en paragraphes courts (2-3 lignes) qui marquent les différents points de votre argumentation.

Travaillez votre attaque : ces e-mails sont le plus souvent balayés du regard plutôt que lus avec attention. Ils doivent retenir l'attention dès les premières lignes. Cette attaque, cette façon de démarrer devra être claire, pertinente et percutante.

Pensez aux mots-clés : comme nous l'avons indiqué plus haut, le traitement et le tri des CV se basent sur des mots-clés repérés dans le CV mais aussi dans l'e-mail qui l'accompagne. Sachez utiliser intelligemment cette évolution en choisissant habilement des mots-clés qui permettront un référencement optimal de votre CV et surtout une sélection accrue. Pour cela, vous pouvez repérer dans l'annonce les termes essentiels employés et les faire figurer dans votre CV. Pensez également à user des synonymes. Vous multiplierez ainsi vos chances d'être sélectionné lors des tris (pour l'annonce à laquelle vous avez répondu, mais aussi pour d'autres à venir correspondant à des postes similaires). Cette règle vaut également pour l'objet de l'e-mail, le plus précis et référençable possible (par exemple, « Poste community manager réf. Web-2231 – candidature Estelle Marchand »).

Mettez-vous en avant… sobrement : n'hésitez pas à citer vos réussites les plus marquantes (une ou deux, pas tout un catalogue), vos points forts et vos compétences principales, vos souhaits d'évolution professionnelle (en rapport avec l'annonce, bien sûr). Le but du jeu : que le lecteur de l'e-mail sache, avant même d'ouvrir le CV, que vous êtes un contact intéressant qu'il doit convoquer pour un entretien. Si vous écrivez sur la recommandation d'un tiers, mentionnez-le en quelques mots après vous être assuré que celui-ci est d'accord.

Personnalisez votre réponse : répondre par e-mail, contrairement au formulaire, vous laisse davantage de liberté. Profitez-en pour personnaliser votre message avec des formules sur mesure, adaptées à chaque interlocuteur : objet de l'e-mail spécifique, références précises au poste et à l'entreprise, à l'actualité du secteur...

Venez-en au fait : le but est, rappelons-le, d'obtenir un rendez-vous. Terminez votre e-mail en demandant cet entretien explicitement.

Après l'entretien, rédigez un e-mail de remerciement : vous remercierez votre interlocuteur pour la qualité des échanges, lui rappellerez votre motivation pour le poste et garderez ainsi un contact avec lui.

E-mails d'accompagnement simple

Exemple : e-mail expressif et « humanisé »

De : marc.legall@mail.fr
Envoyé : lundi 12 janvier 2015
À : recrutement@regionbretagne.fr
Objet : Candidature « chargé de développement commercial région Bretagne »

Réf. 2015-COM_BRET

Madame, Monsieur,

En réponse à votre recherche d'un chargé de développement commercial pour la région Bretagne, parue sur le site RégionsJob, j'ai le plaisir de me porter candidat et de vous présenter, en pièces jointes, ma lettre de motivation accompagnée d'un CV actualisé.

Dans l'espoir de vous rencontrer prochainement.

Avec mes cordiales salutations.

Marc LEGALL
20, rue des Remparts
35400 Saint-Malo
Tél. : 06 06 06 06 06

Exemple : e-mail « laconique » et neutre

De : elavenu@courrierweb.fr
Envoyé : vendredi 6 mars 2015
À : contact@imprimerie-duverger.com
Objet : candidature au poste d'assistante de direction

Madame, Monsieur,

Je souhaite vous présenter ma candidature au poste d'assistante de direction au sein de votre entreprise. Vous voudrez bien trouver ci-joint ma lettre de motivation et un CV adapté à cette offre.

Dans l'attente de vous lire, je vous prie d'agréer, Madame, Monsieur, l'expression de mes sincères salutations,

Estelle LAVENU

Exemple : e-mail bref et percutant

De : ggosling@emailme.com
Envoyé : lundi 12 janvier 2015
À : recrutement@orleansmatin.com
Objet : Candidature au poste de secrétaire de rédaction

Madame, Monsieur,

Veuillez trouver ci-joint mon dossier de candidature pour le poste de secrétaire de rédaction que votre société recherche.

Restant à votre disposition pour une rencontre, je vous prie d'agréer, Madame, Monsieur, mes salutations distinguées.

Cordialement,

Guillaume Gosling
5, rue des Alouettes
45240 La Ferté-Saint-Aubin
06 14 58 97 89
E-mail : ggoslin@emailme.com

E-mails de motivation

Exemple 1 : e-mail de motivation simple mais personnalisé

De : manon.cevenol@messagerie.com
Envoyé : mercredi 12 novembre 2014
À : recrutement@patisserie-limousine.fr
Objet : Poste contrôleur de gestion production

Réf. 2014-CONTROLE PRODUCTION – Candidature Marion CÉVENOL

Madame, Monsieur,

Votre entreprise spécialisée dans la pâtisserie industrielle recherche son contrôleur de gestion production.

De formation hôtelière, j'ai accumulé de nombreuses expériences dans ce secteur à divers niveaux de gamme, tant en hôtellerie qu'en restauration. J'ai complété récemment cette pratique sur le terrain par un cursus de contrôle de gestion.

Je souhaite désormais mettre ces connaissances en matière de production et mes compétences de gestionnaire au service d'un groupe spécialisé dans l'agroalimentaire comme le vôtre.

Mon curriculum vitae ci-joint est axé sur mes expériences de gestionnaire. Je me tiens toutefois à votre disposition pour échanger sur les expériences mentionnées, sur mon expérience du milieu de la restauration et sur mon expertise de la production alimentaire.

Dans l'espoir de vous rencontrer bientôt, je vous prie d'agréer, Madame, Monsieur l'expression de mes cordiales salutations.

Manon CÉVENOL
Tél. : 06 06 06 06 06

Exemple 2 : e-mail de motivation dense en informations

De : b.ostolazza@me.com
Envoyé : jeudi 17 mars 2015
À : candidature@innovaweb.com
Objet : Candidature spontanée webdesigner

Madame, Monsieur,

En veille permanente sur mon secteur d'activité, le webdesign, et sur ses acteurs, j'ai pu identifier Innovaweb comme une des entreprises émergentes. Cela m'a donné envie de contribuer à votre dynamique et de vous présenter ma candidature.

Après une licence en design et communication visuelle (école Intuit-lab, Aix-en-Provence), j'ai approfondi cette formation en intégrant le programme Du graphisme traditionnel au Web design de l'école des Gobelins, avec une spécialisation en *responsive Web design*.

Mes travaux pratiques et mes premières collaborations (voir mon portfolio) m'ont permis à la fois d'affirmer ma technique (production en série de bannières pour une régie publicitaire) et d'exprimer ma créativité (animations pour le site d'un grand couturier).

Je vous propose de venir vous rencontrer pour un échange informel sur ce que je pense pouvoir apporter à votre entreprise.

Cordialement,

Baptiste OSTOLAZZA
Tél. : 06 06 06 06 06

Exemple 3 : e-mail de motivation argumenté

De : barbara.olivettes@mymail.com
Envoyé : mercredi 15 avril 2015
À : contact@geomat.com
Objet : Poste géomaticien

Réf. 2014-GEOMAT – Candidature Barbara OLIVETTES

Madame, Monsieur,

En veille active sur les sites professionnels, j'ai repéré sur celui de l'Apec votre proposition d'intégrer un géomaticien à votre équipe cartographique.

Titulaire depuis 2005 d'un master 2 en télédétection et géomatique appliquée, j'ai acquis une solide expérience de terrain : analyse et gestion des sols pour une compagnie de prospection du gaz de schiste, actualisation des profils météorologiques de Météo-France Rhône-Alpes, développement de la base de données géologiques pour le Parc régional du Mercantour.

Je souhaite aujourd'hui intégrer une structure d'envergure comme la vôtre qui m'attire à plus d'un titre.

Appliquer mes compétences dans le domaine environnemental est une satisfaction en soi ; m'intégrer durablement dans un collectif me permettra ensuite de travailler sur le long terme, une perspective toujours plus enrichissante pour un scientifique. Enfin, m'implanter professionnellement dans ma région d'origine et au service de ce territoire est une envie de longue date que je souhaitais satisfaire.

Dans l'espoir de vous rencontrer très prochainement.

Barbara OLIVETTES
Tél. : 06 06 06 06 06

Exemple 4 : e-mail de motivation très vendeur

De : mleseigneur@webmail.com
Envoyé : mardi 2 février 2015
À : recrutement@onlinesales.com
Objet : Poste chargé de clientèle en ligne

Réf. 2014-ONLINESALES – Candidature

Madame, Monsieur,

Vous souhaitez renforcer votre équipe de prospection commerciale en y intégrant un chargé de clientèle en ligne. Cette offre a éveillé mon intérêt pour au moins trois raisons.

La première est liée à ma formation et à mon expérience : titulaire d'un BTS d'action commerciale, j'ai complété ce diplôme par un Master spécialisé dans le placement des produits financiers avec, en guise de stage pratique, une mission de deux mois dans une société de bourse en ligne.

La deuxième raison est liée à la nature même de la mission que vous proposez, en parfaite harmonie avec mes qualités professionnelles et personnelles. J'ai le sens du service à la clientèle, j'ai à cœur de lui délivrer l'information la plus juste et la plus pratique pour elle. D'autre part, j'ai aussi le goût du challenge – vendre des services, décrocher des contrats au téléphone auprès d'une clientèle très sollicitée en est un ! –, je suis tenace et je retire un vrai plaisir de la vente de produits et de services que je sais de qualité.

Ce qui m'amène au troisième point : ma connaissance de votre entreprise et de votre notoriété. Les Assurances la Diligente ont une réputation de sérieux et de qualité des produits qui n'est plus à faire. Mener une action commerciale en m'adossant à une telle marque est gage, pour moi, de réussite dans l'accomplissement des objectifs commerciaux.

Rencontrons-nous pour bâtir ensemble les bases de notre future collaboration !

Cordialement.

Mathilde LESEIGNEUR
Tél. : 06 06 06 06 06

Chapitre 5

Bien répondre à une annonce classée

Pour un chercheur d'emploi, la lecture des annonces de recrutement, publiées dans la rubrique « Annonces classées » ou « Petites Annonces » des pages de la presse quotidienne régionale, nationale ou de la presse spécialisée, peut se révéler difficile. Leur rédaction concise peut paraître lapidaire, voire trop succincte, aux yeux des lecteurs.

Souvent certaines informations qui intéressent évidemment les candidats – notamment le nom de l'entreprise et le montant de la rémunération proposée – ne figurent pas dans le texte de l'annonce.

Ne rien négliger dans une annonce classée

Le classement des petites annonces n'est pas toujours rigoureusement exact. Par exemple, les offres d'emploi de la vente et du marketing sont parfois mélangées. Une lecture attentive et exhaustive est donc recommandée pour ne pas laisser passer des opportunités.

Il faut aussi prendre en compte le « poids des mots » (leur signification exacte, par exemple le niveau de pratique des langues étrangères) et s'attacher également à la mise en forme du message (l'usage des caractères gras, la taille de la police). Mais attention, les annonces classées sont faites pour « attirer l'œil » du candidat : les termes en caractères gras ne sont donc pas forcément les plus importants au regard du profil du poste.

Le choix de la taille et de l'emplacement de l'annonce classée. Celui-ci est décidé en fonction du recrutement visé (postes de direction ou experts aux compétences rares par exemple), en fonction, bien évidemment, des moyens financiers du recruteur mais aussi de considérations liées à la communication de l'entreprise (l'annonce classée est aussi une vitrine de l'entreprise).

Si l'entreprise ne tient pas à apparaître nominativement, c'est en raison des *a priori* que peut susciter la mention de son nom – qu'ils soient positifs (forte notoriété) provoquant un afflux de CV ou négatifs (moins bonne image) – qui, au contraire, prive l'entreprise d'un certain nombre de candidatures.

Si le salaire proposé n'est pas souvent mentionné, c'est pour éviter les mêmes conséquences (trop ou trop peu de postulants). L'entreprise préfère réserver la communication de la « fourchette » de salaire aux candidats qu'elle présélectionne. La rémunération constitue bien évidemment un élément de la négociation entre celui qui offre un emploi et celui qui propose ses services.

Quelles informations dénicher dans une annonce classée ?

Dans une annonce classée figurent des renseignements sur l'entreprise, sur le poste proposé, sur le profil recherché (cursus et qualité du candidat) et, enfin, les informations pratiques pour envoyer sa candidature. On trouve ainsi des indications telles que l'intitulé du poste, le rattachement hiérarchique de la fonction, le nombre de personnes à encadrer et la mission proposée au candidat. L'entreprise indique aussi la formation et l'expérience voulues (donc une information sur l'âge ou l'expérience du candidat).

Si l'annonce classée a certes une vocation publicitaire, elle délivre aussi des indications sur les attentes de l'entreprise ou sur les conditions de travail liées au poste. Il revient au candidat d'interpréter ces informations (en termes d'opportunités et de contraintes). À lui aussi de déduire… ce qui n'est pas dit. Lors de l'entretien, il pourra éclaircir certains points susceptibles, le cas échéant, de poser problème.

En fait, une annonce classée se lit une première fois pour saisir l'essence de ce qui est affiché, et une deuxième fois (au moins) pour la déchiffrer convenablement. Il n'est pas recommandé d'éliminer une offre d'emploi de façon radicale sur la base de critères stricts, mais de « lire entre les lignes » pour savoir s'il existe des adaptations ou une marge de manœuvre par rapport aux critères énoncés.

Bon nombre d'annonces classées invitent les candidats à faire connaître leurs « prétentions salariales ». N'oubliez pas de les indiquer : c'est un élément déterminant pour le recruteur et l'employeur. Cela implique également de connaître sa valeur professionnelle sur le marché, une information que vous pouvez recueillir auprès de certains sites d'emploi généralistes ou des organismes de votre secteur d'activité.

Il sera aussi souvent demandé deux exigences complémentaires précises : la maîtrise de l'outil informatique et la connaissance des langues étrangères.

On trouve également des indications que l'entreprise peut glisser pour donner aux candidats potentiels des informations sur son évolution de carrière, du style « évolution de carrière possible dans un avenir proche » (comprenez : deux ou trois ans). Le candidat devra faire attention à certaines formulations, par exemple la mention « salaire attractif » : cela signifie en fait que la rémunération est souvent élevée au regard des moyens de l'entreprise.

Répondre à une annonce classée

Règles générales de forme

Inscrivez tout d'abord en haut et à gauche le prénom et le nom suivis, en dessous, de l'adresse, mais sans indiquer ensuite le numéro de téléphone qui figure déjà sur le CV.

Mettez en exergue, en dessous, la référence de l'annonce, par exemple : « Référence M 100 parue dans *Le Figaro* du ... » (l'entreprise fait généralement paraître l'annonce dans plusieurs supports et sur plusieurs semaines). Le lieu et la date de l'envoi peuvent figurer tout en haut à droite ou un peu plus bas, à la même hauteur que la référence de l'annonce.

Adressez le courrier suivant l'usage général avec l'intitulé « Monsieur/Madame ». L'emploi de la formule « Monsieur le Directeur » ou « Monsieur le Directeur des Ressources Humaines » n'est pas nécessaire.

Deux exceptions à cette règle : si le nom de famille du recruteur est stipulé dans la petite annonce ou si l'on adresse sa lettre à une personne justifiant d'un titre particulier, par exemple « Monsieur le Président du conseil général ».

Lettre manuscrite ou tapuscrite ?

La lettre d'accompagnement doit-elle être nécessairement écrite à la main ou peut-on s'affranchir de cette contrainte et avoir recours à l'ordinateur ? Une seule règle s'impose. Si l'offre d'emploi précise que le CV doit être adressé avec un argumentaire rédigé à la main, vous êtes fortement invité à répondre favorablement à cette exigence du recruteur qui pourra procéder, si besoin, à une étude graphologique (voir chapitre 7). En conséquence, prenez soin d'écrire de votre mieux et surtout sans fautes d'orthographe. Même si vous considérez que votre écriture n'est pas des plus belles, ne faites jamais écrire votre lettre par quelqu'un d'autre (les graphologues le vérifient). Autre précision utile, si vous êtes gaucher, mentionnez-le en *post-scriptum* de la lettre car les conclusions sont sensiblement différentes entre l'écriture d'un droitier et celle d'un gaucher.
Si l'offre d'emploi n'invite pas à l'envoi d'une lettre manuscrite (et pour toute candidature spontanée), allez au plus pratique ; n'hésitez pas à utiliser l'ordinateur pour rédiger votre lettre.

La lettre d'accompagnement doit être claire, courte et sans aucune négation ni formule à connotation « passéiste », par exemple : « Depuis X années, j'exerce la fonction de... » ou : « Cela fait X années que j'occupe le poste de... »

Comme nous l'avons expliqué précédemment, la lettre ne se substitue pas au CV, elle doit au contraire prolonger le propos. Elle remplit, en fait, la fonction de la quatrième de couverture pour le livre ; elle doit inciter à lire pour en savoir plus.

Exemple : réponse à une petite annonce pour un poste de directeur d'usine

> « Je suis directeur adjoint de l'usine Tartempion du constructeur X et cherche à évoluer. »
>
> Au risque de se répéter, bannissez toute forme d'autosatisfaction et de reproduction quasi à l'identique de l'annonce du style : « Vous cherchez un chef de produit disponible et autonome, je suis autonome et disponible… »
>
> Il faut aller à l'essentiel : la lettre d'accompagnement doit être courte (10 à 12 lignes est l'idéal) et ne doit pas être écrite sur le recto et le verso de la feuille, mais d'un seul côté.
>
> Complétez votre acte de candidature par une formule de politesse, par exemple : « Je reste à votre disposition pour vous rencontrer à votre meilleure convenance. »

N'indiquez surtout pas la mention : « Je me permettrai de vous appeler. » La relance téléphonique n'est pas toujours considérée comme bienvenue. Une actualisation du CV – par le biais d'un courrier – en cas de changement de votre situation professionnelle ou géographique, est en revanche opportune.

Terminez votre lettre par une formule de politesse du style : « Dans l'attente de nous rencontrer, je vous prie de bien vouloir agréer, Monsieur, l'assurance de mes salutations distinguées. »

Il n'est vraiment pas nécessaire de faire état du dévouement ou de la haute considération que vous portez au destinataire de votre courrier car vous ne quémandez pas un poste, vous proposez vos services.

Un élément de fond : le salaire

Un élément précis devra obligatoirement figurer dans votre lettre : il s'agit des prétentions salariales si, bien sûr, elles sont demandées dans l'annonce.

Cette indication est à évaluer en fonction de votre dernier salaire. Le candidat peut même, à défaut, faire état de son salaire actuel. Si vous savez que votre niveau de rémunération est très élevé par rapport au marché, vous pouvez formuler ainsi vos prétentions : « Mon dernier niveau de rémunération est de …, base à partir de laquelle nous pouvons engager une discussion constructive. » C'est en fait une façon habile de dire : « Mon salaire est peut-être un peu élevé, mais même si cela ne me fait pas plaisir, on peut en discuter. »

Soyez précis

Dans l'interprétation des termes utilisés dans une annonce classée, vous avez tout intérêt à être précis. Vous multiplierez ainsi vos chances d'être sélectionné pour un entretien et pourrez aborder celui-ci dans les meilleures conditions (en ayant préparé notamment les questions les plus pertinentes quant à l'offre d'emploi).

Voici la signification de quelques termes communément usités dans les annonces classées :

- **Première expérience** : cela signifie deux ou trois ans d'activité dans la fonction, une expérience confirmée c'est une dizaine d'années. L'expérience demandée peut être double : expérience dans le secteur d'activité ou dans la fonction.
- **Autonome :** cela signifie que la personne sera peu supervisée, encadrée (et non qu'elle sera complètement libre dans l'exercice de sa fonction). Autrement dit, elle devra prendre des responsabilités sans avoir à en référer systématiquement à son supérieur hiérarchique direct.
- **Forte personnalité** : équilibre émotionnel et non pas forte tête.
- **Rigoureux :** cela proscrit la fantaisie.
- **Adaptabilité :** interdit la rigidité dans la négociation.
- **Qualités relationnelles** : cela ne veut pas dire savoir « baratiner » mais savoir défendre une argumentation.
- **Autonome, endurant, imaginatif** : les trois adjectifs accolés laissent entendre que le candidat devra se « frotter au marché » et devra apporter des résultats assez rapidement.

En résumé

Je recommande d'avoir la lecture des offres d'emploi la plus ouverte possible : évitez toute forme d'autocensure sous prétexte de respecter à la lettre la liste des critères que vous avez arrêtée.

Pour y parvenir, un petit conseil : inversez les rôles ! Essayez de vous mettre dans la peau du recruteur en vous posant les questions suivantes : pourrait-il être séduit par mon offre de services ? Et dans un premier temps, mon argumentaire et mon CV sont-ils susceptibles de l'intéresser suffisamment pour qu'il me reçoive en entretien ?

Quelques exemples d'annonces presse commentées

Jeunes BTS [1]

Action commerciale
Force de vente...

Notre Régie Publicitaire renforce ses équipes commerciales sédentaires chargées de la vente d'espaces tous secteurs auprès des particuliers et des entreprises.

Prospecter, argumenter, convaincre et vendre par téléphone seront vos principales missions.

Votre sens du commerce, de l'écoute et du conseil, votre esprit de conviction, votre dynamisme et votre sourire seront indispensables !

Après une formation à nos produits et nos méthodes, vous intégrerez une structure importante qui soutiendra votre action en permanence.

Salaire fixe : 23 342 € + primes.

Recrutement immédiat [2].

Merci d'adresser votre CV, accompagné d'une lettre manuscrite et de votre photo au Journal PA en précisant bien sur l'enveloppe la réf. 23329, 9, rue Pillet-Will, 75009 Paris qui transmettra.

Commentaires :

1. Jeunes et débutants.
2. Disponibilité immédiate.

Groupe spécialisé dans les prestations de services à vocation européenne (100 personnes) – rattaché à un groupe international – recherche pour sa holding française[1] (4 personnes) un(e) :

DIRECTEUR(-TRICE) COMPTABLE & FINANCIER

VOUS AVEZ UNE FORMATION SUPÉRIEURE (ESC ou maîtrise de gestion) complétée par un cursus comptable (DECS ou DESCF) et une dizaine d'années d'expérience en cabinet ou en entreprise. Vous maîtrisez l'anglais et si possible l'allemand.[2]

[3]DIRECTEMENT RATTACHÉ(E) À LA DIRECTION GÉNÉRALE, vous aurez des missions variées : direction des services comptables des sociétés du groupe – élaboration de budgets – contrôle budgétaire – audit interne – contrôle des filiales – consolidation et reporting – gestion de trésorerie et relations avec les partenaires financiers – suivi de l'informatique et de son évolution.

Merci d'adresser votre CV, lettre manuscrite et prétentions au Journal PA en précisant sur l'enveloppe la réf. 13218, 9, rue Pillet-Will, 75009 Paris qui transmettra en toute confidentialité.

Commentaires :

1. Petite équipe.
2. Formation large, mais expérience réelle.
3. Le poste est plus important – c'est leur souhait – que la taille de la société ne le laisserait supposer.

Filiale d'un Grand Groupe International, importateur et distributeur d'une gamme complète de matériel de manutention, recherche (H/F)[1] :

UN RESPONSABLE TECHNIQUE

Vous avez une solide expérience dans le domaine des biens d'équipement industriel. Rigueur, dynamisme, qualités de manager, aisance relationnelle pour contacts avec le réseau et les clients.[2]

UN TECHNICIEN ÉLECTROMÉCANICIEN

Vous avez une solide formation BTS électronique ou équivalent.[3] Personne de terrain pour suivi clientèle et dépannage en Île-de-France.[4]

Merci d'adresser votre CV, lettre manuscrite et prétentions au Journal PA en précisant sur l'enveloppe la réf. 13218, 9, rue Pillet-Will, 75009 Paris qui transmettra.

Commentaires :

1. Pas fabricant en France.
2. Donc aide au réseau et assistance aux clients.
3. Cela veut dire aussi DUT ou expérimenté.
4. Attention ! déplacements à venir.

Société spécialisée dans le négoce de produits papetiers en gros.
Notre croissance exceptionnelle[1] nous amène à recruter :

DEUX JEUNES COMMERCIAUX (H/F)[2]

France

- Secteur : Oise – Nord – Pas-de-Calais
- Secteur : Ouest – Sarthe – Finistère

De formation Bac + 2 (débutant accepté), vous aurez pour mission la prospection, le suivi et le développement de clients sur un secteur à fort potentiel.

UN COMMERCIAL EXPORT (H/F)

(Zone Afrique-Maghreb)

De formation Bac + 2, vous maîtrisez l'anglais[3], vous bénéficiez d'une première expérience réussie dans le commerce international, vous aurez pour mission, basé en France[4], le développement de nos ventes sur ce secteur.

Merci d'adresser (lettre manuscrite + CV + photo) avec prétentions et/ou salaire au journal PA en précisant la Réf. 23288 – 9, rue Pillet-Will, 75009 Paris qui transmettra.

Commentaires :

1. Cela veut dire que c'est une croissance à deux chiffres !
2. Fourchette large s'adressant à des débutants et à des expérimentés.
3. Important pour l'export.
4. Déplacements pas forcément intensifs.

Important établissement bancaire régional recherche 2 inspecteurs (H/F) :

Mission (1)

Participer à la réalisation de missions d'audit-inspection au siège et dans le réseau d'agences, informer du résultat de chacune d'elles, assurer le suivi des recommandations émises et des actions correctives qui en découlent.

Veiller au cours de ces missions à :

- s'assurer de la régularité des opérations traitées ;
- chercher à protéger le patrimoine et les ressources de l'établissement contre l'erreur, la négligence ;
- contrôler l'existence de procédures écrites, leur validité, leur application régulière et leur efficacité.

Participer à l'actualisation du système de contrôle interne de l'établissement en intégrant l'évolution de la réglementation et l'évolution de l'établissement.

Profil requis

Les candidats devront être rigoureux, avoir une réelle aisance relationnelle ainsi qu'une bonne maîtrise des outils informatiques et bureautiques. En outre, ils devront être diplômés de l'enseignement supérieur (Bac + 4 minimum) et justifier d'une expérience réussie d'au moins 2 ans dans la fonction d'inspection au sein d'une banque (2).

LES POSTES SONT À POURVOIR À TOULOUSE (3)

Merci d'adresser dossier de candidature (lettre manuscrite (4) + CV et photo) au Journal PA en précisant sur l'enveloppe la référence 13172, 9, rue Pillet-Will, 75009 Paris qui transmettra.

Commentaires :

(1) Les missions sont claires et précises.

(2) La demande est précise.

(3) Attention à la localisation.

(4) Graphologie à venir… précisez si vous êtes gaucher !

Nous sommes une société française, spécialiste de l'environnement et de la dépollution atmosphérique. Nous disposons d'un savoir-faire reconnu en milieu industriel. Notre compétence fait appel au génie des procédés et au génie chimique.[1]

Nous appartenons à un groupe international suédois[2]**. Nous sommes basés en Région parisienne ouest.**

Avec l'objectif de développer en France une activité récente du groupe déjà bien établie en Europe du Nord, nous recherchons notre :

RESPONSABLE[3] COMMERCIAL (H/F)

Épuration des fumées

Votre secteur : Celui des grosses installations d'incinération et de combustion.

Votre mission : Vous réalisez l'ensemble des opérations commerciales avec les clients et acteurs français de ce secteur.

Rattaché au PDG, vous animez et coordonnez de manière autonome vos projets jusqu'à la signature du contrat.

Vous disposez du support de l'équipe technique et procédé de la Société et de celle de notre maison mère.

Votre profil : Vous avez une bonne formation technique de type génie chimique. Vous possédez une expérience d'une dizaine d'années comme ingénieur d'affaires ou similaire. Vous souhaitez développer une réelle aptitude commerciale associant le goût du contact et une bonne rigueur méthodologique[4].

Vous maîtrisez l'anglais.

Une connaissance du milieu des collectivités locales et des opérateurs[5] et une expérience du traitement des gaz sont un plus.

Merci d'adresser lettre manuscrite + CV + rémunération souhaitée au Journal PA en précisant sur l'enveloppe la réf. 13193, 9, rue Pillet-Will, 75009 Paris qui transmettra ou faxer au 01 40 75 22.

Commentaires :

1 Annonce claire.

2 Groupe international donc nécessitant la maîtrise d'une langue.

3 Responsable, pas directeur, d'où encadrement limité.

4 Vous êtes ingénieur ou équivalent et vous savez vendre !

5 Vous agissez en solo !

Annonces Web

Exemple 1 : animateur(rice) qualité (H/F)

Description du poste

Nous recherchons pour notre client, société industrielle, **un(e) animateur(rice) qualité** (H/F).

Description de l'offre

Rattaché(e) au responsable contrôle, vous mettez en œuvre et participez aux contrôles et essais nécessaires dans votre secteur afin de garantir la conformité des produits pour vos clients (internes ou externes).

Profil recherché

Issu(e) d'une formation technique, type Bac Pro, BTS ou DUT en mécanique générale, vous possédez au moins une expérience (stage compris) dans la fonction contrôle qualité.

Vous possédez un anglais technique opérationnel. Vous maîtrisez l'outil informatique et un ERP.

Vous êtes disponible rapidement pour cette mission.

Source : Monster.fr

Commentaires :

Cette annonce demande une formation de base et une éventuelle première expérience, l'adaptation à l'entreprise étant ensuite assurée par une formation à ses produits et process spécifiques. Dans l'e-mail, mettre l'accent sur l'approche personnelle de la qualité et la motivation.

Exemple 2 : chargé de mission santé citoyenneté (H/F)

Importante association de personnes malades, dont les maladies génèrent des situations de handicap recherche :

UN CHARGÉ DE MISSION SANTÉ CITOYENNETÉ (H/F)

Poste en CDI basé à Évry (proche Station RER – 40 mn de la Gare de Lyon)

Notre Association conduit des actions fortes de lobbying d'intérêt général dans les domaines de la santé et du handicap. Pour porter ses stratégies, elle élabore, formule et porte des revendications et propositions auprès des pouvoirs publics et acteurs institutionnels.

Dans ce cadre, au sein de la direction en charge des actions de plaidoyer, vous serez chargé de :

- Contribuer à la veille politique et réglementaire dans les domaines de la santé et du handicap. Rédiger des notes d'analyse ou de synthèse et construire des argumentaires.
- Animer, coordonner et rédiger des études ou dossiers de revendications et mettre en œuvre les actions permettant de les diffuser.
- Stimuler et formaliser les remontées d'informations des réseaux salariés et bénévoles, afin de les traduire en revendications.
- Contribuer à l'élaboration d'enquêtes sur les besoins et attentes des personnes malades. Analyser les résultats et en organiser la valorisation.
- Représenter notre Association dans des groupes de travail nationaux, institutionnels ou associatifs.
- Participer à l'identification des besoins en formation, en lien avec les missions de la direction, des différents acteurs des réseaux internes et assurer la réalisation de certains modules.

De formation supérieure (droit, économie, sciences politiques…), vous justifiez d'une expérience confirmée, acquise notamment dans un environnement associatif militant. Vous avez une bonne connaissance des fonctionnements administratifs et des politiques publiques dans les domaines de la santé, du handicap ou de la lutte contre les exclusions.

Expérimenté dans le pilotage de projet, votre aisance relationnelle vous permet de vous adapter à des interlocuteurs très variés. Vous êtes reconnus pour votre créativité, vos qualités rédactionnelles et votre aisance d'expression orale.

Merci d'envoyer votre candidature, au : Groupe M Publicité – Service emploi – 80, bd Auguste-Blanqui – 75013 PARIS.

Source : Talents.fr

Commentaires :

- Cette annonce s'adresse à des candidats confirmés qui doivent en conséquence « montrer patte blanche » et présenter leurs expériences précédentes, les responsabilités assumées, les missions réussies.
- Les missions à assurer sont nombreuses. Dans votre réponse, hiérarchisez-les pour montrer comment vous voyez ce poste et ses priorités.

Annonce 3 : journaliste juridique (H/F)

Type d'offre : offre de pige
Lieu de travail : free-lance

Présentation société

Avocat.net est un site comparateur de prix des avocats en divorce.
Il propose également des fiches pratiques à destination de particuliers dans tous les domaines du droit privé.
Avocat.net recrute **un journaliste juridique (H/F).**

Missions

Il s'agira essentiellement pour le candidat de rédiger des fiches pratiques publiées sur le site Internet, principalement dans le domaine du droit du divorce et plus largement le droit de la famille.
Le candidat doit avoir une écriture soignée et un vocabulaire simple, accessible à tous. Les fiches pratiques doivent être structurées simplement, écrites sur un ton pédagogique. Des notions de vulgarisation juridique sont un grand plus pour ce poste.

Compétences souhaitées

Bac + 4 en droit et une formation journalistique souhaitée.
Vous avez une capacité à exprimer des notions juridiques à une audience grand public sans connaissances en la matière.
Vous êtes familier avec les différents réseaux sociaux (Facebook, Google +, Twitter).
Ce poste nécessite aisance rédactionnelle, esprit de synthèse, rigueur et une capacité de veille documentaire.

Rémunération

Droit d'auteur (50 €/page min, jusqu'à 150 €/page en fonction de la popularité).

Localisation

PARIS (*home office* possible).

Coordonnées du recruteur

JURISYSTEM
Site : *http://www.avocat.net*
Mail : recrutement@jurisystem.fr *4757 consultation(s)*

Source : Categorynet.com

Commentaires :

- Cette annonce s'adresse à des candidats confirmés qui devront certainement montrer leurs précédentes réalisations, voire se prêter à des tests qui évalueront tout autant les connaissances juridiques que les qualités rédactionnelles.
- La rémunération annoncée reste floue : rémunération brut ou net, combien de temps pour écrire une page, comment évaluer cette « popularité » et la rémunération des piges, combien de pages par mois… ? À faire préciser dans l'entretien.

Exemple 4 : ingénieur réhabilitation site et sols pollués (H/F)

INGÉNIEUR RÉHABILITATION SITES ET SOLS POLLUÉS H/F

(publiée le 13/10/2014 et réactualisée le 12/11/2014 – Référence : 96952)

Société qui recrute : **HPC ENVIROTEC**

Contrat de travail : **CDD – 1 an** – Expérience requise : **1 à 3 ans**

Localisation : **France/Bretagne**

Secteurs d'activité

- Sols : dépollution des sols, géologie, géotechnique.

Descriptif du poste

Dans le cadre de ses activités, HPC Envirotec, bureau d'études spécialisé dans l'ingénierie environnementale, recherche un

INGÉNIEUR RÉHABILITATION SITES ET SOLS POLLUÉS

Au sein de notre société, et sous l'encadrement d'un responsable de service et du chef de projets, vous serez particulièrement en charge d'un projet lié à une opération d'ampleur significative de réhabilitation sur un site industriel pollué. Au-delà de ce projet principal, vous contribuerez également à la réalisation d'autres projets ayant trait à la thématique des sites et des sols pollués : diagnostics de sites, suivis de nappe, mais principalement projets se rapportant à la phase de mise en œuvre de travaux de réhabilitation (maîtrise d'œuvre, assistance à maîtrise d'ouvrage, réalisation de traitements…).

Dans ce cadre, vous assurerez :

- la réalisation de tout ou partie des projets jusqu'à leur aboutissement final dans le respect des délais, de la qualité, des procédures internes et des coûts ;
- le conseil auprès des clients en matière de sites et sols pollués ;
- la coordination des équipes techniques et l'organisation des chantiers ;
- la rédaction de rapports d'études.

Compétences requises

Contrat à durée déterminée de 1 an.

Poste basé dans le Grand Ouest, incluant des déplacements en France (réunions client, de chantier, interventions sur site). Le projet principal implique notamment des vacations régulières sur site.

Niveau d'expérience : 1re expérience significative (de 1 à 2 ans) dans le domaine des sites et sols pollués. Connaissances en chimie et microbiologie appliquées appréciées.

Langages : français, anglais.

Qualités : rigueur, sens des responsabilités, disponibilité, relationnel aisé, capacité de synthèse et aptitude à la rédaction claire.

Descriptif de l'organisme employeur

La société HPC Envirotec est spécialisée dans le domaine de l'ingénierie et des services en environnement. Implantée en France depuis 1992, elle assiste, conseille et accompagne les industriels, les collectivités locales, les maires… dans leurs démarches environnementales (technique, économique…). Elle intervient dans le domaine des sites et sols pollués, études réglementaires, audits Due Diligence, MOE de travaux de remise en état de site…

HPC Envirotec SA a obtenu la certification LNE Service des prestataires dans le domaine des Sites et Sols pollués selon le référentiel de la norme NF 31-620 « Qualité du sol – Prestations de services relatives aux sites et sols pollués » en novembre 2011.

Les prestations de services relatives aux sites et sols pollués couvertes par cette certification sont :

- partie I & 2 : Exigences dans le domaine des prestations d'études, d'assistance et de contrôle
- partie I & 3 : Exigences dans le domaine des prestations d'ingénierie des travaux de réhabilitation.

Source : Emploi-environnement.com

Commentaires :

- Ici, la première des compétences demandées est technique même si l'entreprise souhaite visiblement que ce soit un point de départ à partir duquel elle pourra former le candidat à ses propres produits et process.
- L'essentiel réside dans les qualités professionnelles et humaines du candidat : sens de l'organisation, rigueur, sens du travail en commun et gestion d'équipe et de prestataires. Ce sont ces qualités qu'il faudra d'abord mettre en avant.

Chapitre 6

La candidature spontanée

À quoi sert une candidature spontanée ? N'est-ce pas du temps et de l'énergie dépensés inutilement ? N'est-il pas préférable d'attendre que les entreprises formulent une offre d'emploi claire et ferme ? Pourtant, les raisons de proposer des candidatures spontanées sont multiples :

- Selon Pôle Emploi, une partie des embauches se fait sur la base de candidatures spontanées (jusqu'à un tiers dans certaines entreprises).
- Elles permettent de coller au « marché caché » qui représente, selon les secteurs, 50 % des embauches, voire plus.
- Elles apportent une réponse bienvenue aux difficultés bien réelles des entreprises qui ont parfois du mal à recruter et doivent gérer les mouvements d'emploi internes prévisibles (grossesses, départs en retraite...) et imprévisibles (démissions, maladies...).
- Enfin, elles permettent de vérifier que le « candidat spontané », par la précision de ses informations, connaît bien l'entreprise et son secteur et que son initiative démontre sa motivation.

Une expression anglaise exprime bien le sens de cette lettre d'accompagnement spontanée. Il s'agit de faire du *teasing,* c'est-à-dire de se montrer attirant, séduisant y compris en dehors de toute offre d'emploi spécifique. Dans la forme, cette lettre peut être rédigée à l'ordinateur. Cette forme est admise – ou devrait l'être – par tous les recruteurs car lorsque vous faites une candidature spontanée, il est probable que vous multiplierez les envois. Ce n'est donc pas faire preuve d'impolitesse que de ne pas rédiger à la main sa lettre d'accompagnement, cela répond simplement à un souci d'efficacité compréhensible. En aucun cas, le candidat ne devra photocopier une lettre manuscrite.

Que devient votre candidature ?

Vous avez adressé votre candidature au responsable du recrutement (entreprise ou cabinet conseil). Quelles réponses pouvez-vous attendre ? Trois cas de figure peuvent se présenter : une invitation à un entretien, une réponse négative et une formule d'attente. Laissons de côté la plus positive des trois, la suite se jouera lors de l'entretien.

Si vous n'avez pas la chance de faire partie des premiers candidats retenus, vous êtes tout de même en droit d'attendre une réponse de l'entreprise et ce, même s'il s'agit d'une candidature spontanée. On ne peut, à cet égard, que regretter que tous les recruteurs ne fassent pas l'effort de répondre systématiquement aux candidats. C'est pourtant la moindre des politesses ! Si aucune réponse ne vous parvient, vous êtes donc en droit de relancer téléphoniquement la personne en charge du recrutement.

Quant à la réponse d'attente, il ne faut pas la considérer comme une forme polie de rejet de votre candidature. Elle signifie que votre offre de services ne répond pas au besoin actuel ou au profil du poste mais qu'elle pourrait être susceptible d'intéresser le recruteur dans quelque temps. Le discours est en quelque sorte celui-là : « Votre profil ne correspond pas exactement à celui qui est recherché et d'autres candidats semblent y répondre de façon plus précise. Toutefois, je ne rejette pas votre candidature ; je diffère simplement le moment d'une possible rencontre, sachez que je ne manquerai pas de vous appeler si les candidats pressentis se révèlent ne pas être conformes au poste. »

Ce n'est donc pas une réponse de complaisance mais de circonstance !

Quel que soit le type de réponse, les recruteurs conservent les CV et les lettres d'accompagnement qu'ils reçoivent. Une exception à cette règle : les CV des jeunes diplômés. De fait, ils ont le plus souvent un début de carrière difficilement prévisible. Il est donc très difficile de classer – et peu pertinent de conserver – la candidature de ces personnes sans aucune expérience professionnelle.

Dans leur réponse aux candidats, les recruteurs font figurer la mention suivante : « Sauf avis contraire de votre part et selon les textes en vigueur (relatifs à la Commission nationale informatique et libertés) nous gardons votre dossier. » Cette formule est systématiquement inscrite sur les courriers car quiconque le demande peut obtenir soit la restitution, soit la destruction de son dossier de candidature. Ceux qui exigent le renvoi de leurs documents ou leur destruction manifestent ainsi leur volonté de maîtriser la circulation de leur CV. Les demandes de restitution sont rarissimes. Les raisons en sont simples :

- Les candidats considèrent l'envoi de ces candidatures comme un investissement à fonds perdu.
- S'il est tout à fait légal de demander la destruction de son dossier de candidature afin d'éviter tout risque en la matière, il est probable que le candidat souhaitant la restitution de ses documents perd toute chance d'être contacté ultérieurement par un employeur...

Par ailleurs, si une personne en poste est approchée par un recruteur ayant retrouvé le CV de l'intéressé dans une base de données, elle pourra aisément décliner l'offre qui lui est faite sans l'ombre d'un problème. La procédure d'approche se terminera sur-le-champ !

Joindre votre CV n'est pas en option

Il n'est pas utile d'envoyer aux directions des ressources humaines ou aux cabinets de recrutement des lettres de candidature sans CV. C'est comme si vous jouiez avec eux une partie de cache-cache : vous voulez vous signaler à leur attention… sans trop en dire sur vous ! Les personnes, généralement en poste, qui procèdent de la sorte ne veulent pas que leur CV circule en vain. Que peuvent en penser les destinataires ? En vérité, pas grand-chose ! Si le postulant semble avoir toutes les qualités de la Terre, le professionnel du recrutement aura tout de même besoin d'un minimum d'informations complémentaires pour vérifier la réalité de ces atouts ou, à tout le moins, se faire une idée plus précise du candidat. Pour cette raison, le CV lui est indispensable. Alors, pourquoi hésiter ? Si vous faites acte de candidature, faites-le « pleinement » !

Le stockage de votre CV

L'inquiétude des candidats devrait plutôt porter sur les modalités de stockage des CV dans les cabinets de recrutement ou dans les services du personnel des entreprises. Rappelons-le, la loi stipule que :

- Les professionnels du recrutement n'ont pas à communiquer à leurs clients le contenu de la base de données du cabinet. *Toute communication d'un document nominatif exige l'accord préalable du candidat.*
- Le recruteur ne peut pas conserver des dossiers de candidature qui comportent des formules d'appréciation (du recruteur ou du graphologue). Seuls le CV et la lettre d'accompagnement, dépourvus de toute annotation, peuvent être archivés.
- Tout candidat peut avoir, à tout moment, accès à son dossier. Il peut le modifier au gré des changements de son existence (l'intéressé a déménagé, vient de terminer un cycle de formation ou de changer d'employeur). Ce droit de rectification va dans le sens de ses intérêts et de ceux du recruteur qui dispose ainsi d'informations actualisées. Pourtant, force est de reconnaître que peu de candidats ont le réflexe de mettre à jour leur CV. Le délai estimé de « validité » d'un dossier de candidature ne dépasse pas les deux ans (trois ans maximum).

Votre CV n'est pas une bouteille jetée à la mer

Le traitement des dossiers de candidature est le plus souvent informatisé et « automatisé ». Des logiciels permettent ainsi de stocker et d'actualiser toutes les candidatures dès que le candidat signale les modifications de son parcours (changement d'entreprise ou d'adresse par exemple).

L'intérêt de cet outil est d'offrir aux professionnels du recrutement une base de données régulièrement actualisée et auto-indexée (ce qui évite les erreurs de classement). En entrant quelques critères simples, par exemple la profession, le poste ou l'âge d'un candidat idéal correspondant au profil recherché par un client, le responsable du recrutement consulte immédiatement une liste de CV présélectionnés sur la base des critères signalés. Si les candidats

ne semblent pas répondre à la demande, il peut tout à loisir élargir le champ de la recherche en modifiant les critères de sélection.
Le système est rapide, économique et efficace.
Conclusion : ne croyez pas que votre candidature est définitivement perdue si vous n'obtenez pas de réponse dans les quelques semaines qui suivent son envoi ! Les professionnels du recrutement ont un intérêt évident à entretenir et enrichir leur carnet d'adresses...

Chapitre 7

Les atouts et les limites de la graphologie

Comment accepter que votre candidature soit jugée sur votre écriture ? La forme importerait-elle autant, voire plus, que le fond ? Après tous les efforts réalisés pour soupeser les termes valorisant au mieux votre candidature et les mettre habilement en forme, vous pouvez être au final évalué sur ce que votre écriture *peut* laisser penser de votre personnalité !

Mais peut-on raisonnablement juger de la personnalité et des qualités d'un candidat en lisant quelques lignes écrites de sa main ? Sur quels critères se fondent les graphologues pour retenir ou récuser une candidature pour un poste ? Le candidat peut se demander si cette méthode, utilisée à des fins de recrutement, est fondée scientifiquement ou si elle relève juste d'une habitude et d'une spécificité des recruteurs français. Ces derniers y auraient recours pour se rassurer en cas de doute, sans que le procédé ait apporté la preuve de sa validité scientifique.

Au final, le candidat peut craindre que le recrutement, d'une certaine façon, ne se joue sur un « coup de dés », chanceux ou malheureux. Il suffirait donc d'une analyse graphologique défavorable pour que tous les efforts fournis ne servent finalement à rien, pour qu'en dernier ressort, un autre candidat l'emporte au motif que son écriture « colle » mieux au profil du poste ! Après l'angoisse devant la page blanche avant d'écrire lettre et CV, l'angoisse devant la page écrite !

Ce que mesure la graphologie…

L'écriture est le reflet de la personnalité d'un individu ; avec l'âge, elle évolue et se personnalise. Cet ensemble de signes graphiques donnent des indications sur le profil psychologique d'une personne : son caractère, ses motivations, son implication, son comportement, son intelligence.

La graphologie, utilisée à des fins de recrutement, analyse les différentes formes d'intelligence (abstraite, concrète, pragmatique, technique, empirique, créative). Elle s'attache à identifier le mode de raisonnement d'un individu, sa logique, sa rigueur intellectuelle, son esprit d'analyse, sa faculté de synthèse, son imagination, son discernement et son sens critique. Elle permet également de révéler le dynamisme, la capacité de résistance au stress, la volonté, la persévérance, l'adaptabilité, l'esprit d'initiative, l'implication professionnelle du scripteur.

Ainsi, un recruteur pourra chercher à recueillir des informations sur les formes d'autorité que le candidat utilise pour encadrer une équipe. Les graphologues affirment en effet pouvoir découvrir les qualités d'un individu, son charisme, son envergure, sa forme de management et d'autorité (dirigiste, participative ou d'équité) pour manager un groupe.

L'écriture reflétant le caractère d'une personne, le scripteur a-t-il un contact facile avec les autres ? Quel est son degré de sociabilité ? Est-il autonome dans ses décisions ? Est-il organisé ? A-t-il l'esprit d'équipe ? S'adaptera-t-il facilement au groupe ? Mais attention, prévient Florence Despras, directrice du cabinet AREK, *« la graphologie n'est pas une forme de psychanalyse. Elle ne permet pas de remonter à l'origine de la construction de la personnalité pour identifier par exemple les causes de dysfonctionnements. Elle s'intéresse à la personnalité telle qu'elle apparaît à un moment donné pour un poste défini »*.

Les recruteurs sont également désireux de connaître les sources de motivation des candidats. Ils disposent pour cela du moment privilégié de l'entretien, mais ce n'est pas toujours suffisant. C'est pourquoi ils demandent souvent aux graphologues de donner leur avis sur le rapport au travail du candidat.

À lire cet énoncé des pouvoirs de la graphologie, on pourrait la considérer omnipotente, omnisciente. Ce n'est pas le cas.

… et ce qu'elle ne peut pas dire

En premier lieu, un graphologue ne va pas remettre en cause les compétences techniques d'un candidat. Pourquoi ? Parce qu'il est incapable d'évaluer les connaissances et le niveau d'intelligence (le quotient intellectuel) d'un scripteur. Seuls des tests correctement menés, mais aussi et surtout une période d'essai sont susceptibles de mettre en évidence les insuffisances techniques d'un postulant à un poste. Autres limites de la technique : il n'est possible de deviner ni le sexe, ni l'âge du scripteur, ni de savoir s'il est droitier ou gaucher, ni de deviner sa formation, ni enfin – et c'est heureux – de connaître les dimensions sociales (milieu d'origine), culturelles ou religieuses du candidat.

L'honnêteté d'un candidat ne peut pas être certifiée par l'analyse de son écriture. Le graphologue va déceler sa vulnérabilité en face de situations délicates, mais il ne peut découvrir que ce que l'écriture révèle, et avec ses compétences techniques. Un professionnel ne s'aventurera pas au-delà.

De même, le graphologue ne peut travailler que sur la base d'un profil de poste soigneusement établi et qu'en possession du CV et de la lettre d'accompagnement du candidat (la lettre doit être suffisamment longue pour pouvoir identifier des lignes de cohérence). Sans ces trois éléments, il ne peut pas remplir sa fonction efficacement.

La graphologie, une technique parmi d'autres ?

La graphologie n'est et ne doit rester qu'une technique parmi d'autres ; comme tout outil, il faut savoir l'utiliser. Et là, soyons très clair : il faut s'opposer au « tri graphologique ». La pratique du « flash grapho » qui autorise un professionnel à classer les candidatures en trois piles – les bonnes, les moyennes et celles qui sont à écarter – est dangereuse. Pareil procédé d'élimination des candidats est contestable.
Une analyse graphologique, menée dans les règles de l'art et dans le respect de la loi, permet d'ajouter des informations (qui confirment ou infirment une première tendance) concernant les candidats. Il s'agit donc d'une analyse graphologique *après* entretien et non *a priori* comme dans le cas du tri graphologique.

Précisons que le graphologue ne s'intéresse pas au contenu de la lettre de candidature mais au seul graphisme de l'écriture. Il ne va donc pas chercher à tirer des enseignements et des informations du propos du candidat (paraphraser la lettre n'aurait aucun sens, aucune utilité) mais à vérifier en analysant les caractéristiques de l'écriture l'adéquation ou les écarts entre la personnalité et les capacités du candidat et les attentes du recruteur formalisées dans le profil de poste. L'analyse graphologique peut donc se pratiquer « en aveugle », c'est-à-dire sans échanger avec le candidat.

La graphologie, un autre regard sur le candidat

La graphologie sert à affiner le jugement sur un candidat en précisant les contours de sa personnalité. Mais elle est aussi utile – et tant mieux pour les candidats – pour contrebalancer, voire infirmer, l'opinion du recruteur. L'échange entre ce dernier et le graphologue est d'ailleurs particulièrement fructueux quand les opinions divergent. La contradiction ou, à tout le moins, la différence peut provoquer le questionnement du recruteur qui cherchera à vérifier certaines informations sur le parcours ou à en savoir plus sur la personnalité du candidat. Le graphologue ne sert pas de caution technique pour justifier une première impression du recruteur. Elle peut lui être utile pour lever un doute et donc peut servir le candidat. En d'autres termes, l'intérêt de cette technique est de servir au recrutement, non de servir le recruteur.

Prenons un exemple concret. Un graphologue peut détecter dans l'écriture qu'un candidat traverse un passage difficile et qu'il est actuellement fragilisé psychologiquement (les conséquences par exemple d'un chômage de longue durée ou d'un divorce). Cette fragilité du candidat n'est donc pas forcément un trait de sa personnalité et peut donc n'être que temporaire.

Le rôle du graphologue dans le processus de recrutement

Le graphologue n'est pas là pour faire le travail du professionnel du recrutement, à qui revient la responsabilité de présenter des candidats.

A fortiori, il ne décide pas non plus à la place de l'employeur, qui est le seul décisionnaire.

Inversement, le recruteur ne rémunère pas un graphologue – ce serait lui faire une injure – pour qu'il appose le sceau de la graphologie sur les dossiers de candidature qui ont sa préférence. Ce que les cabinets de recrutement et les directions des ressources humaines attendent de ces spécialistes, c'est une liberté de jugement et un regard différent du leur. Cet expert doit apporter un « plus » dans la procédure de recrutement.

L'analyse graphologique ne doit en aucun cas servir d'alibi au recruteur pour écarter un candidat ou justifier le choix d'un autre. Menée avec sérieux, elle apporte beaucoup d'enseignements en complément de l'entretien.

L'analyse graphologique est affaire de professionnels

Rappelons tout d'abord qu'une analyse graphologique ne peut se dérouler qu'avec l'accord de l'intéressé. Ce qui signifie donc qu'il peut légitimement décliner la proposition. Mais rappelons aussi que le cabinet de recrutement a reçu pour mission de mettre en œuvre tous les moyens nécessaires au choix du meilleur candidat pour le poste. L'entreprise cliente comprendrait alors assez difficilement que le cabinet, payé pour cette mission, laisse subsister un doute sur une candidature… alors que la graphologie peut l'éclairer sur ce point.

Généralement, les quelques candidats qui s'opposent à une analyse graphologique expliquent leur refus d'une formule lapidaire : « Je n'y crois pas. » Dont acte ! Légitime et légal, le refus est tout de même curieux.

De fait, la compétence du recruteur est implicitement remise en cause par le candidat. Demande-t-on à un médecin avant une opération quels instruments il compte utiliser dans l'exercice de son art ? Exige-t-on d'un chirurgien qu'il fasse état de ses diplômes avant d'opérer ? Je crois sincèrement qu'il est préférable en la matière de faire confiance au professionnel que vous avez en face de vous. Il en est de même pour le recrutement. Le consultant fait lui-même confiance au graphologue et invite le candidat à adopter la même attitude.

L'entretien est souvent présenté comme l'alpha et l'oméga du recrutement. Incontournable, il n'est pourtant pas infaillible. Les circonstances de la rencontre de deux personnes qui ne se connaissent pas et qui doivent, en un temps limité et dans un rapport inégal, se faire une idée la plus précise possible d'un candidat pour l'un, d'un poste pour l'autre, sont tout à fait particulières. C'est sur cette base fragile que repose l'entretien. Si, pour maintes raisons, le « courant ne passe pas » entre le recruteur et le candidat, la qualité du message s'en trouve altérée et le recrutement peut s'en trouver faussé.

Aussi, tout l'intérêt d'une procédure de recrutement bien pensée et bien menée repose-t-il sur le croisement des techniques et des outils permettant d'affiner le jugement que l'on peut porter sur un candidat en fonction des caractéristiques du poste visé. Comme nous l'avons expliqué plus haut, la graphologie figure à cet égard comme l'une des techniques mobilisables (au même titre que le CV et la lettre d'accompagnement, l'entretien et éventuellement les tests).

L'analyse graphologique n'est pas un verdict

Un candidat est en droit de demander la restitution de son analyse graphologique. Mais attention, en aucun cas, le résultat d'une analyse graphologique ne doit être considéré comme une sentence, comme un verdict ! Pour reprendre l'analogie avec le langage des juristes, il faut considérer les conclusions des graphologues comme une présomption, un commencement de preuve au même titre que les autres techniques. Les conclusions – même motivées, argumentées – de l'analyse graphologique ne sont jamais reçues et interprétées par les recruteurs comme une preuve implacable, une démonstration qui comme une loi s'imposerait à tous. Pour vous en convaincre, je peux témoigner d'un cas où, pour le recrutement d'un consultant dans mon cabinet, je n'ai pas suivi l'avis négatif – ou disons très réservé – du graphologue. J'ai recruté ce consultant et il m'a donné entière satisfaction.

Quelques conseils pratiques

Ne faites pas de complexe vis-à-vis de votre écriture. La beauté d'un graphisme ne compte pas pour un graphologue. Ce qui l'intéresse, ce sont les signes qui se dégagent d'une écriture et, en aucun cas, la beauté des pleins et des déliés. D'ailleurs, une belle écriture classique, copie conforme des exercices d'écriture d'antan, est pauvre en informations sur la personnalité du candidat. Il n'y a pas de bonne ou de mauvaise écriture. Le graphologue s'intéresse au dynamisme de l'écriture.

Si vous faites écrire votre lettre par quelqu'un d'autre (en raison de circonstances particulières), n'oubliez pas de le signaler. Cela évitera des erreurs sur la personne qui pourraient, au final, se retourner contre le candidat.

Rien ne sert de masquer son écriture. Vouloir déguiser son écriture (sur quelles bases ? pour adopter quel type de graphisme ?) dessert le candidat. On peut certes discipliner son écriture (contrôler certains gestes en adoptant par exemple une écriture scripte) mais le spécialiste détectera facilement sur l'ensemble du document ces modifications et les caractéristiques de votre écriture réelle. De fait, il analyse un faisceau d'indications (qu'il croise et vérifie), jamais des signes pris isolément. En aucun cas il ne fonde son opinion sur une seule particularité. Conclusion : ce n'est pas parce que vous inclinez votre écriture vers la droite que le graphologue va considérer que vous êtes tourné vers l'avenir ou vers les autres ! En conséquence, restez vous-même, c'est votre meilleur atout ! Le camouflage de votre écriture est inutile et néfaste.

Ne pensez pas que votre écriture, changeante en fonction des moments, traduise mal votre personnalité ou dévalorise votre potentiel. Certes, l'écriture varie d'une période à une autre car elle est perméable aux influences (positives ou négatives) de l'environnement sur la personne. Mais, rassurez-vous, le professionnel de l'écriture s'intéresse prioritairement à la « structure » et à « l'agencement » de l'écriture indépendamment des variations de la forme, du trait et de la direction. Il pourra toujours déceler les invariants de votre personnalité.

Ne photocopiez pas votre lettre manuscrite. Les télécopies déforment ou cachent les signes que révèle l'écriture (trait plus ou moins fin, « trame » de l'écriture moins évidente à analyser).

Ne cherchez pas à produire des effets. Inutile d'utiliser un papier trop épais par exemple ou une encre de couleur peu utilisée.

Signalez au recruteur si vous êtes gaucher (en *post-scriptum* de votre lettre). Cette indication serait susceptible d'expliquer certains gestes graphiques propres aux gauchers. Sans cette précision, certains traits de caractère pourraient être interprétés avec plus ou moins de nuance.

Partie 3

Internet, l'accélérateur d'opportunités

Tous les acteurs concernés ont intégré Internet dans leur démarche respective : entreprises, recruteurs et candidats. Pour tous, le Web est un vecteur de communication et de développement. L'arrivée des grands sites d'emploi a bouleversé les pratiques. Cette entrée sur le marché du recrutement des sites emplois (*job board*) a provoqué une redistribution des cartes entre les acteurs.

Les entreprises qui recrutent ont fait jouer la concurrence et donné l'avantage au nouveau média, moins cher (dix fois moins que les annonces classiques) et plus réactif, en confiant leurs offres d'emploi aux sites emplois généralistes ou spécialisés (une soixantaine de sites ont déjà été recensés). Elles n'oublient pas non plus d'utiliser cette nouvelle vitrine pour développer à moindre coût leur communication en matière de recrutement. Elles se sont dotées de sites très souvent pourvus d'une rubrique Emploi. Les entreprises disposent par ce biais d'un excellent moyen pour « traquer » les candidats intéressants, confirmés ou à fort potentiel.

Côté candidat, partir à la recherche d'un emploi en négligeant un outil comme Internet n'est même plus envisageable. Internet, et notamment le fonctionnement en réseau, va permettre d'irriguer un vaste champ de possibilités et d'opportunités plus systématiquement ; certains des « canaux d'irrigation » se créeront et s'interconnecteront même sans que vous en ayez conscience !

Notre ouvrage se donne pour objectif de concilier l'approche classique (et actualisée) détaillée dans les pages précédentes et l'apport du Net et de ses ressources pour doper vos recherches. Internet peut en effet faire bien plus que transmettre vos mails : vous assurer une présence active et attractive, faciliter le repérage des acteurs, des informations, des ressources et des opportunités, démultiplier votre visibilité et vos actions, automatiser votre surveillance... Prêt(e) à passer à l'action ? C'est parti !

Chapitre 8

L'e-recrutement : la perle rare en quelques clics

Comme toutes les pratiques liées à l'entreprise, le recrutement de collaborateurs s'est profondément transformé avec la généralisation d'Internet et son usage intensif des deux côtés de la barrière. Recruteurs comme candidats ont intégré cet accélérateur d'opportunités dans leur démarche prospective, évoluant même vers de nouveaux espaces, les réseaux sociaux, pour dénicher la perle rare ou l'entreprise idéale.

Le recruteur avisé sait qu'il peut retirer du Net de multiples avantages, un gain en temps et en visibilité notamment. Il a rapidement accès à un grand nombre de candidats dont il n'aura pas de mal à évaluer les compétences grâce aux CV et aux informations qu'il pourra glaner sur ces collaborateurs potentiels. Il y gagne en confort pour sa recherche de compétences, en optimise les coûts et rationalise sa pratique (utilisation des services en ligne, emploi de logiciel dédié au recrutement). Il élargit, enfin, sa zone de prospection et accroît ses chances de trouver la bonne personne.

Mais cette profusion de candidats est en soi un handicap et pose le problème du *sourcing,* la nécessité de bien savoir chercher, trier et analyser les profils les plus intéressants. La question d'un recrutement de qualité reste entière, le Web n'a fait que déplacer les compétences du recruteur.

L'e-recrutement, une démarche sur le long terme

Le recruteur ne peut plus se cantonner dans une attitude passive que lui ferait attendre tranquillement que les bons CV lui parviennent. Il doit adopter une attitude proactive de recherche permanente et, plus globalement, travailler son réseau. Paradoxalement, ce « e-recrutement » qui met les candidats de valeur à quelques clics du recruteur se travaille sur le long terme et demande du temps. Il n'est pas rare de voir les entreprises se faire assister pour mener cette tâche à bien avec une évaluation quantitative et surtout qualitative des résultats.

Le temps libéré par cette optimisation/industrialisation du recrutement est immédiatement appréciable et réutilisable : il permet au recruteur de se consacrer à sa relation avec ses candidats avec des réponses de qualité (réponses précises et personnalisées, invitation à utiliser les réseaux sociaux de l'entreprise, applications dédiées apportant un service immédiat). La relation entre recruteur et recruté est resserrée, plus qualitative.

Des candidats plus actifs, plus exigeants

Deuxième changement majeur, l'attitude active des candidats, eux aussi en veille sur l'entreprise, ses produits, les informations qui circulent sur elle et sur son image, notamment sur les réseaux sociaux. Ces postulants plus actifs, plus mobiles visent non seulement un emploi mais aussi un environnement de travail conforme à leurs attentes. L'e-recrutement s'inscrit donc dans une démarche plus globale de communication de l'entreprise qui doit jouer la transparence pour séduire des candidats et soigner sa « e-réputation ».

Les candidats potentiels présents sur les réseaux sociaux correspondent à des profils précis. Ils ont en majorité entre 25 et 35 ans, sont diplômés. L'usage de ces outils est pertinent pour les commerciaux spécialisés, les cadres, les profils informatiques, les ingénieurs, les candidats déjà en poste mais en veille plus ou moins active, des compétences particulières. En dehors de ces profils, il peut être plus pertinent de s'en remettre aux banques de CV classiques.

Chapitre 9

Chercher un emploi avec Internet

Faites un essai : tapez vos nom et prénom entre guillemets dans Google… c'est souvent le premier réflexe des recruteurs. Vous pourriez être vite surpris des informations qui circulent sur vous sur Internet. Vous pouvez même pousser cette démarche en utilisant le site Pipl (*https://pipl.com*) qui se propose de rassembler sur une page toutes ces informations. Vous pouvez, enfin installer une alerte sur vos nom et prénom avec Google pour repérer toutes les futures traces.

Avec l'expansion des outils de publication numériques (sites, réseaux sociaux) et leur utilisation par le grand public comme par les entreprises, de nouvelles notions ont fait leur apparition : en premier lieu, l'identité numérique ou *e-reputation* et son corollaire, le *personal branding* pour ceux qui veulent exploiter la force du Net pour promouvoir leur offre de service.

De leur côté, les sites institutionnels dédiés à la recherche d'emploi jouent pleinement la carte du numérique. Ainsi Pôle Emploi propose-t-il des MOOC, des cours en ligne gratuits ouverts aux demandeurs d'emploi pour faciliter leur recherche. Au programme : construire son projet professionnel, organiser sa recherche d'emploi, réussir son CV et sa lettre de candidature ou encore réussir l'entretien d'embauche et relancer son recruteur.

Devant cette abondance d'outils et de ressources, un impératif : réfléchir à sa démarche et s'organiser. La première étape sera sans doute de lister les cibles que vous souhaitez atteindre, puis le type d'informations que vous souhaitez divulguer sur vous-même et enfin, un plan d'action pour mener à bien votre « cyber recherche » !

Quelle est votre identité numérique ?

L'identité numérique se définit comme les traces que nous laissons sur le réseau Internet : commentaires, informations personnelles, articles, participations à des forums, contenus partagés, profils et toute autre trace visible. Ces traces, qui en disent beaucoup sur nous, modèlent la perception que les autres peuvent avoir de nous à travers notre existence sur le Web. Elles définissent, notamment, notre sphère privée et notre espace public et la frontière que nous souhaitons établir – ou pas – entre les deux. Une question pour l'internaute en recherche d'emploi : ces traces que vont aisément trouver les recruteurs les inciteront-elles à vous contacter ? Comme le conseille Pôle Emploi dans son *Guide de l'identité numérique* (à télécharger sur leur site), « l'idée n'est pas de maîtriser tout ce qui vous concerne sur le Web, mais d'apprendre à construire des espaces privés, de prendre de bonnes habitudes sur les traces que vous laissez et de nettoyer ce que vous ne souhaitez plus voir. Une présence en ligne se réfléchit et se construit ».

Certains poussent ce raisonnement jusqu'à développer ce que l'on appelle le *personal branding*, ou marque personnelle. En résumé, vous faites de votre nom (et de vos services) une marque reposant sur votre identité numérique et sur votre réputation. Comme pour une marque produit, cette démarche s'attachera à donner du sens à chaque action, à chaque publication en ligne, à développer un langage ou un style, à déterminer un marché et votre propre positionnement sur ce marché, à déployer une stratégie de visibilité… en bref, à être incontournable ! Si cette démarche très poussée correspond plus à un positionnement professionnel d'expert ou de conseil, il peut être intéressant, pour un chercheur d'emploi, d'en appliquer les principes essentiels et de garder à l'esprit l'importance d'une identité numérique maîtrisée et de la notoriété.

Quel dispositif de communication numérique ?

Les lignes qui suivent vont vous proposer d'adopter une série d'outils contribuant à dynamiser votre recherche d'emploi, dont des outils de publication. Cette palette devrait vous attirer… et vous affoler à la fois : vu l'efficacité apparente de chacun de ces outils, faut-il les adopter tous ? Les alimenter et les développer ne va-t-il pas me demander beaucoup de temps, au détriment d'une recherche d'emploi classique ?

Une bonne façon de répondre à ces interrogations va être de déterminer vos priorités, à la fois en termes d'outils et de planning. Définissez donc en premier lieu votre « tête de pont », votre support de communication principal : cela peut être, très modestement, un site-CV type DoYouBuzz (voir plus loin, p. 131) qui vous assure une présence minimale mais professionnelle et attirante. Vous pouvez ensuite y greffer des outils secondaires et complémentaires dont l'objectif sera de faciliter votre « réseautage » – un profil Viadeo ou LinkedIn pour pouvoir, surtout, vous impliquer dans des groupes thématiques et des événements.

Une fusée à plusieurs étages

En ce qui concerne le planning, voyez l'ensemble des démarches possibles comme les différents étages d'une fusée. La démarche minimale que nous venons d'évoquer est le premier étage de cette fusée ; prévoir les autres étages ne coûte rien – vous passerez à ces autres étapes quand la première sera assurée et quand vous serez prêt – et peut même avoir l'avantage de vous aider à mettre en place progressivement une stratégie combinée de recherche et de communication.

Les outils de base

Deux premiers outils seront indispensables pour lancer les opérations et surveiller leur efficacité : l'ordinateur et le téléphone mobile. À voir le travail actuel réalisé sur nos supports de communication et leur format (des ordinateurs et des tablettes plus petits, des téléphones plus grands), il n'est pas exclu d'ailleurs que d'ici quelques années, ces deux outils n'en fassent plus qu'un, sorte de « terminal » personnel et universel vers lequel convergeront toutes nos informations. En attendant l'avenir, nous ajoutons à cette mini-liste la tablette, pour ceux qui ont la chance d'en posséder une.

Chacun de ces outils actuels aura son utilité propre pour la recherche d'emploi :

- **L'ordinateur, pour la mise en place :** pour lancer des recherches poussées, récolter et stocker des documents, créer ses comptes sur les réseaux sociaux ou développer son site personnel, explorer confortablement les sites ressources, installer des outils de veille (agrégateurs d'informations, alertes), correspondre de manière classique (mails, envois de CV).
- **Le smartphone, pour la veille :** pour effectuer des recherches d'informations rapides et ponctuelles, relever et lire ses courriers sur sa boîte de messagerie, vérifier l'activité de ses réseaux sociaux et répondre à ses interlocuteurs, recevoir des alertes, gérer ses RDV et entretiens, organiser et garder en mémoire la liste des tâches à réaliser et les nouvelles idées pour sa recherche d'emploi, utiliser les applications servicielles quand elles existent.
- **La tablette, pour le confort :** pour effectuer plus confortablement tout ce que vous permettent l'ordinateur et le mobile, visualiser des vidéo-didacticiels... Seul bémol : les documents (PDF) peuvent être visualisés mais pas téléchargés en standard (il faut des logiciels spécifiques).

Pour chacun de ces outils, quelques informations complémentaires :

- **L'ordinateur :** qu'il soit Mac ou PC, cela ne change rien à votre recherche d'emploi. À préciser toutefois : votre intense utilisation d'Internet vous expose à des tentatives d'intrusion et/ou de prise de contrôle de votre machine (*malwares, spywares* et autres virus). Et la très grande majorité des virus sont conçus pour se déployer et se propager sous PC, pas sous Mac... Si votre budget ne vous permet d'acquérir un Mac (souvent sensiblement plus cher), pensez à protéger votre ordinateur avec un antivirus efficace (type Norton, Kaspersky ou Avast). Sans tomber dans la parano, vous pouvez en outre « anonymiser » vos recherches avec des logiciels qui permettent de dissimuler l'adresse IP de votre ordinateur (sa carte d'identité sur Internet) et d'éviter ou du moins de réduire l'envoi de *spams* après vos multiples visites de sites. De la même manière, optez pour un navigateur efficace (c'est-à-dire rapide et pouvant lire toutes les pages Web sans problème) et protégé des intrusions : les meilleurs actuellement sont Firefox (pour la sécurité et les fonctionnalités) et Chrome (pour la rapidité et les fonctionnalités également).

- **Le smartphone :** dans le cadre de votre recherche d'emploi, il sort de sa fonction initiale de téléphone pour devenir un véritable outil de travail. Dès lors, les critères changent également : plutôt que d'avoir un modèle dernier cri (le cri, c'est votre réaction au moment de payer la facture...), optez plutôt pour des modèles ergonomiques et faciles d'emploi, avec une grande surface d'affichage, prêts pour la 3G ou la 4G et dotés de fonctionnalités pratiques.
- **La tablette :** si vous avez la chance d'avoir une tablette, utilisez-la principalement comme un outil de visualisation idéal, plus pratique et maniable que l'ordinateur, plus confortable que le mobile pour sa surface d'affichage. Au fil des téléchargements d'applications, elle peut vite ressembler à un bureau mal rangé, ce désordre étant gage de moindre efficacité. Pour y remédier, n'oubliez pas d'utiliser la fonction Dossier qui permet de regrouper thématiquement les applications et les raccourcis vers les sites.

Les agrégateurs d'information Netvibes et Evernote

Si votre prospection se passe bien, vous risquez fort de vous retrouver avec un problème que nous connaissons tous : la surabondance de sources et d'informations, encore appelée « infobésité ». Deux outils vont vous permettre de ne plus perdre un site-ressource ou un article à lire (mais pas tout de suite) et de rester maître de votre documentation : Netvibes *(www.netvibes.com)*, Evernote *(www.evernote.com)*.

Rassemblez vos sources d'information avec Netvibes

Les sites que vous marquez habituellement dans vos favoris (ou signets ou *bookmarks*)… y dorment en général tranquillement, au point que vous finissez par oublier ce que vous aviez mis de côté. Netvibes est une page documentaire personnelle : elle agrège toutes vos sources d'information statiques ou dynamiques (les flux RSS des sites, bien plus intéressants car ils vous envoient les toutes dernières publications). L'intérêt ? Toutes vos sources figureront sur une seule et même page accessible depuis n'importe où avec un ordinateur, votre mobile ou votre tablette ; elles seront consultables plus aisément et d'un seul coup d'œil, d'où un gain en efficacité immédiat. Au-delà du simple stockage de vos favoris sur une seule et même page, Netvibes est aussi – et surtout – un outil de partage : vous pourrez envoyer (et recevoir) des sites ou des pages Web individuelles, voire tout une rubrique de favoris (onglet).

L'outil est gratuit (même s'il existe des formules payantes) et vous permet de créer une ou plusieurs pages publiques ou privées. Pour mettre en place pas à pas votre page Netvibes, visionnez le didacticiel du site Ressources Presse (*http://www.ressources-presse.net/ressources-bis/savoir-faire-en-images/creer-sa-page-documentaire-avec-netvibes*).

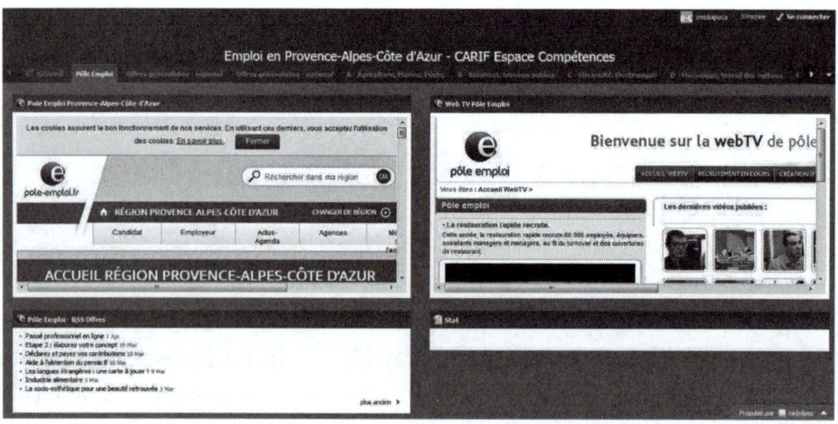

Enregistrez les informations pour lire plus tard avec Evernote

Comme son nom le suggère, Evernote est un carnet de notes numériques, disponible en ligne, sous forme logicielle téléchargeable sur votre ordinateur ou sous forme d'application pour votre smartphone. L'intérêt ? Y enregistrer les articles que vous voulez lire plus tard, noter vos idées, partager ces infos et ces idées avec d'autres personnes qui peuvent les consulter et vous inviter à lire ce qu'ils ont repéré pour vous, l'outil permettant ainsi de mettre en place une recherche d'informations collaborative. On est toujours plus efficaces à plusieurs… Pour créer votre compte Evernote et le personnaliser, consultez le mode d'emploi maison (texte et vidéo en français) sur le site de l'éditeur : *https://evernote. com/intl/fr/getting_started.*

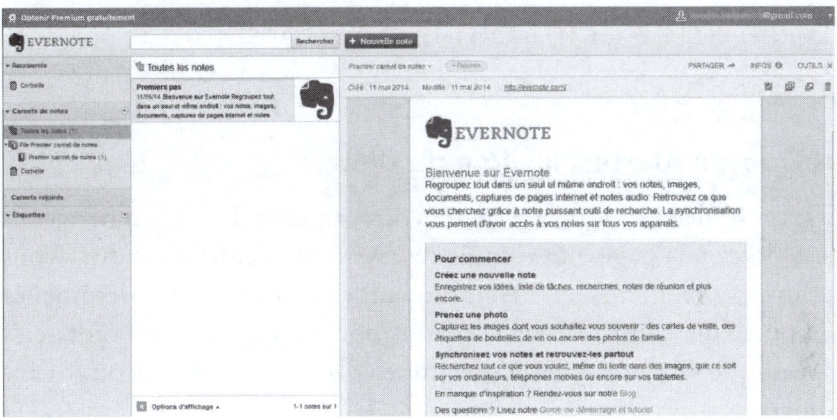

Des sources bien ordonnées pour plus d'efficacité

Si la collecte et l'agrégation de vos sources d'information vous semblent un gage d'efficacité, poussez la démarche jusqu'au bout ! Si votre agrégateur stocke ces sources en vrac, sans système de classement réfléchi, vous risquez fort de perdre votre temps à essayer de retrouver une source spécifique alors que vous avez besoin de retrouver rapidement une info.

Plusieurs types de classement des sources sont possibles : le classement alphabétique (limpide mais fastidieux), le classement thématique (entreprises, administrations, etc.), le classement par mots-clés d'un domaine (référencement, veille, curation, etc.), le classement de la macro-source à la plus petite source (de « sources internationales », « sources nationales », « sources régionales »... jusqu'à « blogs experts »). Choisissez celui qui vous semble le plus adapté à votre secteur et à votre façon de penser.

Les outils suivants proposent une surveillance automatisée du Web en fonction de mots-clés précis, de zones du Web à surveiller, voire d'une page précise.

Les alertes et les outils de surveillance (*tracking*)

Google Alertes, la vigie du Web

Tapez « alertes Google » dans votre moteur de recherche : vous accéderez à la page que Google réserve à cette fonctionnalité. Vous pouvez y créer une alerte en indiquant en mots-clés le ou les libellés de poste que vous recherchez. Vous pouvez y ajouter des mots-clés spécifiques comme « offre d'emploi », « recrutement » ou « candidature ».

Le service d'alerte vous proposera de déterminer la fréquence d'envoi des alertes, la zone de prospection (tout le Web, seulement la rubrique Actualités, ou les forums, ou les blogs...), la langue, la région du monde, le nombre de résultats souhaités (seulement les meilleurs résultats, c'est-à-dire les premières pages de résultats ou tous les résultats) et enfin le mode d'envoi (par mail ou par flux RSS). Vous pouvez créer bien sûr autant d'alertes que vous le souhaitez. N'oubliez pas d'en faire une... sur votre prénom et nom entre guillemets

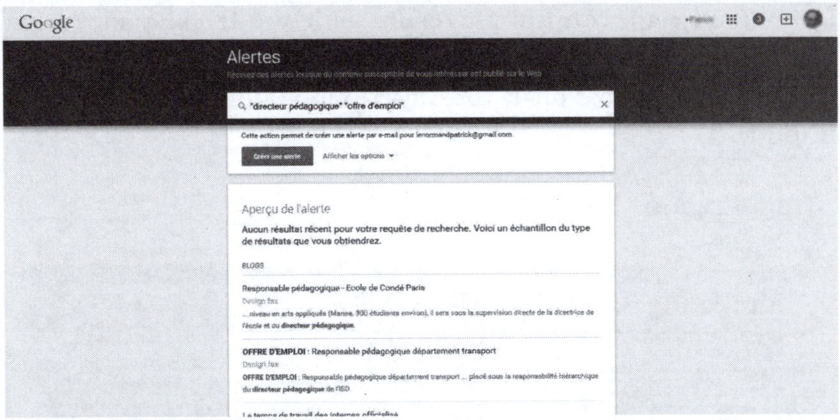

(« Prénom Nom ») : ce n'est pas de l'égocentrisme mais une façon concrète d'apprécier votre « e-réputation » (voir plus loin).

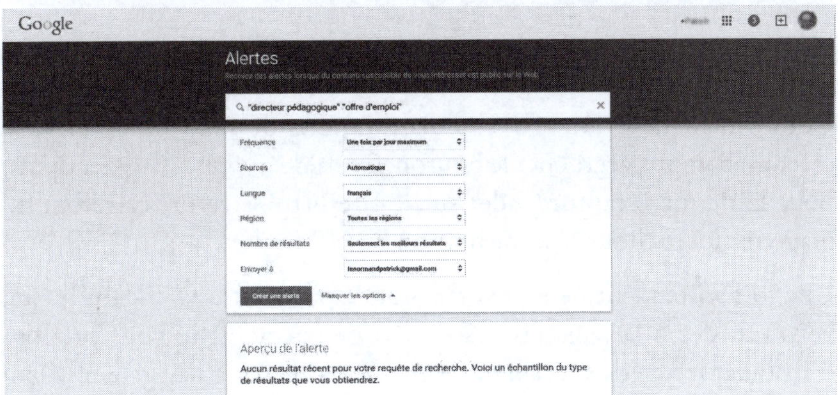

Track Engine, la surveillance à la page

D'usage un peu plus compliqué au début, cet outil anglophone de surveillance de page permet de traquer tout changement sur une page Web, comme la page des offres d'emploi d'une entreprise ou d'un organisme, par exemple. Comme Google Alertes, il vous signalera, à l'adresse mail indiquée, toute évolution de cette page, globale ou en fonction de certains mots-clés.

La première étape consiste à se rendre sur le site TrackEngine (*www.trackengine.com*) et à se créer un compte (*Sign up*). Vous recevrez ensuite une confirmation de votre inscription et un mot de passe automatique.

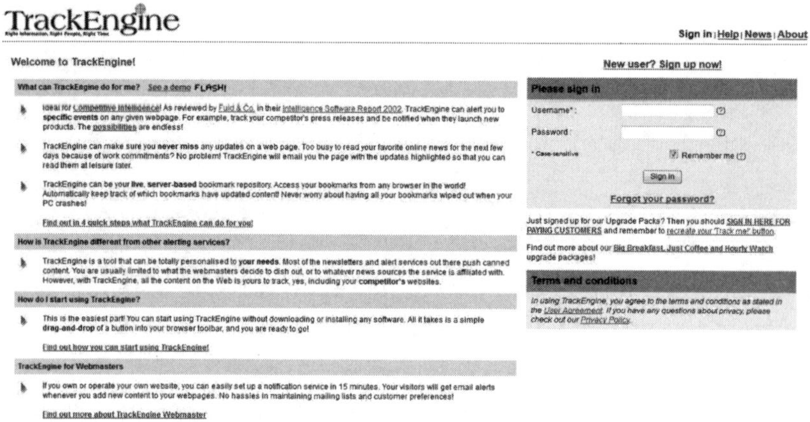

Conformément au mode d'emploi expliqué ci-dessus, vous devez vous créer un compte, accrocher le bouton TrackMe à votre navigateur puis, pour la dernière capture, aller sur le site http://recrute.carrefour.fr/mag-emploi et cliquer sur me bouton TrackMe.

Une fois votre identifiant et votre mot de passe introduits dans le site, vous accédez à la page ci-dessous. La deuxième ligne vous propose d'installer le lien de surveillance sur la barre de votre navigateur (*Drag this link TrackMe to your browser toolbar now*). Avec votre souris, appuyez sur TrackMe sans relâcher la pression et traînez ce bouton vers la barre de votre navigateur, puis relâchez. Votre « traqueur » est prêt à l'emploi.

Une fois que vous avez repéré une page que vous souhaiteriez surveiller automatiquement, cliquez sur le bouton TrackMe. Une fenêtre s'ouvre qui vous permet, notamment, d'indiquer des mots-clés, le rythme de surveillance et d'envoi des notifications et l'adresse mail.

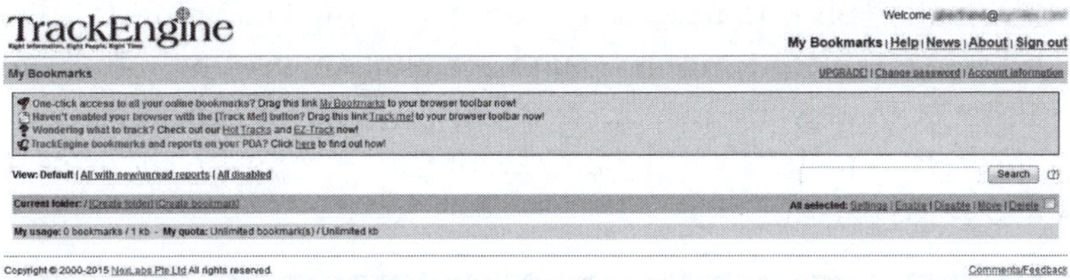

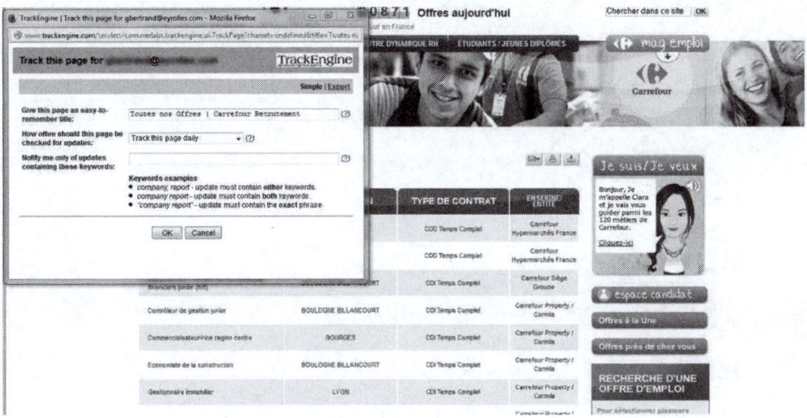

Avec DoYouBuzz, un CV-vitrine en quelques clics

Créé en 2007 à Nantes, cet outil a très rapidement… fait le buzz. Très simple d'utilisation, il permet de créer un CV en ligne qui a ensuite toute l'apparence d'un site personnel : adresse du type www.prenom-nom.com (en version payante, sinon, l'adresse sera du type *www.doyoubuzz.com/prenom-nom*), rubriques/onglets pour distinguer compétences, expériences, études, travaux personnels, etc., choix de treize différents thèmes graphiques *responsive* (le graphisme du site s'adapte à la surface d'affichage de l'outil de consultation utilisé – ordinateur, mobile, tablette… et papier si un recruteur veut l'imprimer), optimisation pour le référencement et les réseaux sociaux, liens pour une diffusion sur les banques de CV généralistes (RégionsJob, Cadremploi…), statistiques de consultation, portfolio multimédia (photo, diaporama, son, vidéo sur Dailymotion). Un outil très complet même en version gratuite, qui peut préfigurer un vrai site et vous assure en attendant une présence en ligne attrayante et professionnelle. La version payante est proposée au prix de 39,90 euros par an.

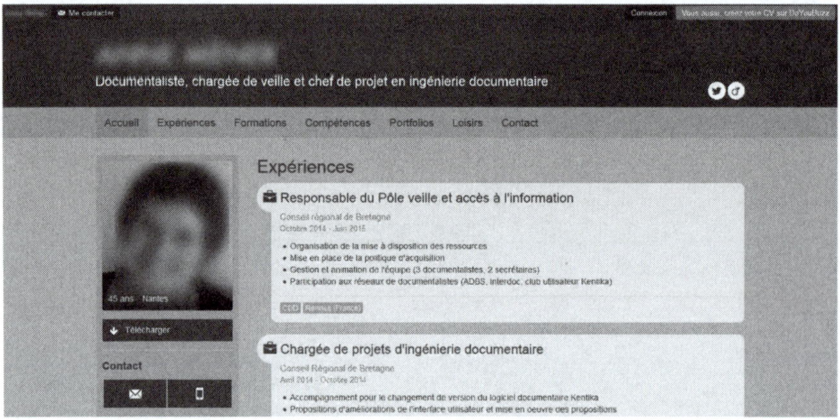

Les outils similaires

Easy CV (*www.easy-cv.com*) : service gratuit de création de CV en ligne et banque de CV.

Qapa (*www.qapa.fr*) : service gratuit de création de CV en ligne et de mise en relation directe avec des recruteurs ou des entreprises.

Curriculum vidéo (*www.curriculum-video.com*) : le site propose de tourner une vidéo de 60 à 80 secondes et de qualité professionnelle (prompteur, éclairage adapté, etc.). Cet outil est payant (19,90 euros, premier prix pour les étudiants).

Avec WordPress, un site complet et évolutif

Les outils de création de site Web se sont grandement simplifiés au fil des années, ce qui met cette création à la portée du grand public.

Parmi tous ces outils, WordPress est celui qui est le plus abordable techniquement car très intuitif et doté de nombreuses fonctionnalités. Le site peut être créé gratuitement sur la plateforme de WordPress France (*https://fr.wordpress.com*) ; vous avez également la possibilité, comme pour n'importe quel site, d'acheter un nom de domaine propre et un hébergement chez un hébergeur (coût : une trentaine d'euros par an environ) et d'y installer un site WordPress plus personnalisable encore. Le passage d'un simple site-CV à un site-vitrine permettra d'asseoir votre présence en ligne en lui conférant un aspect et des fonctionnalités plus professionnels.

Les réseaux sociaux professionnels : Viadeo et LinkedIn

Dans la palette des réseaux sociaux disponibles, deux réseaux sont bien adaptés à la mise en avant d'un professionnel en recherche d'emploi, de missions ou en veille active : Viadeo et LinkedIn. Ils sont incontournables pour le public cadre et, notamment, pour des domaines d'activité comme l'informatique, la finance, la vente et le marketing, les RH et la communication. Leur vocation n'est pas tant de mettre un

CV – il y a les banques de CV en ligne pour ça – mais plutôt de « réseauter », voire de faire du business.

Ces outils ne se limitent pas à la présentation d'un profil professionnel : leur véritable apport réside plutôt dans la dynamisation du réseau professionnel : repérage de contacts, d'influenceurs, de concurrents *via* leur profil professionnel. Selon une étude réalisée pour Adecco, le taux de transformation poste pourvu/offre d'emploi est de 58 % tous métiers confondus, très fort pour la finance, l'énergie et l'informatique (90 %), assez fort pour les profils administratifs et commerciaux (entre 67 % et 75 %), faibles pour les métiers de la production (25 %) et quasi nul pour les métiers du BTP, du transport et de la logistique.

Sur ces réseaux en effet, il est possible de reprendre contact simplement avec des relations lointaines ou perdues de vue, d'échanger avec des professionnels, de recommander ou d'être recommandé par certains contacts, de démultiplier ses efforts de communication (annonces transmises à tout son groupe de contacts ou seulement à des groupes précis préalablement constitués), d'être visible enfin des recruteurs qui ont massivement intégré ces deux réseaux comme outils de veille et de prospection.

Les deux outils sont gratuits dans un premier temps – il suffit de se créer un compte – et proposent également un abonnement Premium avec des avantages tels que, par exemple, la connaissance des personnes qui consultent votre compte.

Sur les deux réseaux, vous devrez remplir une partie profil avec le détail de vos études et de votre formation, la liste de vos différents postes. Soignez le texte de présentation qui doit pouvoir dire, en quelques lignes, votre profil, vos principaux atouts professionnels, votre situation professionnelle actuelle et vos objectifs ou ambitions. Adoptez un style personnel et limitez-vous à quelques lignes. C'est un texte d'accroche, pas un roman... Une fois votre profil complété, il ne vous reste plus qu'à attendre les consultations et les prises de contact directes.

Vous pouvez également être plus actif de différentes façons :

- **Les recommandations :** vous avez la possibilité de demander à certains de vos contacts de vous recommander globalement ou en vue d'une candidature précise. Il est préférable de faire cette demande auprès d'un supérieur hiérarchique ou d'une personne occupant un poste à responsabilité.
- **L'adhésion à des groupes :** sur ces deux réseaux, il est possible de rejoindre des communautés de membres souhaitant réfléchir et échanger sur certains thèmes, certains secteurs d'activité, certaines entreprises. La participation à un forum permet de partager son expertise, de se faire un nom auprès des professionnels, de rester en veille sur son secteur. Être actif dans ces groupes est un investissement personnel mais payant à moyen ou long terme. Les plus beaux fruits mûrissent doucement…
- **Les abonnements :** vous êtes automatiquement abonné à des newsletters et alertes mail, notamment en lien avec les groupes auxquels vous participez. Vous pouvez également installer une ou plusieurs alertes avec pour mots-clés le poste que vous recherchez et le lieu, ou encore vous abonner au flux RSS Viadeo de votre secteur d'activité.

Viadeo ou LinkedIn : lequel choisir ?

Viadeo est bien implanté en France et parmi les cadres et jeunes diplômés ; il compte 8,6 millions de membres en France et 50 millions dans le monde. Côté recruteurs, il compte jusqu'à 60 % d'entreprises de moins de 100 employés (des PME surtout, donc). Il est principalement utilisé pour une recherche active d'emploi. Il est partenaire de l'Apec et Pôle Emploi.

De son côté, **LinkedIn** est plus approprié si vous souhaitez prospecter le marché anglo-saxon ; c'est plutôt un outil de gestion de carrière et de veille active. Il compte 8 millions de membres en France et 300 millions dans le monde. Côté recruteurs, il compte 30 % d'entreprises de 1 000 à 10 000 employés. Pour les autres pays, demandez à des natifs quel est le réseau le plus utilisé chez eux. Pour l'Allemagne par exemple, ce sera plutôt Xing qui aura la faveur des professionnels.

Vous avez également la possibilité d'être présent sur les deux réseaux… ce qui vous demandera pas mal de travail. Il est peut-être plus sage, en fonction du type d'emploi que vous recherchez, d'être actif principalement sur un des deux réseaux et d'avoir une présence plus secondaire sur le réseau mineur.

Les spécificités de Viadeo

Les mots-clés : ils caractérisent votre secteur d'activité et votre spécialité. Ils permettront aux recruteurs de vous trouver plus facilement dans le moteur de recherche du réseau – ces mots doivent donc être nombreux et précis.

Les événements professionnels : si vous organisez des rencontres, des présentations ou des conférences, des forums ou des « apéros pro »… faites-le savoir ! Viadeo permet de diffuser l'annonce à tout votre réseau ou à une partie précise de votre liste de contacts.

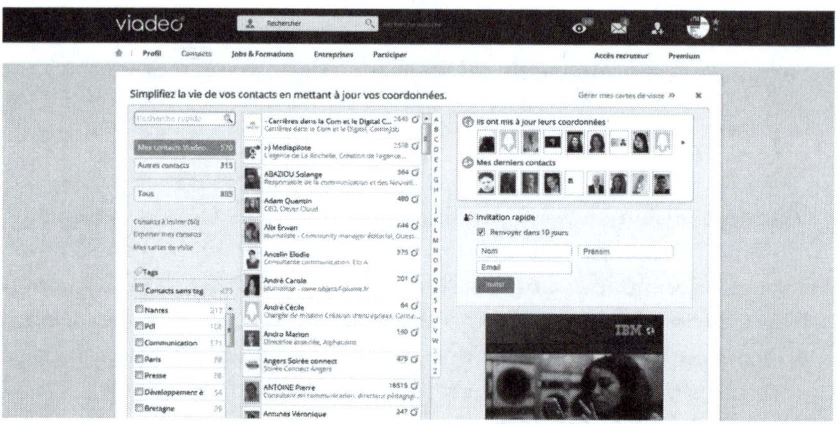

Les spécificités de LinkedIn

Les spécialités ou *specialties* : ce sont vos domaines de compétence. Concentrez-vous sur les principales pour ne pas diluer l'attractivité de votre profil.

Les CV en plusieurs langues : par l'intermédiaire du profil, vous avez la possibilité de traduire votre « résumé professionnel » (une mauvaise traduction de l'américain *resume,* ou profil). Une quarantaine de langues sont disponibles… mais la traduction n'est pas automatique : vous devrez en assurer la rédaction (et la qualité) vous-même.

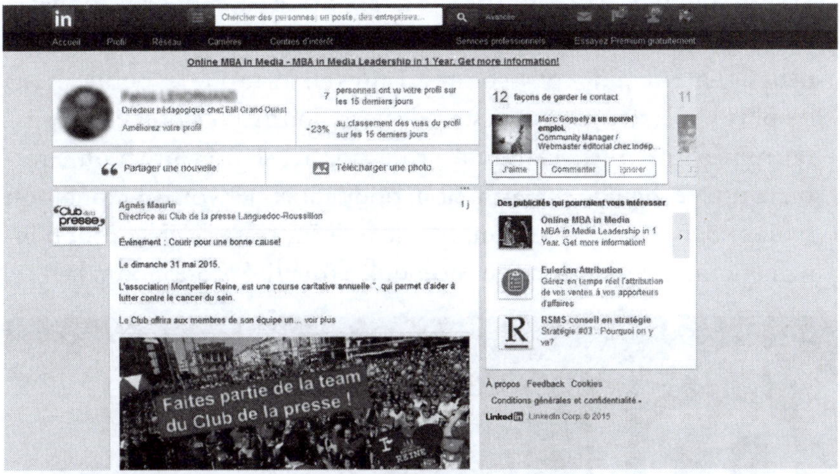

Le réseau Facebook

D'autres réseaux peuvent compléter utilement ces deux premiers réseaux et démultiplier votre visibilité.

Si vous êtes déjà présent sur un ou deux réseaux sociaux professionnels, si vous avez en outre un CV en ligne et/ou un site-vitrine ou un blog, il n'est peut-être pas utile de rajouter à votre dispositif numérique (voir plus loin) une page Facebook. En outre, ce réseau social est très orienté grand public et concentre des publications et billets plutôt éloignés de la recherche d'emploi… Trois remarques toutefois :

- Si votre public-cible ou celui de votre domaine d'activité est sur Facebook (jeunes, étudiants par exemple), vous ne pouvez pas ne pas y être.

- Si vous décidez d'être présent sur Facebook, orientez votre compte professionnellement avec des échanges mettant en avant vos dernières expériences de travail, des documents ou ressources professionnelles... plutôt que vos photos de vacances ou vos derniers délires avec les copains.
- Si vous souhaitez faire cohabiter votre compte Facebook personnel et une présence Facebook professionnelle, créez une page professionnelle à l'intérieur de votre compte. Faites en sorte que les publications les plus « perso » disparaissent de votre journal – sinon elles apparaîtront en premier quand un professionnel se présentera ou effectuera une recherche sur votre nom pour apprécier votre e-réputation (voir ci-dessous). Le plus simple et le plus sûr reste de créer tout bonnement un nouveau compte Facebook à tonalité professionnelle.

Le réseau Twitter

À la différence de Facebook, Twitter est un relais d'infos pointues et chaudes repérées par des veilleurs et transmises à une communauté de « suiveurs ». Dès lors, vous avez 2 façons d'utiliser ce réseau social :

- **La première est passive :** vous repérez tous les fils Twitter pertinents dans votre domaine d'activité, ceux des veilleurs, vous vous abonnez à leurs fils et disposez ainsi d'une « revue du Web » très au fait de l'actualité. Si le nombre de fils Twitter que vous suivez devient trop important, vous devrez vous équiper d'un lecteur de fils Twitter (genre HootSuite ou TweetDeck), une sorte de tableau de bord qui vous permettra de les rassembler et de les lire plus aisément, d'un seul coup d'œil.
- **La seconde manière est plus active** et peut parfaitement être la suite logique de la première après quelque temps : devenez un veilleur vous-même ! Il faut accepter d'y consacrer du temps bien sûr et Twitter, comme beaucoup de réseaux sociaux, peut se révéler addictif et chronophage. N'oubliez pas que l'objectif premier reste de trouver un emploi, pas de tweeter sans discontinuer. Le jeu, toutefois, en vaut la chandelle : apparaître, *via* votre fil Twitter professionnel, comme un veilleur très au fait de son secteur d'activité. Le nombre de vos propres suiveurs et des retweets réalisés à partir de vos tweets attestera de votre popularité et démontrera que vous êtes bien plus qu'un demandeur d'emploi, une source d'information précise et actualisée.

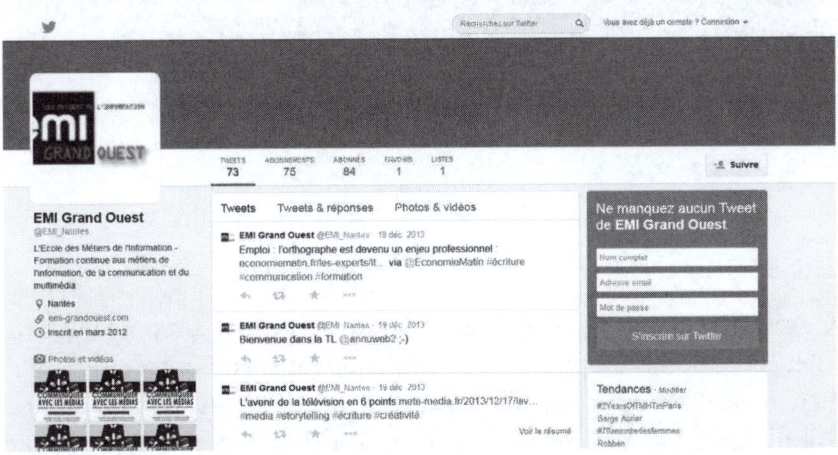

Le réseau Slideshare

Ce réseau social permet à des intervenants ou à des formateurs de partager leur présentation ou leur cours avec la communauté (visualisation simple et/ou téléchargement) sous formats PowerPoint ou PDF. Pour le chercheur d'emploi, cet outil peut être intéressant à double titre : d'une part, il pourra y récupérer des informations et des didacticiels pour sa documentation et son auto-formation ; d'autre part, il pourra, le cas échéant, s'y présenter comme un expert en ajoutant ses propres présentations.

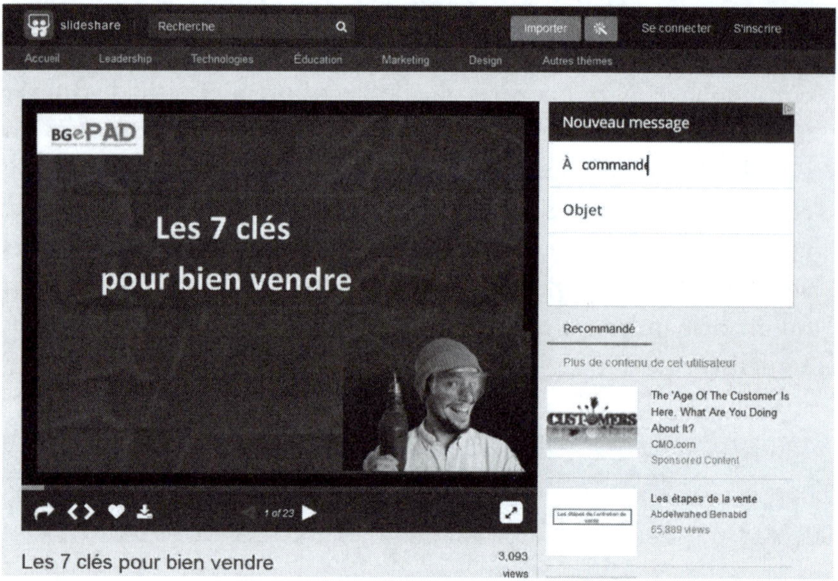

Le réseau YouTube

Ce réseau social vidéo peut également s'avérer intéressant pour les chercheurs d'emploi. En premier lieu évidemment si vous produisez régulièrement des vidéos, elles feront ainsi figure de vitrine de vos travaux. Au fil des ajouts de vidéos, cette page YouTube fonctionnera comme votre chaîne vidéo personnelle, avec des nouveautés régulières si cela est possible. Vous avez également la possibilité d'utiliser la fonction

« Vidéos que j'ai aimées » pour sélectionner toutes les vidéos pertinentes dans votre secteur d'activité et de transformer ainsi votre chaîne YouTube en lieu-ressource.

Le réseau Scoopit

Une toute dernière tendance du Web, la curation, peut également servir votre démarche de recherche d'emploi en vous positionnant clairement comme une source d'information pointue et actualisée. La curation consiste à créer un outil de publication avec un thème, d'indiquer les mots-clés les plus précis pour décliner ce thème… et de laisser faire le Web ! Les mots-clés font remonter automatiquement des pages, des suggestions et le gestionnaire de l'outil de curation n'a plus qu'à accepter ou refuser la suggestion. Les pages acceptées – et éventuellement commentées par vous – viendront s'afficher ensuite sur votre outil de publication. Toute personne qui se rendra sur ce site bénéficiera ainsi directement de cette revue du Web que vous avez concoctée – avec un coup de pouce appuyé du Web.

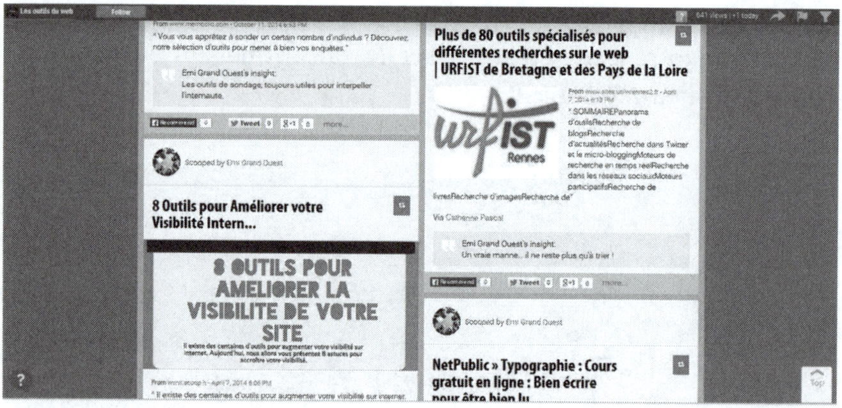

Vous utilisez les réseaux sociaux ? Faites-le savoir !

Si vous utilisez les réseaux de manière intensive, si de surcroît vous acceptez de partager certains de vos contenus de qualité, il serait judicieux de le faire savoir au plus grand nombre, de faire votre propre publicité de manière discrète mais systématique.
Dans tous vos courriers (dans l'en-tête), sur votre carte de visite, vous aurez pris soin par exemple d'ajouter vos différents comptes (Facebook, Twitter, Viadeo ou LinkedIn, adresse Web de votre site). N'oubliez pas non plus de lier ces réseaux entre eux en mentionnant par exemple l'adresse de votre site sur votre profil Facebook ou Viadeo. Enfin, dans vos e-mails, placez systématiquement des liens vers ces outils, soit dans le corps du texte si vous faites référence à un article, soit dans votre signature.

Les sites officiels pour l'emploi

Les sites listés ci-dessous regorgent d'informations pour qui sait en tirer parti. Leur exploitation doit être efficace sans être chronophage et peut s'organiser en deux temps. La première visite prospectera systématiquement le site en vue de repérer les pages et informations utiles. Dans un second temps, le chercheur s'efforcera d'automatiser sa surveillance :

utilisation des flux RSS du site ou des rubriques, surveillance de pages spécifiques, inscription aux newsletters. Le but est de supprimer les visites inutiles et de générer des visites qualifiées : on revient sur le site parce que l'on sait qu'il y a de nouvelles infos grâce aux outils de surveillance.

Pôle Emploi

Parmi les fonctionnalités de son site actuel, Pôle Emploi offre la possibilité de créer son espace personnel. Vous pourrez y créer un CV en ligne qui sera ensuite diffusé sur tout le réseau. Même si cette institution est moins dynamique que les banques de CV présentées ci-dessous (pas d'alerte, réception simple des offres par e-mail, flux RSS généraliste), elle offre de par la taille de son réseau une chance de plus d'être repéré. À ne pas négliger, donc.

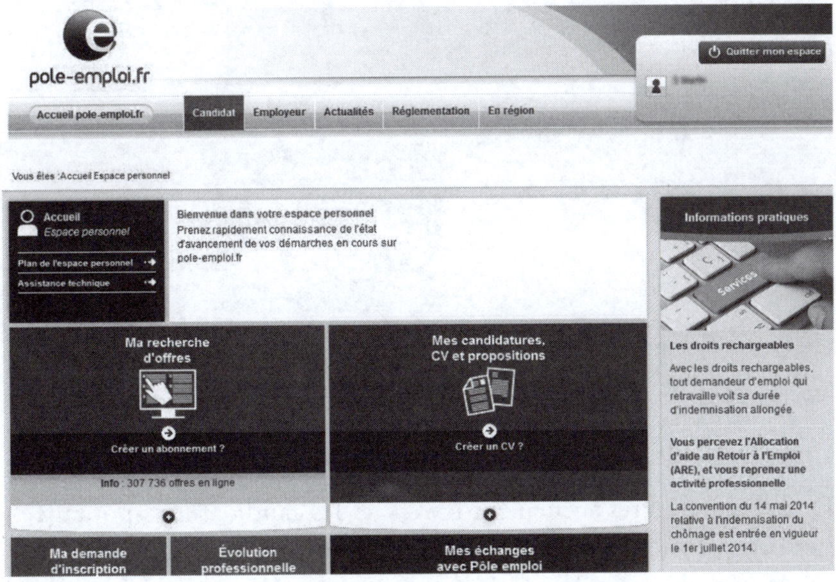

Apec

Très complet, le site Apec s'adresse aux jeunes diplômés et aux cadres, un espace spécialisé étant réservé à chacun de ces publics. Ces espaces eux-mêmes sont pratiques et adaptés aux réalités de la recherche d'emploi aujourd'hui : création et stockage de plusieurs CV et de plusieurs lettres de motivation (à moduler en fonction des types de cible), création d'une page perso-CV en ligne (voir les autres outils plus loin), application pour suivre l'évolution des offres, présence sur les quatre réseaux sociaux adaptés (Viadeo, LinkedIn, Twitter, Facebook). Le site Apec n'est pas qu'un outil de stockage de CV, c'est aussi un instrument de réflexion : infos générales et études spécialisées, potentiel de votre marché d'emploi, conseils génériques ou individualisés par un coach, éléments de stratégie d'évolution professionnelle. Un des outils les plus aboutis en la matière.

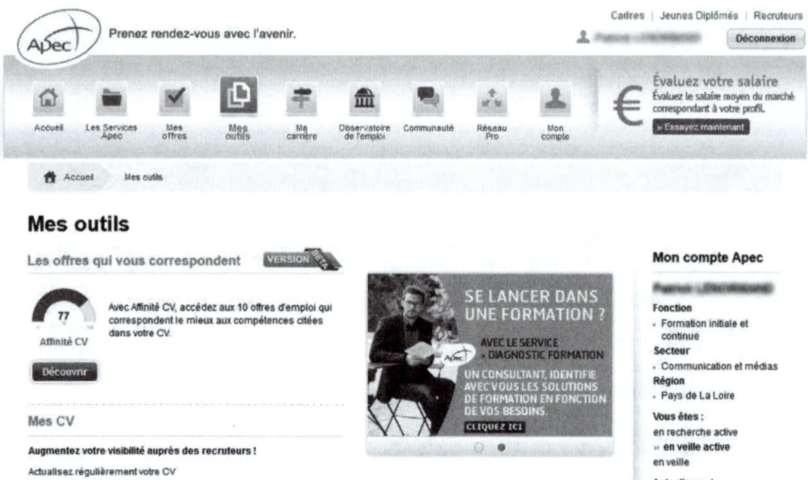

Les banques de CV généralistes

De nombreux sites accueillent les CV et les candidatures spontanées. Les banques de CV ont les défauts de leurs qualités. Elles vous proposent une très grande visibilité, une notoriété appréciable, un grand pouvoir de diffusion de CV en masse ou ciblée... au risque de se retrouver noyé dans la masse. Voici quelques exemples.

Monster (www.monster.fr)

Ce site mérite bien son nom, avec une multitude d'offres, d'informations, de conseils. À explorer, son approche très diversifiée, unique parmi les grosses banques de CV : recherche d'emploi à l'étranger (Singapour, Londres, New York, Montréal, Luxembourg, Shanghai en destinations phares, puis un grand réseau à l'international distribué par continent), recherche d'emploi par public (diversité, jeunes diplômés, secteur public). Monster n'est pas en reste avec les réseaux sociaux, avec une présence active sur Facebook, Twitter, YouTube (vidéos conseils) et Google +. À tester : l'application Monster pour mobile ou iPad.

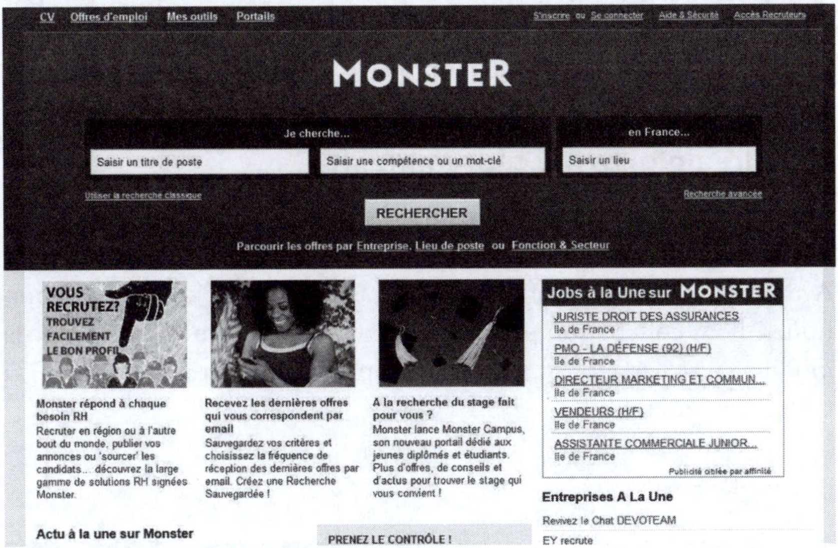

Keljob (www.keljob.com)

Banque de CV classique avec recherche par localisation, par secteur et par mot-clé, articles et dossiers thématiques sur l'emploi, conseils pour la recherche, alerte par e-mail. Keljob se distingue d'abord par son utilisation ciblée de ses réseaux sociaux (un fil Twitter sur l'actu de l'emploi et les conseils, une page Facebook pour les offres d'emploi, les infos insolites). Keljob dispose aussi de deux sites compagnons, Kelformation et Kelstage, qui peuvent s'avérer utiles pour le chercheur d'emploi.

Cadremploi (www.cadremploi.fr)

Une banque de CV spécialisée pour les cadres, comme son nom l'indique, mais aussi pour les jeunes diplômés et les nouvelles technologies. À découvrir, une rubrique actualités assez fournie, des articles pratiques. Pour coller à son public, Cadremploi joue à fond la carte de la mobilité avec des applications tous supports pour rester informé *via* sa tablette ou son mobile.

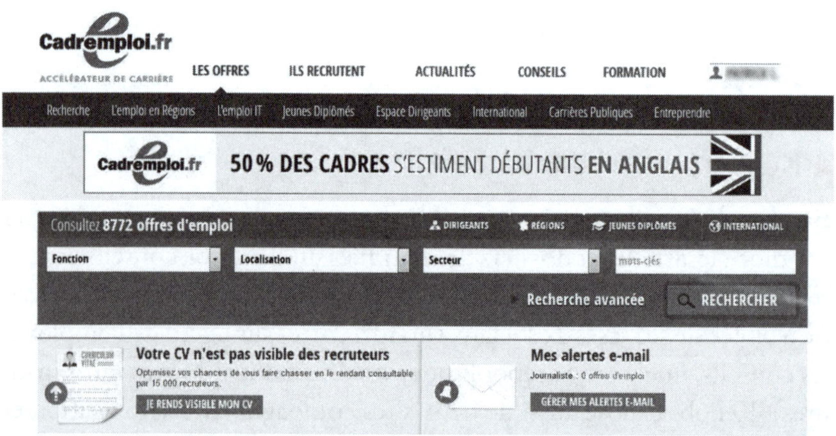

■ CarriereOnline (www.carriereonline.com)

La recherche se fait par région et par secteur. Des conseils pour votre carrière ou pour la rédaction d'un CV, une rubrique « Outils » et des flux RSS pour être informé en temps réel de l'actualité de l'emploi en général et des dernières offres d'emploi.

■ RegionsJob (www.regionsjob.com)

Un site spécialisé donc dans l'emploi local. De nombreux avantages, dont l'actualité de l'emploi, des guides pratiques à télécharger (dont un guide de l'identité numérique), des témoignages, des conseils d'expert. Une fonctionnalité phare : l'alerte emploi par SMS (la *job alert*) si une annonce correspond à vos critères de recherche.

■ Jobijoba (www.jobijoba.com)

À la différence des sites précédents, Jobijoba est un agrégateur de sources – selon le dossier de presse, plus de quatre cents réparties sur dix pays (France, Allemagne, Royaume-Uni, Belgique, Espagne, Italie, Russie, Australie, Mexique, Suisse). Cette concentration de sources d'emploi peut donc vous donner une visibilité maximale si vous cherchez dans toute la France ou à l'étranger. Pour la France, la recherche se

fait par secteur d'activité, par ville, par métier et par entreprise. Vous y trouverez également une rubrique « Actu » avec des zooms sur les entreprises qui recrutent et des conseils pour la recherche d'emploi. Bizarrement, pas de fonction d'alerte possible sur ce site.

Autres plateformes généralistes à consulter

- Talents (Le Monde/Télérama) : www.talents.fr.
- Michael Page France : www.michaelpage.fr.
- Demain : www.demain.fr.
- Carreer Builder : www.careerbuilder.fr.
- Et sur le site de L'Étudiant, un banc d'essai des principaux sites de recherche d'emploi comparé en fonction des fonctionnalités proposées : http://www.letudiant.fr/jobsstages/le-banc-d-essai-des-sites-d-offres-d-emploi-19762.html.

Les sites par thématique d'emploi

Parallèlement aux banques de CV généralistes, une multitude de banques de CV spécialisées permettent de déposer sa candidature sur des plateformes plus pertinentes. Les critères sont la thématique d'emploi, le type de public ou le type de relation contractuelle.

Agriculture/agroalimentaire

- Métiers de l'agriculture : *www.metiersdelagriculture.fr* – *www.concours.agriculture.gouv.fr*. Informations sur les concours et dépôt de candidature.
- Agrojob : *www.agrojob.com*. Offres d'emploi, stages, formations, conseils du secteur.

Animation

- Anim'job : *www.animjob.com*. Emploi des métiers de l'animation socioculturelle (BAFA, BAFD...), art et spectacle (art de la rue, intermittents...), musicale (DJ, sono, orchestres...). Dépôt de CV et consultation des offres.

Aviation, aéronautique, spatial

- Emploi aviation : http://emploi-aviation.anpe.net/anpedgac.

- Aero Emploi Formation – www.aeroemploiformation.com. Premier site portail de l'emploi et de la formation dans le secteur aéronautique et spatial. Dépôt d'offre en ligne, dépôt de CV, base de données des formations du secteur.

Armée

- Armée de terre : www.recrutement.terre.defense.gouv.fr. Offres d'emploi.
- Armée de l'air : http://air-touteunearmee.fr. Offres d'emploi.
- Gendarmerie : www.lagendarmerierecrute.fr. Offres d'emploi.
- Marine nationale : http://etremarin.fr. Offres d'emploi.

Artisanat

- Job Artisans : *www.jobartisans.com*. Site emploi des artisans : cvthèque, offres d'emploi du secteur.

Banque, finance, assurance

- Efinancial Careers : *www.efinancialcareers.fr*. Plus de 1 500 offres d'emploi dans le monde ainsi que de nombreux conseils pour bien gérer sa carrière.
- Qualisteam : *www.qualisteam.fr*. Offres d'emploi, dépôt de CV, conseils.
- Job Finance : *www.jobfinance.com*. Offres d'emploi, dépôt de CV, alertes e-mail.

BTP et immobilier

- Action BTP *: www.actionbtp.com*. Offres d'emploi, dépôt de CV, actualités du secteur.
- BatiActu Emploi : *www.batiactuemploi.com*. Offres d'emploi, dépôt de CV, alertes e-mail.

CAO/DAO

- CAO Emplois : *www.cao-emplois.com*. Offres d'emploi et dépôt de CV.

Commercial et vente

- ERecrut. com *: www.erecrut.com*. Offres d'emploi et dépôt de CV.

Énergie

- Click and Power.fr : *www.clickandpwer.fr*. Le site emploi des métiers de l'énergie : offres d'emploi, dépôt de CV, JobAlerts, salons de recrutement.

Environnement

- Emploi environnement : *www.emploi-environnement.com*. Offres d'emploi et de stage spécialisées en environnement et développement durable. Enregistrement gratuit de CV. Conseil lettre de motivation, annuaire métier.
- Réseau territoires environnement emploi : *www.reseau-tee.net*. Des réseaux au service des emplois, des formations et des métiers de l'environnement : offres d'emploi et de formations, forum d'échanges, lettre de diffusion, banque de CV.

Géomatique

- Géorézo : *http://georezo.net*. Site portail des métiers de la géomatique, géographie, télédétection, listes de liens, offres d'emploi, dépôt de CV, listes de discussion.

Hôpitaux, pharmacies, santé

- Hospitalier.net : *www.hospitalier.net*. Site spécialisé dans l'emploi dans les établissements de santé. Offres d'emploi, hébergement de CV, formation, conventions collectives.
- Emploi médical – *www.emploimedical.com*. L'emploi dans les secteurs de la santé. Espace candidat, recruteur, remplacements libéraux, petites annonces médicales et intérim.
- L'appel médical : *www.appelmedical.com*. Travail temporaire médical et paramédical.

- Mypharma Éditions – *www.mypharmaeditions.com*. Offres d'emploi et dépôt de CV en santé et recherche (laboratoires pharmaceutiques, biotechs, CRO, agences, cabinets de recrutement, centres de recherche...).
- Rec Pharma Santé : *www.rec-pharma-sante.com*. Offres d'emploi, coaching, actualité.
- Dentaire : *www.dentalemploi.com*.

Hôtellerie-restauration

- Saveur CV : *http://saveurCV.com*. Spécialiste des emplois dans l'hôtellerie, la restauration, et le loisir de nuit.
- ITC Développement : *www.itcdevelopment.com*. Offres d'emploi et dépôt de CV, fiches métier, cabinet de recrutement dans le domaine de l'hôtellerie-restauration de luxe depuis 1995.
- L'hôtellerie.fr : *www.lhotellerie-restauration.fr*. Informations pratiques, annonces classées pour les professionnels des restaurants, hôtels, cafés. Espace Emplois & Carrières : sélection par région, par poste, dépôt de CV et d'annonces.

Informatique

- Carriere-info.fr : *www.carriere-info.fr*. Portail d'emploi et un réseau social 2.0 réservé aux informaticiens, aux recruteurs ainsi qu'aux écoles qui préparent aux métiers de l'informatique.
- PAC Recrutement : *www.pac-recrutement.com*. Cabinet de recrutement spécialisé dans le secteur des TIC : offres d'emploi et base de CV pour les secteurs high-tech, informatique et télécommunications.
- Job Instinct : *www.jobinstinct.com*. Site de recherche d'emploi dans le domaine de l'informatique et des nouvelles technologies.
- Consultime Freelance Solutions : *www.consultime.com*. Missions sur toute la France pour les freelances en informatique.
- Top 50 SSII : *www.top50-ssii.com*. Offres d'emploi et de stages.

Software Testing Europe (testing de logiciels et assurance qualité) : *www.software-testing-europe.fr*. Offres d'emploi, base de formation et partage des connaissances.

Journalisme

Categorynet : *www.categorynet.com*. Offres d'emploi.

Juridique et fiscal

Recrulex : *www.recrulex.com*. Offres d'emploi et dépôt de CV.

Maritime

Clic and Sea : *www.clicandsea.fr*. Le site emploi des métiers de la mer : construction navale, nautisme, marine marchande, offshore... Offres d'emploi, *job alerts*, dépôt de CV, salons de recrutement.

Logistique

Faq Logistique : *www.faq-logistique.com*. Portail à destination de la communauté logistique avec offres d'emploi et de stages.

Métallurgie

Portail de la métallurgie, des industries électriques et électroniques : *www.metallurgie.fr*. Présentation d'entreprises, emploi, et différentes rubriques à usage professionnel.

Multimédia et Web

Bale : *www.bale.fr*. Offres d'emploi et de stages.

RH

RH Job : *www.rhjob.com*. Offres d'emploi et dépôt de CV.

Sécurité

Staff-sécurité : *www.staff-securite.fr*. Offres d'emploi et formations dans le domaine de la sécurité privée.

Services à la personne

- Osapi : *www.osapi.fr*. Portail dédié aux services à la personne : petites annonces, fiches pratiques, annuaire professionnel.

Sciences

- CNRS : *www.cnrs.fr*. Offres d'emploi, dépôt de CV, alertes mail.
- Intelliagence : *www.intelliagence.fr*. Dépôt de CV et consultation des offres.

Les sites spécialisés par public

- Emploi collectivités : *www.emploi-collectivites.fr*. Offres d'emploi, dépôt de CV, alertes mail.
- Cadres et techniciens qualifiés : *www.1jobforyou.com*. Offres d'emploi, dépôt de CV.
- Seniors à votre service : *www.seniorsavotreservice.com*. Dépôt d'offres de service et de demandes de particuliers ou d'entreprises.
- Portail à destination des personnes reconnues handicapées : *http://agefiph.fr/L-Agefiph*. Dépôt de candidatures et mise en relation avec les entreprises.

Les sites dédiés à l'intérim (offres d'emploi sur leur site)

- Adecco : *www.adecco.fr*. Offres d'emploi, dépôt de candidatures et conseils.
- En intérim : *www.en-interim.com*. Offres d'emploi, dépôt de candidatures.
- Groupement de l'intérim français : *www.gif.fr*. Offres d'emploi, dépôt de candidatures.
- Intérim Nation : *www.interim-nation.fr*. Offres d'emploi, dépôt de candidatures.

- Kelly Services: *www.kellyservices.fr*. Dépôt de candidatures.
- Leader Intérim : *www.groupeleader.com*. Offres d'emploi, dépôt de candidatures, conseils.
- L'Officiel de l'intérim : *www.officielinterim.com*. Offres d'emploi, dépôt de CV, alertes mail.
- Manpower : *www.manpower.fr*. Offres d'emploi, dépôt de candidatures.
- Page personnel : *www.pagepersonnel.fr*. Offres d'emploi, dépôt de candidatures.
- Randstad : *www.randstad.fr*. Offres d'emploi, dépôt de candidatures et actualités emplois.
- Synergie : *www.synergie.fr*. Offres d'emploi, dépôt de candidatures et liens utiles.

Les sites d'entreprise

De nombreuses entreprises proposent, dans une rubrique de leur site ou sur un site à part, un espace dévolu au recrutement de stagiaires ou de nouveaux collaborateurs. Pour les trouver rapidement, rendez-vous sur un moteur de recherche et lancez une requête avec le nom de l'entreprise et l'un des mots ou l'une des expressions suivants : emploi ; stages ; offres d'emploi/de stages ; recrutement ; nous rejoindre ; carrières ; collaborateurs. Vous arriverez ainsi rapidement à cet espace dédié au recrutement.

Ces sites ou rubriques sont plus ou moins sophistiqués. Vous pourrez y trouver une simple liste de postes vacants, un espace candidats dans lequel vous pourrez déposer un CV et formuler une lettre de motivation, créer une alerte ou vous abonner à un flux RSS qui vous permettra d'être au courant des dernières offres d'emploi proposées par l'entreprise. Si ces fonctionnalités de veille ne sont pas proposées, rien ne vous empêche d'installer une veille sur cette page *via* un outil comme Track Engine (voir plus haut).

Plutôt perfectionné, le site de la BNP propose une recherche à partir de multiples critères comme les mots-clés, la localisation géographique, le type de contrat, le métier ou la fonction recherchée. Il est également adapté à la veille puisqu'il propose au candidat potentiel de créer ses propres alertes mails ou de s'abonner à un fil RSS sur toutes les offres d'emploi ouvertes par la banque.

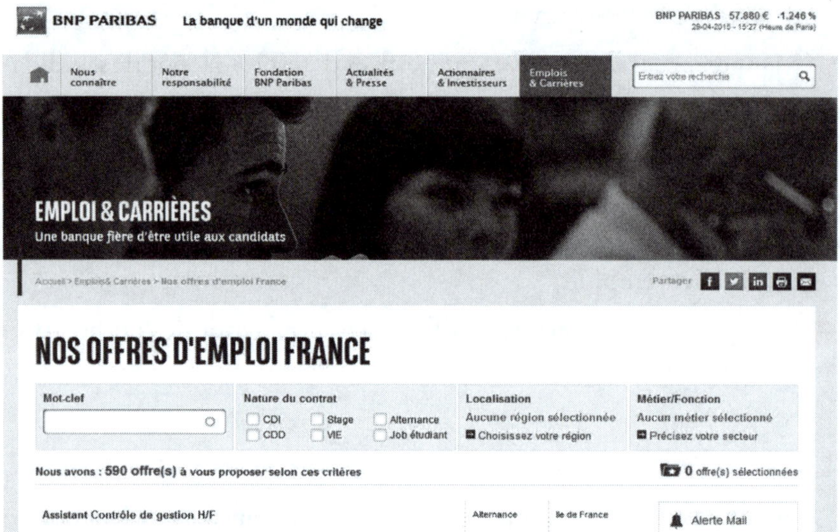

Un candidature à chaque niveau… pour plus d'efficacité

Si vous voulez vous donnez toutes les chances d'apparaître sur les radars des recruteurs, quadrillez votre secteur d'activité en multipliant votre visibilité par 3… ou 4.

Dans un premier temps, laissez votre CV sur les plus grosses banques de CV généralistes ; repérez ensuite le ou les sites thématiques de votre secteur. Enfin, listez les entreprises de votre secteur, repérez celles qui offrent la possibilité de laisser votre CV sur leur site Web. Et pour être sûr que vous avez vraiment utilisé tous les outils, rafraîchissez régulièrement vos informations sur vos réseaux sociaux (notamment les expériences sur Viadeo/LinkedIn ou sur votre site) pour que votre actualité – et incidemment, votre valeur professionnelle – n'échappe à personne !

Les sites des médias

Il en va de même pour les sites des médias d'information qui proposent souvent des fonctionnalités de recherche d'emploi – une extension naturelle des petites annonces de leur version papier. Si cette rubrique ou cette fonctionnalité n'apparaît pas clairement sur le site, tapez « nom du média », « recrutement » (ou « offres d'emploi ») dans votre moteur de recherche. Cette requête vous mènera tout droit à la page, à la rubrique ou au site concerné.

Le site du *Parisien* propose un moteur de recherche classique pour consulter ses offres d'emploi (par type de fonction, de qualification, de lieu). On peut y déposer son CV, installer une alerte et bénéficier de conseils d'expert. Enfin, le site associe ces fonctionnalités pour la recherche d'emploi à un annuaire de formations.

Le site de *Ouest-France* fait de même (malheureusement sans la fonction Alertes) et trouve son originalité dans les compléments d'information proposés (actualité du secteur, dossiers, métiers) et dans l'utilisation des réseaux sociaux majeurs (Twitter, Facebook, Viadeo, LinkedIn et Google +) pour inciter l'internaute à diffuser les offres à des connaissances.

Partie 4

Candidater à l'étranger

Partir à l'étranger pour un stage ou un emploi ? La solution tente de plus en plus les Français : selon une étude de mars 2014 menée par la Chambre de commerce et d'industrie de Paris, ils sont entre 1,5 et 2 millions à choisir de s'expatrier pour vivre et travailler dans un autre pays ; cette population croît en outre de 3 % à 4 % chaque année depuis les années 2000.

Les destinations de prédilection sont l'Europe de l'Ouest (Suisse, Allemagne et Grande-Bretagne sont les pays plébiscités) et de l'Est dans un cas sur deux. Viennent ensuite l'Amérique du Nord (États-Unis et Canada), l'Asie et l'Océanie. Le principal secteur d'activité visé est celui des services aux entreprises au sens large : commerce, tourisme et restauration.

L'une des récentes évolutions est la part croissante des jeunes diplômés parmi les candidats au départ (18-25 ans) : + 14 % depuis 2008 selon le ministère des Affaires étrangères (soit un peu plus de 155 000 personnes actuellement). Les motivations sont multiples : chômage en hausse pour les jeunes commençant leur vie professionnelle, envie d'ajouter une expérience valorisante à son parcours, volonté de mieux gagner sa vie et de trouver des opportunités plus enrichissantes et gratifiantes.

Cet appel du large est rendu plus facile par l'apparition de formules appelées le permis vacances-travail (PVT) ou Working Holiday Visa dans le monde anglo-saxon. Le principe : les pays qui ont signé un accord avec la France permettent à nos ressortissants de venir travailler chez eux pour une courte période avec un visa spécifique. Le gouvernement français a ainsi signé des accords de permis vacances-travail (PVT) ou de visa vacances-travail (VVT) avec huit pays : Australie, Canada, Nouvelle-Zélande, Russie, Japon, Corée du Sud, Argentine, Hong Kong et bientôt Brésil.

L'envie de partir étant bien réelle et les conditions administratives étant facilitées, il ne reste plus au candidat qu'à travailler sa candidature en fonction des attentes des recruteurs du pays. Objet de toutes les attentions, le CV sera l'objet d'une mutation parfois radicale !

Chapitre 10

Trouver un emploi aux États-Unis

Les recruteurs américains attendent du candidat qu'il aille droit à l'essentiel. Il doit, sans détour, indiquer le poste qu'il vise et mettre clairement en avant les atouts susceptibles d'étayer sa proposition. Les choses ont l'avantage d'être claires : une candidature doit être argumentée et chiffrée. L'employeur outre-Atlantique se pose deux questions simples : quelles sont les réalisations passées et chiffrées du candidat lui permettant de prétendre à un poste dans notre entreprise ? Son embauche va-t-elle faire progresser notre activité et servir notre business ?

Ce qu'attend un recruteur américain

Dès les premières lignes du CV et de la lettre d'accompagnement, le recruteur américain doit savoir ce que vous lui proposez, ce que vous avez à lui « offrir ». Sans surprise, le *curriculum vitæ* américain doit être accrocheur, certains parlent même de CV « vendeurs ». Il faut donc afficher très directement votre objectif professionnel et votre *career planning* (plan de carrière).

Pour donner du crédit à votre candidature, n'hésitez pas à annoncer la couleur… de l'argent. Attention, il ne s'agit pas d'indiquer vos prétentions salariales – ce n'est pas forcément bien vu, même aux États-Unis – mais de faire miroiter au futur employeur *ce que vous pouvez lui faire gagner*. Car dans une entreprise américaine plus qu'ailleurs, un recrutement est considéré comme un investissement matériel. Le candidat doit donc faire apparaître dans son CV l'intérêt économique de sa candidature. Il s'agit de donner au responsable de l'embauche l'envie de vous recevoir et d'investir en vous recrutant, en pariant sur votre future rentabilité.

Pour cela, ne craignez pas de parler de vos résultats, de vos réussites sur le terrain, chiffres à l'appui ; ils comptent plus aux yeux du recruteur américain que votre niveau de formation initiale ou votre personnalité. Aux États-Unis, le CV et la lettre d'accompagnement sont considérés comme les outils de marketing destinés à vendre vos compétences aux employeurs. Une stratégie résumée ainsi : « Ils ne vous donneront pas automatiquement un boulot ; en revanche, ils feront votre publicité. »

Dernier point à souligner, un CV pour les États-Unis ne s'écrit pas en anglais mais en américain. Les Britanniques et les Américains ne suivent pas exactement les mêmes règles d'orthographe, n'emploient pas le même vocabulaire et n'ont pas recours aux mêmes types de présentation des documents.

À ne surtout pas mettre dans le CV !

Ne parlez pas d'argent : le CV sert en partie à décrocher un entretien. Il n'est donc pas utile d'aborder la question de la rémunération avant d'avoir rencontré le futur employeur et d'avoir parlé avec lui du travail à effectuer. La discussion sur la rémunération viendra en son temps.

Ne colorez pas négativement votre CV : il ne faut pas attirer l'attention du recruteur sur les « trous » (périodes d'inactivité) dans votre parcours professionnel ou sur les raisons qui vous ont poussé à quitter un emploi.

Le CV américain type

Sous toutes les latitudes, le recruteur n'accorde bien souvent à la lecture du CV que quelques instants (de 15 secondes à 1 minute 30 au maximum)... mais une attention soutenue.

Les informations doivent bien sûr être présentées de la façon la plus efficace, la plus pertinente en fonction du projet professionnel du candidat (ce qui sera examiné plus loin dans la partie consacrée au contenu du

CV)... et la plus soignée. Les négligences, les fautes d'orthographe et de grammaire grossières ou un manque de soin flagrant dans la présentation ne passeront pas inaperçus et les recruteurs américains sont bien souvent intransigeants sur ce point.

Parallèlement aux attentes des recruteurs, l'attention portée à la présentation de la candidature – CV, lettre d'accompagnement et de remerciement – est donc vitale. Pour vous guider, nous vous présentons ci-dessous les règles détaillées à respecter.

La présentation

Le format des feuilles américaines est plus petit que le classique A4 européen. Pensez donc à aérer votre présentation, à souligner les points importants de votre parcours pour attirer le regard du lecteur. Les espaces blancs ont aussi leur importance. À proscrire : les CV surchargés et le trop-plein d'informations qui noie l'essentiel dans le flot des propos.

Au toucher du CV, le recruteur américain se fait une première idée. Il sera sensible à un document imprimé sur un papier d'une épaisseur très supérieure au 80 g habituellement utilisé en France. De même, les candidats américains n'hésitent pas à recourir à des couleurs de papier qui s'éloignent quelque peu du très classique blanc. Le CV peut être imprimé sur du papier blanc cassé, ivoire ou légèrement gris.

Les CV américains prennent aussi parfois des couleurs. Attention, il ne s'agit bien évidemment pas de souligner en rouge les points que vous estimez essentiels dans votre *curriculum vitæ*. En revanche, vous pouvez employer une couleur d'encre autre que le très classique noir et imprimer votre CV en marron foncé ou en bleu marine.

Les créateurs de profession peuvent faire preuve, en matière de CV, de plus d'audace et de liberté en utilisant notamment une palette de couleurs plus étendue encore.

La photographie du candidat n'est pas demandée sauf, bien entendu, pour des professions le nécessitant comme les métiers du spectacle (acteur, mannequin) ou les métiers liés à la représentation comme les hôtesses.

Quatre formes de CV

Il existe aux États-Unis quatre formes de *curriculum vitæ*.

Le CV antichronologique

Il retrace la carrière du candidat dans l'ordre inverse de son parcours : on cite en premier le dernier poste occupé et on liste ensuite les postes occupés précédemment, du plus récent au plus ancien en début de carrière.

Cette structuration a l'avantage de montrer clairement la progression de carrière et les différentes étapes franchies par le candidat tout au long de son parcours professionnel. Les recruteurs américains recommandent particulièrement cette formule pour les candidats pouvant justifier d'un parcours quasiment rectiligne et progressif dans le même métier ou dans le même secteur d'activité.

Selon un sondage réalisé auprès de recruteurs américains, il apparaît que ceux-ci plébiscitent cette formule. Cette même consultation indiquait que leur préférence allait aux CV d'une page. Les détracteurs de ce type de CV avançaient que cette mise en forme de la carrière du candidat peut légèrement enfermer celui qui souhaite engager une évolution professionnelle dans une fonction ou dans un secteur d'activité en mettant en lumière, aux yeux du recruteur, une progression logique du parcours.

*Le CV thématique (*functional CV*)*

Il consiste à ordonnancer les différents éléments de son parcours en fonction de l'objectif professionnel visé. Le candidat sélectionne les étapes de sa carrière, les réalisations, les réussites, les expériences dans une fonction précise. Un CV thématique, s'il est bien structuré, peut se révéler très efficace pour mettre en valeur vos atouts.

Ce type de CV est tout particulièrement proposé aux candidats n'ayant que peu d'expérience professionnelle, à ceux qui veulent changer de carrière ou à ceux qui souhaitent reprendre une activité professionnelle après une interruption de leur carrière professionnelle – ils pourront ainsi faire état de leurs compétences sans avoir à justifier de leur suspension de carrière.

S'il n'est pas construit solidement sur la base d'une expérience concrète et en fonction d'un objectif professionnel clair, il peut paraître brouillon et donner une impression d'approximation et d'imprécision, ne pas offrir une vue précise, détaillée des particularités et des performances du candidat. Au lieu de servir le postulant en mettant en valeur ses potentialités sur la base des réussites déjà enregistrées dans une fonction ou un métier donné, ce type de CV pourrait, au contraire, laisser croire au recruteur que le candidat cherche à lui cacher quelque chose d'inavouable. *But where's the beef ?* (« Mais enfin, où est le "corps" de ce CV ? »), pourraient s'exclamer les recruteurs américains. Le manque de contenu, d'informations sur les réalisations entraîne plus de questions qu'il n'apporte de réponses au recruteur. De fait, le CV thématique doit réussir le défi de provoquer l'appétit du recruteur sans le laisser sur sa faim...

Le CV « combiné »

Il est un peu le mariage de la carpe et du lapin : le mélange délicat des avantages du classique CV chronologique et des atouts d'un CV thématique. Il se présente sous la forme d'un CV thématique mais enrichi par une rubrique, en toute fin de *curriculum vitæ,* qui retrace chronologiquement les étapes de la carrière en précisant le nom et l'adresse des employeurs, les périodes de travail et les fonctions exercées. Ce CV hybride est conseillé aux candidats jouissant déjà d'une solide expérience dans un secteur d'activité mais pas dans le métier qu'ils visent dorénavant. Ils veulent changer de fonction mais pas de secteur. Ces CV cumulent plusieurs désavantages : ils ne sont pas aisés à réaliser et leurs parties thématique et chronologique peuvent parfois se répéter et donc nuire à la clarté du propos.

Le « CV-lettre »

Cette construction au carrefour du CV et de la lettre de présentation n'est que très rarement employée. Elle ne se justifie, aux yeux de certains professionnels américains du recrutement, que lorsque l'envoi d'un *curriculum vitæ* ne s'impose pas de façon impérieuse. Il serait possible d'adresser pareil document présentant d'une manière synthétique l'essentiel de l'expérience professionnelle et les diplômes les plus importants du candidat, sous la forme d'une simple lettre de candidature. C'est d'une certaine façon le résumé du *résumé*. À n'utiliser qu'avec une extrême modération.

Le CV antichronologique

Nous allons nous intéresser plus en détail au CV le plus courant, aux États-Unis comme en France, le *curriculum vitæ* antichronologique.

La rubrique « Personal Data » (État civil)

Prénom et nom de famille (sans abréviation), adresse et numéro de téléphone au travail et au domicile, adresse e-mail.

Attention : cette première rubrique se limite absolument à ces éléments aux États-Unis.

En vertu d'une obligation légale, les recruteurs américains sont tenus d'être des *equal opportunity employers,* ce qui signifie qu'ils ne doivent pas favoriser telle ou telle catégorie de candidat en fonction de critères liés à la nationalité, l'âge, la situation familiale ou la religion.

Par voie de conséquence, les responsables du recrutement aux États-Unis n'exigent pas du candidat qu'il mentionne ce type d'informations. Le but de cette démarche extrêmement respectée, c'est aussi d'offrir sur le papier les mêmes chances à tous les candidats en évitant toutes les formes de discrimination. Cependant, certains candidats prennent l'initiative de communiquer au recruteur quelques informations tout à fait personnelles comme celles qui sont relatives à leur âge, leur état de santé ou leur mobilité professionnelle.

Ils indiquent cela dans une rubrique intitulée *Personal* située à la fin du CV. Une rubrique aux accents de petite annonce...

Par exemple, *Personal : 25... Excellent health... Single... Enjoys sports and challenges... Willing to relocate.* (« 25 ans, bonne santé, célibataire, aime le sport et les défis, mobile. »)

La rubrique « Career or Job Objectives » (Objectifs professionnels)

Un débat s'est instauré parmi les professionnels du recrutement aux États-Unis sur le fait de savoir s'il fallait ou non indiquer l'objectif professionnel en tête de CV. Faire état d'une demande précise, cela ne restreint-il pas quelque peu le champ des possibilités accessibles au candidat et ce, dans une situation du marché de l'emploi difficile ?

La solution préconisée consiste à faire figurer le poste visé par le candidat dans un petit encadré très lisible, avec comme intitulé « Career Objective ».

Placé en tête de *curriculum vitæ*, juste en dessous de l'état civil ou au milieu de la page et sans titre, l'objectif professionnel annonce la couleur et les informations sur le parcours du candidat contenues dans les rubriques sont au service de cette ambition. Argument principal des défenseurs de cette position : l'efficacité de la démarche.

Parfois, dans cet encadré qui doit donner le ton de la candidature, l'auteur abandonne le style télégraphique qui est de mise dans la rédaction du CV. Il peut personnaliser sa demande de poste en construisant un argumentaire rédigé de façon non succincte.

La rubrique « Education » (Formation initiale)

Contrairement à certains pays européens, l'Angleterre et l'Allemagne notamment, les États-Unis n'ont pas pour habitude de retracer dans cette rubrique l'ensemble du parcours scolaire du postulant depuis le primaire jusqu'à l'université. Les Américains se contentent d'indiquer les diplômes de l'enseignement supérieur.

Attention, le système éducatif français n'a rien à voir avec ceux des pays anglophones. Vous devez donc vous attacher à donner les équivalences de vos diplômes quand il existe des diplômes d'un niveau correspondant aux États-Unis. Sinon, expliquez au recruteur américain qui ne les connaît pas la valeur des écoles et universités et le niveau d'enseignement suivi.

Par exemple, le doctorat français se traduit facilement et correspond au Ph.D. américain. À l'inverse, le master II n'a aucune équivalence aux États-Unis. Il faudrait expliquer par exemple comme suit : *Postgraduate Degree (1 year) following my master.*

Attention également à la traduction des diplômes obtenus dans une école française qui peut ne pas être connue de tous les responsables de recrutement américains. Par exemple, la mention « diplôme de l'ESSEC » doit être présentée ainsi sur le CV : *Essec Diploma (Top French business school).*

Attention, effectivement, de ne pas utiliser de faux amis : « école de commerce » ne se traduit pas par *commercial school* mais par *business school* ; pour une grande école, n'employez surtout pas le terme *high school* car il signifie lycée (enseignement secondaire) aux États-Unis.

Si vous êtes titulaire d'un diplôme universitaire, vous pouvez le traduire ainsi :

- DEUG de sciences : *two-year university degree in Science.*
- Maîtrise : *master's degree.*

Dernier détail qui peut vous donner un petit plus : si vous avez dû travailler pour financer tout ou partie de vos études, n'hésitez surtout pas à le signaler. Les recruteurs d'outre-Atlantique apprécieront cette preuve de volonté et d'ardeur.

La rubrique « Work Experience » (Expérience professionnelle)

Cette rubrique est capitale car c'est là que vous allez présenter au recruteur vos atouts (avec, si possible, des chiffres précis et parlants, voir plus haut). Ils pourront lui donner envie d'en savoir plus sur vos compétences professionnelles, sur ce que vous avez réalisé et sur ce que vous pouvez faire gagner à l'entreprise qui vous embauchera.

Ne lancez pas un chiffre choc sans explication ; du style « + 30 % de chiffre d'affaires », mais replacez une réussite dans son contexte : « augmentation des ventes de 10 % sur un marché en stagnation et recherche de nouveaux segments de clientèle ». Attention à écrire les montants comme suit :

- En France, on écrit : 16 000 euros.
- Aux États-Unis, on écrit : *16 000,00 euros.*

Pour que le recruteur puisse s'y retrouver aisément et repérer les éléments clés qui l'intéresseront, prenez soin de distinguer vos périodes d'activité professionnelle des stages (payés ou non) que vous avez faits durant votre scolarité et des jobs d'été.

Règle commune à l'ensemble de ces expériences : vous devez absolument faire preuve de la plus extrême précision. Doivent figurer pour chaque étape de votre carrière : le nom de l'entreprise, le lieu, les dates (exactes) d'emploi, les activités de l'entreprise, votre fonction dans l'entreprise. Décrivez le contenu des missions qui ont été les vôtres.

La rubrique « Military Experience » (« Service national »)

Vous indiquerez si vous avez connu le passage sous les drapeaux : la date de votre service national, votre arme, votre grade, vos responsabilités, les compétences acquises et celles que vous avez démontrées durant votre service. Si vous avez accompli un service civique, mentionnez-le également car cette expérience démontrera votre capacité à vous impliquer pour un objectif. Si vous avez été coopérant à l'étranger dans le cadre de vos obligations militaires, précisez-le. Cela peut représenter un intérêt pour le recruteur, surtout si le pays d'affectation était un pays anglophone.

La rubrique « Community Involvement » (« Engagements sociaux »)

Cette rubrique peut ressembler à un fourre-tout, mais il est utile et apprécié des Américains de faire état d'une vie associative, même très variée. Vos responsabilités comme gestionnaire du club sportif de votre ville, comme membre actif d'une association humanitaire telle que la Croix-Rouge ou les Restos du Cœur, ou toute autre action d'entraide sociale ou, plus généralement, de participation à la vie sociale les intéressera vivement.

La rubrique « Special Skills » (« Compétences particulières »)

Cette rubrique rassemble vos compétences et éventuellement vos certificats :

- **Langues étrangères :** précisez si votre niveau de pratique est *bilingual* (bilingue), *fluent* (courant), *moderate* (moyen) ou *basic* (connaissances de base). Vous pouvez aussi mentionner les longs séjours à l'étranger que vous avez pu faire dans le cadre de vos études ou de votre carrière et qui renforcent votre connaissance supposée de la langue citée.
- **Informatique :** connaissance et pratique de différents logiciels. Précisez les stages suivis dans le cadre de la formation continue.
- **Talents artistiques particuliers :** peinture, danse...

La rubrique « Interests and Activities » (« Activités et centres d'intérêt »)

Mentionnez les hobbies et les centres d'intérêt susceptibles d'être en rapport avec l'exercice de votre métier.

La rubrique « Miscellaneous » (« Divers »)

Toutes les informations que vous n'avez pas pu indiquer dans les rubriques précédentes mais qui sont susceptibles de donner une image plus juste de vos activités extraprofessionnelles peuvent figurer dans ce chapitre : « la passion pour tel pays », « un goût pour la photographie », etc.

La rubrique « References » (Références)

Les références dont vous pouvez faire état (employeurs précédents ou professeurs) ont une valeur aux États-Unis mais ne s'affichent pas dans le CV. Vous pouvez par exemple avoir recours à la formule suivante : *references available upon request* (« références disponibles sur demande »). Ainsi, vous disposez du temps suffisant pour prévenir les personnes que vous citez en référence avant que le recruteur ne les appelle.

Le style

Le recruteur américain n'est pas sensible aux fioritures du style. Vous avez tout intérêt à écrire en style télégraphique et à aller à l'essentiel. Cela rendra plus percutant votre argumentaire et vous évitera les redites (écrire ainsi *I was* tout au long de votre CV).

En revanche, il faut éviter les abréviations et préciser la signification des organismes (écoles, entreprises, associations) que vous nommez, *a fortiori* les établissements français inconnus du recruteur.

Dans la formulation de vos phrases, soyez précis et direct. Il faut éviter les termes trop poétiques, administratifs, « jargonneux » ou académiques.

Typographie

État civil

Aux États-Unis, il faut mettre un point après l'abréviation et avant le nom de famille. Par exemple : *Mr. Peters*, *Ms. Parker*.

Nota bene : une pratique récente a supprimé l'usage du *Miss* (Mademoiselle) et du *Mrs* (Madame), remplacé par l'indéfini *Ms*.

Pour les candidatures nécessitant des précisions quant au physique des postulants (hôtesses, agents de sécurité), il faut rappeler que les unités de mesure de la taille et du poids en vigueur aux États-Unis ne sont pas celles du continent européen.

Aux États-Unis comme dans les îles britanniques, la hauteur se mesure en *feet* (utiliser le signe : ') et en *inches* (taper : "), par exemple : 5'7" = 1 m 65.

En revanche, la mention du poids varie entre l'Amérique du Nord et la Grande-Bretagne. S'ils utilisent pareillement les *pounds* (abréviation : « lb »), les Britanniques utilisent aussi l'unité de masse *stone* (abréviation « st ») qui équivaut à 14 lbs. Par exemple : en Grande-Bretagne, 9 st 4 lb et aux États-Unis, 130 lbs.

Dates

Faites très attention à l'écriture des dates dans votre CV et en en-tête de votre lettre d'accompagnement.

Aux États-Unis, pour indiquer une date, on fait figurer le mois avant le jour. En Grande-Bretagne, on procède comme sur le continent européen.

Par exemple, en Grande-Bretagne : *17 August 1990* ou *17th August, 1990* (17.08.1990) ; aux États-Unis *: August 17, 1990* (08.17.1990).

Orthographe

Assez souvent, l'orthographe américaine se plaît à remplacer les « s » anglais par des « z ». Par exemple, « décentralisé » se dit : en Grande-Bretagne : *decentralised ;* aux États-Unis : *decentralized.*

« Spécialisé » se dit en Grande-Bretagne : *specialised* ; aux États-Unis : *specialized.*

Les Américains allègent parfois les mots en leur coupant les « l ». Par exemple, « contrôlé » se dit en Grande-Bretagne : *controlled* ; aux États-Unis : *controled.*

« En voyageant » se dit en Grande-Bretagne : *travelling* ; aux États-Unis : *traveling.*

Vocabulaire

Certains termes anglais ont été américanisés et leur orthographe exacte outre-Atlantique doit être respectée. Par exemple, « avec mention » se dit en Grande-Bretagne : *with honours* ; aux États-Unis : *with honors.*

« Couleur » se dit en Grande-Bretagne : *colour* ; aux États-Unis : *color.*

« Stage » se dit en Grande-Bretagne : *traineeship* ; aux États-Unis : *internship.*

« Stagiaire » se dit en Grande-Bretagne : *trainee* ; aux États-Unis : *intern.*

Pour une efficacité maximale, vous avez tout intérêt à employer des verbes d'action. Vous trouverez ci-dessous une liste de verbes au fort pouvoir évocateur :

achieved
administered
advised
analyzed
applied
classified
collaborated
communicated
completed
concluded
contributed
conceptualized
coordinated
created
delegated
delivered
demonstrated
designed
determined
developed
devised
directed
employed
established
evaluated
executed
expanded
experienced
formulated
gathered
generated
guided
identified
implemented
improved
increased
instructed
introduced
invented
issued
launched
lobbied
localized
managed
maximized
minimized
motivated
negotiated
organized
originated
performed
planned
prepared
presented
presided
programmed
promoted
proposed
published
received
recommended
regulated
reported
researched
resolved
revised
saved
selected
solved
scheduled
shaped
simplified
stimulated
supervised
systematized
surveyed
taught
tested
trained
updated
utilized

CV américain : ce qu'il faut faire

✓ Affirmez clairement votre objectif professionnel.

✓ Soyez concis et précis : utilisez un style télégraphique percutant en employant des verbes d'action conjugués de préférence au prétérit. Au lieu de *I coordinated a team*, préférez *coordination team*.

✓ Privilégiez une présentation attractive et facile à lire :

- Laissez une marge suffisante en haut et en bas de votre CV car le format des pages américaines est plus réduit qu'en France.
- Ayez recours aux « puces » et aux tirets pour aérer votre propos.
- Jouez, sans excès, sur le format des informations (les polices, les caractères gras et les mots soulignés).

CV américain : ce qu'il ne faut pas faire

✗ Une présentation générale négligée.

✗ Un CV trop long, trop succinct ou trop condensé.

✗ Des fautes d'orthographe et de grammaire.

✗ Une ponctuation imprécise.

✗ Phrases et paragraphes trop longs.

✗ Un argumentaire sans rapport direct et évident avec l'objectif professionnel visé.

✗ Des informations inutiles, erronées, incompréhensibles (exemple : acronymes d'écoles ou d'entreprises, *a fortiori* françaises) ou peu crédibles car manifestement exagérées.

✗ Des zones d'ombre dans le parcours professionnel non expliquées.

✗ Des rubriques essentielles manquantes.

✗ Une reproduction des documents de mauvaise qualité.

Exemples de CV américains

Exemple 1

John P. RICHARDS

999 4th Avenue, New York, NY 10000 (212), 111 22 33 (home), (212) 111 22 99 (work), (212) 777 77 77 (cell), E-mail : *john.richard@americanet.com*

Objective : Seeking a challenging management position in the field of Product Marketing or Market.
Development with a successful, dynamic, growth oriented telecommunications organization

Education : **New York University, New York, USA**

5/98 Master of Business Administration
Concentration : Marketing and International Business

5/97 Bachelor of Engineering and Management
Major : Engineering Physics specializing in Optics and Solid State Physics

PROFESSIONAL EXPERIENCE

John's Labs, Inc

1/96-Present **Product Marketing Manager, Broadcast Products Group**
Direct the evolution of satellite and terrestrial video compression products from conception to customer deployment. Define new product requirements, lead R & D programs, establish OEM relationships and formulate price strategies. Generate revenue by creating innovative network applications of existing products to motivate customer purchase of future products. Instrumental in maintaining positive customer relationships and regarded by John's Labs, Inc as a key resource.

Peter's, Ine

11/04-12/05 **Marketing and Product Manager, Digital Headend Products**
Managed the strategic development, introduction, pricing, and promotion of a multi-million dollar portfolio of twenty-five digital video compression products while maintaining strict margin responsibility. Utilized strong relationships with customers and engineering teams to define and implement product feature requirements in light of emerging standards. Awarded
Peter's highest performance rating for outstanding effort in fiscal 1995.

•••

• • •

South & North Telecom limited

5/04-11/04 **Product Manager, Broadband Networks Marketing**
Promoted and transferred to New York office to develop U.S. CATV market entry strategy. Consulted with product development teams to establish business models and determine product feature requirements. Examined all elements of CATV networks from headend components through distribution to set tops. Determined product requirements and market potential for CATV entry into non-traditional markets such as wireline telephony and PCS.

Peter's, Ine

11/03-5/04 **Senior Specialist, Residential Broadband Marketing**
Developed entry strategy into the North American CATV market by analyzing consumer demand trends and CATV service opportunities. Examined future network architectures and determined product development focus related to network consolidation and fiberization, channel capacity, digital compression, intelligence distribution, and user interfaces.

4/02-10/03 **Senior Operations Finance Analyst**
Promoted to Corporate Headquaters assuming sole responsibility for domestic and international marketing audits of all telecommunications subsidiaries. Assessed operational controls and business practices. Formulated and presented value-added process improvement recommendations for both Strategic and Operational Marketing areas

5/89-4/02 **Senior Product Marketing Specialist**
Established telephony switching and desktop video market opportunities for North America by developing business plans, partnering with customers to structure product performance requirements, and establishment field trials and distribution channels. Instrumental in revenue generation of $40 million through an innovative software licensing program. Presented technical product overviews and feature rollouts to customers

Exemple 2

Lisa MONA
1313 Mockingbird Lane
Mantua, NJ 08028
856-856-9876
lisa.mona@arts.edu

OBJECTIVE
An entry-level position in public relations or marketing.

EDUCATION
Bachelor of Arts, Public Relations **May 2009**
Concentration: Leadership Studies
Rowan University, Glassboro, NJ
GPA 3.6, Dean's List, Cum Laude honors anticipated

COMPUTER SKILLS

PageMaker	PowerPoint	WordPerfect
Microsoft Photo Editor	Microsoft Publisher	Excel
Harvard Graphics	Access	Microsoft Word

RELEVANT EXPERIENCE
13th Congressional District Intern **Spring 2009**
Congressman Charles Sheen, Washington, DC
Responsibilities included researching legislation, drafting recommendations and briefs.
Responded to constituent correspondence and inquiries, as well as aiding in office administration.

Correspondent **Fall 2011**
Rolling Stone Magazine, Pitman, NJ
Covered local music and political events under commission for monthly publication.
Maintained valuable media contacts.

Marketing Intern **Spring 2012**
Glassboro Convention Center, Glassboro, NJ
Developed and implemented marketing program for the convention center.
Coordinated on-site conference registration.
Assisted presenters during multimedia presentations.
Prepared and disseminated over 6,000 registration packets.

ACTIVITIES
Vice President, Public Relations Society, Rowan University Chapter
Secretary, American Marketing Association, Rowan University Student Chapter
Volunteer, Glassboro Soup Kitchen

REFERENCES
Available upon request.

Les lettres

Les Américains n'ont pas la réputation d'être des adeptes de l'écrit. Pourtant, en matière de recherche d'emploi, ils multiplient les missives. La classique lettre envoyée en accompagnement du CV n'est pas la seule à être adressée aux employeurs.

La lettre d'accompagnement

- ✓ Tapez systématiquement la lettre d'accompagnement à l'ordinateur (premier principe de base). Utilisez un papier de qualité pour l'impression.
- ✓ Adressez nommément le courrier à une personne dans l'entreprise. Si vous ne connaissez pas le nom du destinataire, n'hésitez pas à téléphoner à la société pour vous le faire préciser ainsi que le titre de cette personne.
- ✓ Adoptez un style direct, efficace et précis.
- ✓ Prenez le temps de relire attentivement votre document pour éliminer les termes inutiles, vérifier la grammaire, l'orthographe et la ponctuation. Car au-delà de l'argumentaire que vous pourrez développer, vous serez également jugé sur votre capacité à communiquer.
- ✓ Soyez concis : pas plus d'une page. Rien ne sert de répéter le CV.
- ✓ La lettre doit contenir trois paragraphes :
  - Premier paragraphe : l'intérêt pour l'entreprise et le projet professionnel avec comme objectif de pouvoir unir son projet personnel et les besoins de l'employeur.
  - Deuxième paragraphe : mettez en valeur le CV en suscitant l'intérêt de l'employeur (attirez son attention sur ce que vous pouvez faire pour lui).
  - Troisième paragraphe : sollicitez un entretien en précisant que vous reprendrez contact avec lui un jour précis pour fixer, s'il est intéressé, un rendez-vous. Les recruteurs américains ne sont pas gênés par cette démarche qu'ils n'assimilent pas à de l'empressement. Ils la jugent utile et pratique.

✓ Utilisez le langage approprié et tout spécialement les termes exacts de l'annonce de recrutement.

✓ Sachez mettre en valeur tout aussi bien vos réussites passées, vos compétences que votre potentiel.

Deux exemples de lettres

Exemple 1

David S. FRANK
999 10th Avenue
NEW YORK NY 100000
Tél. : (212) 999 99 99 (daytime)
(212) 888 88 88 (evening)
(212) 333 33 33 (cell)

November 12, 2014

Dear Sir:
I am completely bi-cultural (American/French), 45 years old and have over 12 years of experience in the computer industry. I am looking for a new challenge in international sales and marketing.
My qualifications are:
– 4 years as General Manager of a Distribution company (10 M$ revenue, 8 people).
Successfully negotiated contracts with MSI, Durand LY and other suppliers.
Developed reseller channel and increased sales by 45 % in 2005.
– 12 years of International Sales and Marketing experience, responsible for large accounts, channel development, product management, and implementing new revenue streams.
I have a MSA in intemational marketing with skills in negociation, multinational account management, and know how to be successful in an European environment.
I am looking for a new position as General Manager or a senior sales/marketing position in an international telecommunications, networking, software, or computer company. Preferably, a company that is either starting-up or expanding in Europe.
I am enclosing a resume and look forward to hearing from you soon.

Sincerely,

David FRANK

Exemple 2

Robert S. Neil
2121 1st Avenue
New York, NY 10000
USA

November 28th, 2014

Dear Mr Dupont:
I am at present employed in a Vice President position in a pharmaceutical company in the USA.
I am writing to you to ask whether you are currently seeking senior staff for companies in the pharmaceutical or related industry in the areas of business development (licensing and acquisition), strategic marketing, and strategy development.
I can offer :
– wide international experience in the pharmaceutical market (US, UK and continental Europe).
– highly developed skills in business development, strategic marketing, and strategy development.
– several successful years in an operational line-management role.
– cultural adaptability and language skills (German and French as well as English),
– a highly active, motivated, project/team-based approach.
I believe these assets, which combine operational ability with analytical skills, make me potentially very valuable to many kinds of companies, but particularly (as, for example, a Vice President/Director of Commercial/Corporate Development) to a smaller corporation that may be seeking to :
– guide its R & D towards the most profitable product opportunities.
– build alliances with partners who can offer funding or technical assistance to support its R & D or marketing activities.
– expand geographically either through formation of subsidiaries in export markets or through building relationships with companies already located in those markets.
I visit the UK fairly frequently and would be glad to extend my journey to include France if you feel there is a potential role for me.
I can be reached in the USA through:

my home phone number	(212) 111 11 11
my office phone number	(212) 111 11 12
my office fax	(212) 11111 13
my cell	(212) 77777 77

Perhaps you could let me know whether there are any appropriate opportunities at present. In any case, I shall call you in a few days'time to check that my data have been received, assuming this is acceptable to you.

Yours Sincerely,
R.S. NEIL

La lettre de remerciement

Les Américains pratiquent volontiers les remerciements : après un entretien, même après une candidature rejetée, en cas de désistement du candidat ; pour confirmer l'acceptation de l'offre d'emploi ; pour conclure une période de travail.

Exemple

Mathias GUÉRIN
14 Elm St. | Sometown, CA 55555 | 555-555-5555 | *john@somedomain.com*

[Date]
Ms. Amy Lin
Manager
ABC Company
1 Corporate Way
Sometown, CA 55555

Dear Ms. Lin:
Thank you for meeting with me this morning to discuss the executive assistant position. I enjoyed our conversation, and I am very excited about the possibility of joining your team.
I know what it takes to run a busy and successful insurance office. In my last position as an administrative assistant for XYZ Company, I helped manage all aspects of the operation, handling tasks such as bookkeeping, customer service, claims processing, report preparation and ongoing communications with the district manager.
You mentioned that you need an assistant who has strong "people" skills, and this is an area in which I excel. At XYZ Company, I helped the manager build a loyal client base by consistently providing excellent service. My last supervisor said, "Mathias is one of the hardest-working employees I have known. His friendly and professional customer-service skills helped the firm achieve a 20 percent revenue increase last year, and I couldn't have done it without him."
I don't see the executive assistant role as a punch-the-clock, 9-to-5 job ;
I will be your "right hand" -- helping you manage the day-to-day operations, volunteering for special projects, and ensuring the company is positioned for growth and increased profitability.
Again, thank you for considering me for this exciting opportunity. As you requested, I'm enclosing a list of professional references. Please feel free to call me if you need additional information, have any questions or would like to offer me the job ! Thank you for your time, and I look forward to hearing from you.

Sincerely,

Mathias GUÉRIN
Enclosure : List of References

Les e-mails

L'e-mail d'accompagnement

L'e-mail est, sans surprise, une version plus synthétique encore de la lettre d'accompagnement. Il devrait idéalement tenir sur une page-écran. Les paragraphes seront courts et n'excéderont pas trois ou quatre lignes. Un paragraphe – jamais le premier – pourra être un peu plus dense que les autres : celui dans lequel vous abordez vos points forts pour le poste envisagé.

Exemple 1

From : eva.lamare@me.com
Sent : may 5, 2015
To : recruitement@harpercollins.com
Subject : Editorial Assistant Position – Eva Lamare

Dear Hiring Manager:

I would like to express my interest in a position as editorial assistant for your publishing company.

You are looking for someone with strong writing skills. As an English major, a writing tutor, and an editorial intern for both a government magazine and a college marketing office, I have become a skilled writer with a variety of experience.

My maturity, practical experience, and eagerness to enter the publishing business will make me an excellent editorial assistant. I would love to begin my career with your company, and am confident that I would be a beneficial addition to the 123 Publishing Company.

I have enclosed my resume and will call within the next week to see if we might arrange a time to speak together.

Thank you so much for your time and consideration.

Sincerely,
Eva Lamare

Exemple 2

From : annemenez@gmail.com
Sent : june 11, 2015
To : woodward@abccompany.com
Subject : Introduction - Your Name

Dear M. Woodward,

For the past ten years I have followed your career through news events, interviews and web research. Your dedication to the Fourth Estate and your understanding of the important role journalists play in today's fast-paced information highway, coupled with your belief in the power of the press is exemplary.

I have had the privilege of honing my journalistic abilities on three widely different publications. When I left college, I immediately went to work for the typical small town newspaper and learned all aspects of getting the paper to the people in a timely manner. I then moved to regional manager for a media corporation composed of small to mid-size newspapers in the Midwest. In my current position, I am Chief Correspondent for one of the largest newspapers in the southwest.

I would like an opportunity to visit with you to get your insight and suggestions on where my skills and abilities would be of the greatest value to the ABD Company, and to inquire about possible job openings with the company.

I look forward to hearing from you. Thank you for your consideration.

Anne MENEZ
22, rue Ampère
44000 Nantes France
annemenez@gmail.com
Website : www.menez.com
Home Phone: 0 11 33 04 56 12 29 17
Cell Phone: 0 11 33 06 12 10 00 00

L'e-mail de remerciement

Ce type d'e-mail tient lieu de « suivi de dossier » : il fait le bilan, de votre point de vue, de l'échange que vous avez eu avec le recruteur et rappelle vos points forts pour le poste envisagé. Il peut aussi rappeler votre disponibilité et proposer une reprise de contact à courte échéance. L'objectif final : marquer votre motivation.

Exemple

From : geoffroy.legrand@gmail.com
Sent : may 20, 2015
To : contact@smithagency.com
Subject : Thank You – Assistant Account Executive Interview

Dear Mr./Ms. Holland:

It was very enjoyable to speak with you today about the assistant account executive position at the Smith Agency. The job seems to be an excellent match for my skills and interests. The creative approach to account management that you described confirmed my desire to work with you.

In addition to my enthusiasm, I will bring to the position strong writing skills, assertiveness, and the ability to encourage others to work cooperatively with the department.

I appreciate the time you took to interview me. I am very interested in working for you and look forward to hearing from you regarding this position.

Sincerely,

Geoffroy LEGRAND
geoffroy.legrand@gmail.com
Tel. 0 11 33 06 06 06 06

Sites officiels

- Ambassade de France aux États-Unis : *fr.ambafrance-us.org*, site de l'ambassade de France à Washington.
- USA Jobs : *www.usajobs.gov* (en anglais) : le site emploi du gouvernement américain, équivalent du portail de la fonction publique en France.

Agences de travail temporaire et de placement

- Manpower : *www.manpower.us.*
- Elite Staffing : *www.elitestaffinginc.com/.*
- Adecco : *www.adeccousa.com.*
- Kelly Services : *www.kellyservices.us.*
- Robert Half : *www.roberthalf.com.*
- Michael Page : *www.michaelpage.com.*

Sites d'emploi

- Indeed : *www.indeed.com.*
- Career Builder : *www.careerbuilder.com.*
- Monster : *jobsearch.monster.com.*
- French Jobs : *www.frenchjobs.us.*
- Interbiznet : *www.interbiznet.com.*
- About Jobs : *www.aboutjobs.com.*
- Job Hunt : *www.job-hunt.org.*
- Cool Works : *www.coolworks.com* (jobs saisonniers).
- New York Times : *jobmarket.nytimes.com* (la rubrique emploi du *New York Times*).

Sites spécialisés et associations

- Cursus Mundus : *www.cursusmundus.com* : site d'information pour partir à l'étranger dans le cadre de ses études, d'un stage ou d'un job.
- Vivre aux États-Unis : *www.vivre-aux-etatsunis.com* : de l'info pratique pour vivre, étudier, travailler et s'installer aux États-Unis pour les expatriés, PVT/Working Holiday Visa, voyageurs, globetrotters, voyageurs d'affaires…
- Expat Blog : *www.expat-blog.com* guide pour travailler aux États-Unis.
- Le Club TELI : *www.teli.asso.fr* : l'association française le Club TELI propose, moyennant certes une adhésion de 45 euros par an, dix magazines par an ainsi que de nombreuses offres de stages, de jobs saisonniers et d'emplois analysées et évaluées au préalable par l'équipe du club.

Chapitre 11

Trouver un emploi en Grande-Bretagne

A good CV gets you on the short list : « Un bon CV vous permet d'être sur la liste de ceux que l'on retient. » Cet encouragement des spécialistes anglais du recrutement de la London Central Careers Unit se double d'un conseil plus surprenant pour atteindre ce but : *You need to sell yourself* (« vous devez vous "vendre" »).

Ce qu'attend un recruteur britannique

Le CV anglais, à la différence du *résumé* américain, ne doit pas être vendeur. Pour des raisons culturelles, il n'est pas correct, et déconseillé, de se targuer devant un employeur potentiel de ses qualités et de ses succès professionnels. Pour autant, le postulant à un poste de l'autre côté de la Manche doit faire état des atouts de sa candidature, mais de façon moins directe qu'outre-Atlantique.

Cette prévenance mise à part, la stratégie est la même en Grande-Bretagne qu'aux États-Unis et dans la majorité des pays européens. Il s'agit avant tout de capter l'attention et de susciter l'intérêt du recruteur pour votre candidature – et les moyens pour y parvenir sont peu ou prou identiques.

Le CV anglais

Le CV anglais, d'une longueur d'une à deux pages maximum, doit bien évidemment être tapé à l'ordinateur. Il n'est pas nécessaire de le signer, ni de l'illustrer par une photographie.

Présentation générale

Du point de vue de la forme, le CV doit être agréable à lire. Les rubriques devront être présentées de façon « aérée » (évitez les blocs de texte aussi indigestes qu'inefficaces).

En jouant sur les espaces blancs et en utilisant les caractères gras, vous pourrez mettre en valeur les éléments que vous souhaitez porter à l'attention du recruteur anglais. Il se fera ainsi plus facilement une opinion sur la valeur de votre parcours pour son entreprise. Selon l'expression anglaise (*to target at the employer's needs*), le candidat aura tout intérêt à cibler au mieux sa demande en fonction des besoins – supposés – de l'employeur.

Dernier point utile à rappeler, la qualité de votre anglais doit être irréprochable. Les recruteurs anglais sont des plus sourcilleux sur ce point. Plus encore que leurs homologues du continent, ils pardonnent très difficilement les fautes d'orthographe ou de grammaire. Et ce, même si le candidat est étranger.

La structuration du contenu

Points communs avec les États-Unis, la concision et l'efficacité du style sont appréciées en Grande-Bretagne.

Par conséquent, allégez vos phrases en supprimant les *I was...* qui deviennent, à force, vite répétitifs et utilisez les verbes d'action conjugués au prétérit. Sachez malgré tout faire preuve de pondération dans la présentation des compétences acquises tout au long de votre parcours.

L'ordre des rubriques est donc le suivant : l'état civil, l'objectif professionnel, la formation initiale, la formation continue, l'expérience professionnelle, les langues, les activités diverses et les références. Ces rubriques seront développées de façon antichronologique.

À l'énoncé de cette liste, on constate peu de différences avec le CV français, à l'exception de la rubrique « Références » : elle est indispensable.

« Personal Details » (État civil)

Doivent figurer dans cette rubrique le prénom et le nom, l'adresse, le ou les numéros de téléphone (domicile et travail), la date de naissance, la nationalité, la situation de famille (single ou married).

« Professional Objective » (Objectif professionnel)

Pour valoriser cet élément clé de votre CV, vous pouvez placer l'objectif professionnel au milieu de la page dans un encadré situé juste après les informations de l'état civil et avant les précisions quant à l'éducation.

Les Américains intitulent cette rubrique « Career Planning » ; les Anglais préfèrent parler de « Professional Objective ». L'entreprise anglaise a en effet son mot à dire dans l'orientation de carrière de ses salariés.

Dans cet rubrique, vous pouvez présenter votre projet professionnel et indiquer quel poste ou type de responsabilités vous aimeriez vous voir confier.

« Education » (Formation initiale)

Précision : la formation initiale (les études) se traduit en anglais par *education* et les stages de formation continue par *training*.

Comme en France, présentez seulement les diplômes que vous avez obtenus à partir du baccalauréat.

Pour transcrire vos diplômes dans le cadre d'un CV en anglais, ne commettez pas l'erreur de chercher à les traduire. Les systèmes britanniques et français sont par trop différents et les équivalences rares.

En règle générale, vous avez tout intérêt à expliquer la valeur de votre niveau d'études (exemple : deux ou trois années d'études après le baccalauréat) en citant le diplôme dans sa version française (*cf.* CV américain). Attention à ce niveau aux faux amis dans la traduction de certaines écoles (*cf.* CV américain).

Les recruteurs anglais attendent par ailleurs un minimum d'informations quant aux études suivies (matières étudiées, résultats obtenus). Cela est tout particulièrement vrai pour les jeunes diplômés.

« *Further Training* » (*Formation continue*)

Précisez les formations suivies dans le cadre de votre activité professionnelle. Ne relevez que celles qui sont d'une longueur suffisante et d'un intérêt en rapport avec votre projet professionnel.

« *Work Experience* » (*Expérience professionnelle*)

Dans ce chapitre, prenez soin de différencier les périodes passées en entreprise dans un but essentiellement formateur – les stages – et celles qui relèvent de votre cursus professionnel. Le candidat devra donc préciser le nom des entreprises dans lesquelles il a exécuté ses stages (*training periods*), la durée de ces stages et, de façon sommaire, les responsabilités assumées.

Présentez ensuite les étapes de votre cursus. Pour chaque période, indiquez : le nom de l'entreprise (développez la signification complète du nom de la société, résumez ses activités et ses performances économiques), la fonction et les principales tâches exercées, les compétences exigées pour cet emploi et les réalisations menées à bien.

Les recruteurs anglais ne veulent pas rester dans l'expectative face aux périodes du cursus professionnel gommées ou non justifiées. Comme tout recruteur, l'employeur suppose dans ce cas de figure que le candidat essaie de lui cacher un épisode (chômage, licenciement). Il est préférable, avec les recruteurs britanniques, de jouer cartes sur table et d'indiquer la durée et la cause de changement de situation.

« *Foreign Languages* » (*Langues étrangères*)

Si les recruteurs français affichent une attention toute particulière à la véracité de la connaissance des langues étrangères, avancée parfois de façon approximative par certains candidats, que dire des recruteurs anglais ? Ils ne se contenteront pas de jauger votre connaissance de l'anglais à l'aune de l'acte de candidature, ils chercheront à se faire une idée plus exacte de votre niveau d'anglais.

Pour les y aider, vous avez tout intérêt à fournir toutes les indications pouvant attester de votre connaissance de la langue (long séjour linguistique dans un pays anglophone, certificats ou diplômes obtenus, par exemple le *proficiency*, mère ou père anglophone...).

« Miscellaneous » (Divers)

Dans cette rubrique, vous pouvez parler de vos aptitudes et de vos connaissances particulières ainsi que de vos passions. Vos aptitudes en matière informatique (« Computing Skills ») ont leur place ici ; indiquez également les logiciels que vous maîtrisez.

Hobbies : le mot a franchi la Manche. Les recruteurs anglais comme leurs collègues français aiment bien jeter un œil sur cette rubrique pour avoir une idée des centres d'intérêt et des passions du candidat. Ils tentent ainsi de se faire une idée du mode de vie de l'intéressé. Par ce biais, le recruteur peut lancer une discussion lors de l'entretien de recrutement.

La pratique commune d'un sport ou la passion pour le même passe-temps invitent à l'échange. Ces éléments fournissent au recruteur des indications complémentaires sur le profil du candidat (par exemple, sport collectif ou individuel, participation à des clubs ou associations...).

Vous pouvez aussi indiquer dans cette rubrique des informations concernant par exemple les permis de conduire que vous possédez.

« References » (Références)

Cette mention peut surprendre. Comme dans d'autres pays (États-Unis, Allemagne), il est demandé au postulant à un emploi dans une entreprise anglaise de donner au recruteur la possibilité de vérifier en quelque sorte vos « états de service ».

La pratique est peu répandue en France. Il est assez rare de voir un candidat français glisser au responsable du recrutement deux ou trois missives signées de la main d'un professeur bienveillant ou d'employeurs aux appréciations élogieuses. Parfois, ces lettres ressemblent à des recommandations appuyées, ce qui ne place pas les recruteurs dans les meilleures dispositions à l'égard du candidat.

En Grande-Bretagne, les références sont en revanche exigées. Il est recommandé de donner au moins deux références : l'une de vos professeurs, par exemple, et l'autre de vos précédents employeurs. Indiquez leur titre ou fonction et leur numéro de téléphone. Prévenez-les d'un éventuel appel téléphonique du recruteur. Vous pouvez aussi, si vous ne désirez pas mentionner directement des coordonnées de ces personnes, indiquer la mention *references available upon request* (références disponibles sur demande).

Exemple de CV

CURRICULUM VITÆ

Personal Details:

Name:	Peter John SMITH
Home address:	99, School Lane, London, AB9 AB9
Date of Birth:	18th October 1972
Professional status:	Chartered Engineer (MIMeChE),

Project Manager, GIN FIELD International

Education:

1982-90	Liverpool Grammar School
1991-94	University of Cardiff
1996-00	University of Oxford

Qualifications (results in brackets):

CGE'O'level	Chemistry (A), English Language (B), French (A), German (A), Latin (A), Mathematics (A), Physics (A)
CGE'A'Level	Chemistry (A), Mathematics (A), Physics (A)
First degree	BSc (Hons) Mechanical Engineering
Second degree	Ph.D. for dissertation about Compressors

Scholarships and prizes:

1991-93	National Engineering Scholarship
1994	Cardiff University Project Prize

Courses:

1999	CRAC Business Course (SERC Graduate School)
2004	Time Management
2004	Unigraphics CAD Version 10 – beginners and intermediate (EDS)
	Project Management
2005	Failure Modes and Effects Analysis

Other skills:

Computer programming in FORTRAN and BASIC
Working knowledge of French

Employment:

1990-95	LINK Turbine Generators Lld, Trafford Park, Liverpool. Manufacturers of large steam turbines for power generation
1995-03	RAY AND JA plc, Country way, Bristol Manufacturers of civil and military aircraft engines
2003	GINFIELD International Manufacturers of Implants

•••

Major work experience:

1990-85 (LINK)	1-3-1 thick sandwich industrial training with LINK Turbine Generators Ltd.
1995 (RJ)	Member of the design team of the core compressor for the XYZ engine.
1996-00	Researched into effects of tip clearance flow in axial compressors at Oxford University. Helped to develop a novel design for compressor bleed air slots (now RJ patent).
2000 (RJ)	Senior Mechanical Engineer on design team for TUV industrial gaz turbine.
2000 2001 (RJ)	Principal Mechanical Engineer responsible for design modifications of fleet military engines.
2003 (GF)	Project Manager, Product Development. Project Leader of the XX Hip, a "blue sky" research and development project involving novel materials and a new surgical technique.
2006 (GF)	Project leader, YY Knee. Leader of the highest value product development currently in progress within GF outside of the US involving twelve collaborating surgeons from within Europe, Canada, Australia and Japan.

Interests and leisure activities:

Sport:	Swimming for fitness, rugby, cricket, cycling.
Hobbies:	Architectural design, restoring British motorcycles, foreign travel.

Peter John Smith
<u>Referees :</u>

Dr N.N. Smith
R & O Manager
LINK Ltd
White Road
Liverpool
GB
Phone : *1111 222222

Mr Jekill
Company R & O
Ray & Ja plc
South House
52 Big Lane
Bristol
GB
Phone : *222 3333333

La lettre d'accompagnement

À l'image du *curriculum vitæ*, la lettre d'accompagnement est beaucoup plus formelle et moins accrocheuse en Grande-Bretagne qu'aux États-Unis. En revanche, tout comme ce qui se pratique outre-Atlantique, la *cover letter* est tapée à l'ordinateur. Elle doit tenir sur une page et contient en général trois paragraphes.

Les Anglais écrivent l'adresse de l'expéditeur de la lettre d'accompagnement en haut à droite. Le nom et la fonction du destinataire, suivis du nom et de l'adresse de l'entreprise, sont inscrits en dessous, à gauche.

Dans cette lettre, le candidat fait part dans les deux premiers paragraphes de ce qui le pousse à solliciter un emploi dans cette entreprise (l'intérêt qu'il porte à l'entreprise et sa fonction actuelle) et le poste qu'il souhaiterait occuper (soulignez le rapport avec l'emploi actuel ou l'un des postes précédemment tenus).

Terminez ensuite par une formule de politesse.

Si l'on connaît le nom de la personne, et que l'on commence sa lettre par : *Dear Mrs Brown* par exemple, on la termine par : *Yours sincerely*. À l'inverse, si l'on ne connaît pas l'identité du correspondant et que l'on débute par : *Dear Madam*, on utilise alors *Yours faithfully* en fin de lettre.

Quant au style, vous avez tout intérêt à utiliser avec un recruteur anglais un ton factuel et sans chercher surtout à vouloir lui faire la démonstration de vos qualités.

Exemples de lettre d'accompagnement

Exemple 1 : une lettre courte et directe

Dear Mr Black:

Please find enclosed my CV in application for the post advertised in the Guardian on 30 November.

The nature of my degree course has prepared me for this position. It involved a great deal of independent research, requiring initiative, self-motivation and a wide range of skills. For one course, [insert course], an understanding of the [insert sector] industry was essential. I found this subject very stimulating.

I am a fast and accurate writer, with a keen eye for detail and I should be very grateful for the opportunity to progress to market reporting. I am able to take on the responsibility of this position immediately, and have the enthusiasm and determination to ensure that I make a success of it.

Thank you for taking the time to consider this application and I look forward to hearing from you in the near future.

Yours sincerely.

Exemple 2 : une lettre plus longue et plus argumentée

Lucie Marcus,
18, place des Gilles,
59000 Lille
France

18 May 2015

J A Parsons,
Headteacher,
Alderton Primary School,
Thistle Avenue,
Normanton,
NM8 1GX

Dear Ms Parsons:

I am writing to apply for the position of Learning Mentor, as advertised on the Prospects website.

During and since completing my BA in Learning Studies I have been working as a Play Leader for Top Tots to gain practical experience of working with children. This experience has been invaluable in putting into practice some of the educational theory I learned in my degree.

In particular I have learned how to respond to a range of children's needs and to understand that their behaviour is not always a rational response to their circumstances. For example, I worked with a child who was behaving aggressively towards other children and another who was withdrawn and unsociable ; through play activities I learned that it was the former child who lacked self-confidence and who needed the most encouragement of any in the group.

My previous employment in arts administration and retailing developed strong interpersonal skills and my capacity to deal with multiple demands on my time and resources. In retail work it was not uncommon to be dealing with one customer as another sought help and as the phone began to ring.

In arts administration I had to balance the requirements of the funding bodies with the users of the website while, at the same time, organising exhibitions and artists. I found that I have both the stamina and the organisational ability to thrive in these circumstances and feel sure that the skills I learned will be an asset to a busy primary school. The reason I embarked upon my degree course is because I have a love of learning.

I would very much welcome the opportunity of an interview to explain how I can combine my enthusiasm for learning, art and drama for the benefit of children in our community.

Please find my CV attached.

Yours sincerely,

Lucie Marcus

L'e-mail d'accompagnement

L'envoi « sec » d'un CV en réponse à une offre n'est pas une pratique généralement acceptée : elle serait traduite au mieux comme une maladresse, au pire comme de l'impolitesse. L'exercice reste toutefois délicat : il s'agit de rester succinct et de ne pas mentionner toute votre expérience... ce que le CV fait déjà très bien.

Exemple 1 : e-mail succinct et très direct

From : martin.lamotte@gmail.com
Sent : december 5, 2014
To : recruitement@xyzcompany.com
Subject : Store Manager Position – Martin LAMOTTE

Dear Sir:

I read your job posting for the Store Manager position with interest.
I can offer XYZ Company :

– Over five years of retail management experience.

– Ability to effectively hire, train, and manage staff.

– Payroll management, scheduling, reports, and inventory.

– Extensive work with visual standards and merchandising high-ticket items.

In addition to my extensive retail experience, I have excellent communication skills. I always maintain a gracious and professional manner when communicating with people, including customers and store staff. My broad experience and range of skills make me a superior candidate for this position.

My resume, which is below, provides additional information on my background and qualifications. I look forward to hearing from you as soon as possible to arrange time for an interview.

Thank you for your consideration.

Martin LAMOTTE
Martin.lamotte@gmail.com
========
Martin Lamotte Resume

Exemple 2 : e-mail s'appuyant sur une connaissance commune

From : marie.despins@mail.fr
Sent : december 8, 2014
To : rrowe@company.com
Subject : Introduction – Marie DESPINS

Dear Ms Rowe:

I am a friend of Emily Little and she encouraged me to forward my resume to you. I know Emily through a local children's theater, for which I was a lighting assistant this semester. I also see her at college music performance, as I am in the orchestra.

I'm interested in getting a job as an technical assistant as well as a place to stay in Oxford or in the area. I would appreciate any recommendations you can offer regarding this job search and looking for apartments.

Attached is my resume. Most of my experience is in lighting and theater equipment but I would easily adapt to a new working environment.

Thank you for your time and consideration. I look forward to hearing from you.

Best regards

Marie DESPINS
========
Marie DESPINS
22, route d'Étretat
76300 Le HAVRE – France
Tel. 00 (33) 06 06 06 06 06

Sites utiles

- Amberjobs : *www.amber-jobs.co.uk.*
- Centre Charles-Péguy : *https://centrecharlespeguy.wordpress.com.*
- CV Library : *www.cv-library.co.uk.*
- French Resources : *www.french-resources.co.uk.*
- French Recruitment : *www.frenchrecruitment.co.uk.*
- Gumtree : *www.gumtree.co.uk.*
- Jobs.ac.uk : *www.jobs.ac.uk.*
- JobFit : *www.jobfit.co.uk.*
- JobSearch : *www.jobsearch.co.uk.*
- JobServe : *www.jobserve.com.*
- Jobsite : *www.jobsite.co.uk.*
- MyScience : *www.myscience.me.uk.*
- Reed.co.uk : *www.reed.co.uk.*
- SimplyHired : *www.simplyhired.co.uk.*
- TotalJobs.com : *www.totaljobs.com.*

Chapitre 12

Trouver un emploi en Allemagne

Il a été dit qu'un *curriculum vitæ* devait être court (une à deux pages maximum), qu'il devait être « accrocheur » (sans être hâbleur) pour susciter l'intérêt du recruteur, qu'il devait être « séduisant » sur la forme et qu'il n'était, en aucun cas, le roman d'une vie. Pour la rédaction d'un CV allemand, oubliez tous ces conseils.

Le CV français s'exporte très mal en Allemagne. Le CV allemand n'a en effet absolument rien de comparable avec le *curriculum* français. Outre-Rhin, les recruteurs veulent connaître en détail et exactement le parcours des postulants à un emploi. En un mot, ils veulent savoir à qui ils ont affaire. Et pour cela, rien ne doit être laissé au hasard.

Ce qu'attend un recruteur allemand

Le candidat qui sollicite un poste dans une entreprise allemande devra fournir à l'employeur toutes les données utiles à ce dernier. Il s'attachera donc à décrire en détail son état civil, sa formation, son expérience professionnelle, les langues qu'il maîtrise et faire état des références qu'il peut fournir.

Le CV allemand se présente donc comme la somme de ces informations retraçant toutes les étapes du parcours du candidat. Des culottes courtes au costume cravate, le recruteur veut pouvoir se faire une idée précise du cheminement du postulant de l'école primaire au dernier poste occupé.

Beaucoup d'informations sur le candidat se trouvent dans ce document et tout ce qui est allégué doit être prouvé. Certificats de travail, copies de diplômes ou, plus généralement, de tout document attestant d'une compétence précise – sans oublier les précieuses références – figureront dans le dossier de candidature. On pourrait dire en reprenant une formule juridique que le candidat « qui a un intérêt à agir doit fournir les moyens de la preuve ». En résumé, rien ne doit être laissé dans l'ombre et tout doit être certifié exact.

Présentation générale

Conséquence des éléments précisés plus haut : le courrier de candidature prend une ampleur et un volume inégalé dans tout autre pays. Le dossier complet – car il faut bien là parler de dossier de candidature à la charge du candidat – sera lourd d'une vingtaine, voire d'une trentaine de pages. Il comprend un CV très détaillé qui peut être long de trois pages, la lettre d'accompagnement et la liste exhaustive des éléments de preuve et autres lettres de références.

Complet – au point d'être quelque peu soporifique –, le CV allemand est aux antipodes du CV français.

De la rigueur avant toute chose. À la lecture des *curriculum vitæ* allemands, certains parlent même volontiers d'austérité (mais l'exercice se prête-t-il à la fantaisie ?). Quoi qu'il en soit, la présentation y perd ce que l'exactitude y gagne.

Le CV est bien sûr tapé à l'ordinateur et – ce qui atteste de son actualité – daté et signé. Il est accompagné d'une photographie.

Structuration du contenu

L'ordre des rubriques est chronologique, ce qui permet au recruteur de suivre pas à pas votre parcours.

« Persönliche Angaben » (État civil)

Le candidat livre là nombre d'informations. Son nom (*Name*), prénom (*Vornamen*), nom de jeune fille (*Geborene*), date et lieu de naissance (*Geburtsdatum und Ort*), éventuellement la profession des parents, la religion, la situation familiale (*Familienstand*) et la nationalité (*Staatsangehörigkeit*).

Deux éléments spécifiques apparaissent donc dans le CV allemand : la profession des parents du candidat et, plus surprenant encore, la religion. Cette dernière information s'explique par des raisons purement administratives, sans influence sur le choix du candidat.

« Schulbildung » (Formation scolaire)

De l'école primaire à l'enseignement supérieur en n'oubliant pas le secondaire, les Allemands ne négligent aucun épisode de la formation scolaire dont le déroulement est retracé de façon chronologique.

Doivent être stipulées les informations suivantes relatives aux études après le baccalauréat (*Abitur*) : le nom des écoles, les cours de spécialisation suivis et les notes obtenues. Par exemple, pour présenter votre baccalauréat, précisez les dominantes principales (par exemple, mathématiques et physiques). Il ne suffit pas d'indiquer simplement le sigle du bac.

Plus que tous les autres recruteurs, les responsables allemands du recrutement attachent une grande importance à la formation initiale.

Ainsi, les sujets de mémoire et les notes qui les ont sanctionnées sont des indications non négligeables aux yeux du recruteur germanique.

« Berufsausbildung » (Formation professionnelle ou complémentaire)

Dans ce passage, le candidat devra indiquer les stages (*Berufspraktika*) réalisés en entreprise. Cette période en entreprise est considérée dans le système *dual* allemand comme réellement formatrice.

Dans le CV devront être précisés : la durée de ces stages, le nom des entreprises d'accueil, les missions confiées.

Il s'agit là des stages de formation continue suivis par les salariés pour entretenir ou développer leurs compétences professionnelles.

« Berufserfahrung » (Expérience professionnelle)

Dans cette rubrique, le candidat présentera toutes les étapes de sa carrière en se contentant de donner uniquement les informations de base sur les employeurs précédents (nom, activités et chiffre d'affaires de l'entreprise, responsabilités assumées).

Le recruteur suit attentivement la progression de carrière grâce à la présentation chronologique. Le candidat ne devra pas faire preuve d'approximation dans cette rubrique.

Il est ainsi difficile de masquer un trou dans le parcours car les Allemands indiquent pour chaque période en entreprise non seulement l'année mais aussi le mois.

« Sprachkenntnisse » (Langues étrangères)

Bien sûr, les assertions quant à la connaissance de langues étrangères devront être prouvées au moyen de photocopies, de certificats de stages ou de diplômes.

« Sonstige » (Divers)

Les Allemands ne s'étendent pas trop sur cette partie du CV. Dans ce passage, le candidat peut stipuler qu'il a exécuté son service militaire ou un service civique.

Concernant les centres d'intérêt, il mettra surtout en valeur sa participation à la vie sociale (de l'association étudiante à l'association à caractère humanitaire).

« Referenzen » (Références)

C'est là encore une caractéristique allemande permettant au futur employeur de vérifier en quelque sorte les « états de services ».

Pour l'aider à se faire une opinion des qualités et de la personnalité du candidat, le recruteur voudra lire les lettres jointes au CV à titre de références.

Comme le soulignait un DRH d'une entreprise allemande, « une lettre de recommandation qui tient sur une seule page, avec des propos convenus, est révélatrice ; c'est une simple lettre de politesse qui ne fera pas illusion ».

Une lettre de référence, pour avoir une certaine valeur, devra être d'une longueur de deux pages, pas moins.

Dernier point, rappelons-le, le CV est daté et signé.

Arbeitszeugnisse (certificats de travail)

C'est encore là une caractéristique allemande : ils sont joints au CV et comportent des précisions comme les dates de début et de fin d'emploi, le poste tenu, les responsabilités exercées et, en fin de compte…, l'appréciation réelle de l'employeur.

C'est en fait un « carnet de santé » qui suivrait le salarié tout au long de sa carrière.

Exemples de CV répondant à une annonce

Exemple 1

Rudolf SCHWARZ
Am Hagen 10
30502 FRANKFURT

LEBENSLAUF

Persönliche Daten

Familienname	SCHWARZ
Vornamen	Rudolf, Peter
Geburtsdatum	15 Januar 1989
Familienstand	geschieden

Schulbesuch

1997 bis 2009	Grundschule
2001 bis 1998	Realschule auf der Heese Abschluß: Erweiterter Sekindarabschluß
2011 bis 2012	Berufsbildende Schulen II Abschluß: Fachhochschulreife

Berufsausbildung

2008 bis 2011	Ausbildung zum Zentralheizungs– und Lüftungsbauer bel der Firma HAUPTMANN GmbH & Co Abschluß: Gesellenprüfung
2011 bis 2013	Technikerschule Stadthagen Abschluß: Staatlich geprüfter Techniker Fachrichtung Maschinentechnik – Schwerpunkt Betriebstechnik
20013 bis 2015	Berufsbegleitender Fortbildungstehrgang Abschluß: Fachkaufmann für Marketing (IHK geprüft)
2012	Technikerschule Stadthagen Abschluß: Staatlich geprüfter Teckniker Fachrichtung Umweltschutz – Schwerpunkt Apparate– und Anlagentechnik

Berufspraxis

03/2011 bis 07/2011	Tech. Agestellter bei der Firma HAUPTMANN GmbH & Co
08/2012 bis 03/2013	Zentralheizungs- und Lüftungsbauer bei der Firma WEITZMANN GmbH, FRANKFURT
Seit 07/2011	Vertriebsmitarbeiter im Bereich Erstausrüster Deutschland fur das Produktprogramm Gas-und Ölgebläsebrenner

Frankfurt, den 18 November 2015

Exemple 2

LEBENSLAUF

Name :	Hans-Peter SCHMIDT
geboren :	am 10 November 1978 in Düsseldorf
wohnhaft :	Pariserstrasse 6, 27209 HAMBURG
Familienstand :	verheiratet
Staatsangehörigkeit :	deutsch

AUSBILDUNG

April 1986 – März 1992:	Besuch der Volksschule
April 1992 – März 1996:	Besuch der Mittelschule mit Abschluß Mittlere Reife
April 1996 – Sept. 1999:	Ausbildung zum Flugtriebwerkmechaniker bei der LUFTWAFFE mit Abschl

FACHARBEITERBRIEF

Okt. 1999 – Febr. 1999:	Besuch der Berufsaufbauschule, Fachrichtung Kfz. – und Flugzeugtechnik, mit Abschluß Fachschulreife
März 1990 – Febr. 1991:	Besuch der Fachoberschule, Fachbereich Technik und Seefahrt
März 1991 – Febr. 1995:	Studium an der Fachhochschule Hamburg Fachbereich Produktions – und Verfahrenstechnik, mit Abschluß DIPLOM-INGENIEUR
März 1995 – Aug. 1995:	Studium an der Universität Hamburg, Fachbereich Wirtschafts wissenschafte, Fachrichtung Betriebswirtschaftslehre
Sept. 1996 – Okt. 1996:	Schweißpraktikum im Rahmen der Ausbildung zum Schweißfachingenieur
Juni 1997 – Aug. 1997:	Teilnahme am lehrgang „Betriebswirtschaft für Ingenieure und Techniker » an der Akademie für Wirtschaft und Sprachen in Hamburg "

BERUFLICHER WERDEGANG

Sept. 1995 – Okt. 1996:	PROJEKTINGENIEUR auf dem Sektor Kohlestaubmühlen, Mahl- und Feuerungs-anlagen für Großdampferzeuger bel der Firma FRITSCH A. G
Nov. 1996 – Jan 1997:	PLANUNGSINGENIEUR auf dem Sektor Futtermittelanlagen bei Fa. Peter DRUCK GmbH
Feb. 1997 – Jul. 1997:	arbeitslos
Sept. 1997 – Sept. 2005:	PROJEKT- und VERTRIEBSINGENIEUR auf dem Sektor Kesselanlagen (Dampf, Heiß- wasser und Thermalöl) bei Firma DAMPF Machinen GmbH

•••

...

Okt. 2005 – Dez. 2007:	PROJEKT- und VERTRIEBSINGENIEUR auf dem Sektor Verfahrenstechnische Anlagen für die Hütten- und Kunststoffindustrie bei Firma OMAG AG in Hamburg
Jan. 2008 – März 2010:	PROJEKTLEITER auf dem Sektor Umschlags-einrich tungen und Verfahrenstechnische Anlagen für den Umweltschutz in Raffinerien und Tanklägern bei Firma OEL PROCESS Ingenieurgesellschaft mbH in Hamburg
April 2010 – Sept. 2012:	VERTRIEBSBEREICHES Process Engineering bei Firma Paulus STADIER & Co in Hamburg
Okt. 2012 – Dez. 2014:	VERKAUFSLEITER für die Region China auf dem Sektor Dieselkraftwerke bei Firma KRONEN Maschinenbau GmbH
Jan. 2015 – Juni 2015:	VERKAUFSLEITER für die Regionen Amerika, Asien und Westeuropa auf dem Sektor Modernisierung von Dampfturbinen osteuropäischer Hersteller in dem ostdeutschen Tochterunternehmen eines Kraftwerkbauers

Hamburg, den 15 Juli 2015

Exemple de CV en candidature spontanée

LEBENSLAUF

NAME :	MEUNIER
Vorname :	Philippe
Addresse :	28, Rue des Grands-Ours – 88000 ÉPINAL
Telefon :	(33) 03 36 99 36 99
Mob.	(33) 06 20 30 20 30
E-mail :	*philippe.meunier@wananet.fr*
Geboren am :	15, September 1985

AUSBILDUNG

2005:	Abitur
Ab 2007:	Architekturstudium an der Ecole d'Architecture de Paris-Belleville
Ab Juni 2006:	Beginn der Diplomarbeit

EINZELHEITEN DER AUSBILDUNG

2005-06	Hôtel de Beauvais im Marais ; Bauaufnahme und Umbau in einer Botschaft S-Bahnhof in Paris
2008-2010	Bauaufnahme von traditionellen und zeitgenössischen Häusern, von Stadtvierteln und von Dörfern in Phnom-Peñh und ihre Umgebung, Kambodscha, mit fünf Wochen Aufenthalt an Ort und Stelle Ausbau der Stadt Phnom-Peiih in die Helbinsel Chrui
Changvar	
2011-12	Stipendium „Romain Rolland "; einjährige Studienreise nach Kalkutta für eine Bauaufnahme bengalischer Häuser und Paläste
2013-14	Projekt im 5. Jahr : Revitalisierung einer Industriebrache in Aubervilliers bei Paris
2006-09	Teilnahme an Studienreise nach Deutschland, Italien, Spanien, Österreich, Tschechoslowakei, Jugoslavien (Lliubianja), Schweiz

SPRACHKENNTNISSE

Englisch :	fliessend, mündlich und schriftlich
Deutsch :	mittlere Kenntnisse
Bengali :	Anfangskenntnisse

REALISIERTE PROJEKTE

2010:	Entwurf eines demontierbaren und in der Grösse variablen 50 m2-grossen Ausstellungsstandes aus Holz, Stahl und Seilen für das Sport-und-Jugendministerium ; Ausführungsplannung, Baueigenwachung, Montage in Eigenarbeit
2012-13:	Anbau an ein Haus aus Holz, Stein und Backsteinen in Verrieres-Le-Buisson ; Entwurfplannung, Detail- und Ausführungsplannung, Bauleitung, Konstruktion desKamins in Eigenarbeit.
2014-15:	Einjähriger Aufenthalt in Südostasien (Indien, Bangladesh, Kambodscha) Ausgefürte oder noch aufende Bauarbeiten :

•••

...

– Ein Meditationkapelle in Kalkutta, für Ashaniketan, Zentrum für Geistigbehinderte intraditionelle Bauweise (Backstein, Bambus, Eingefarbterzement, Holz und Ziegel, Stahlbeton) ; Entwwurfplannung, Detail- und Ausführungsplannung, Bauleitung
– Ein Haus für 30 Strassenkinder zwischen 6 und 18 Jahre für die Vereinigung Street Hawks, in Kalkutta ; Entwurfplannung
– Gestaltung einen öffentlicher Platzer in Rajbari in Bangladesh ; Projekt einem Denkmals in Zusammenarbeit mit einem bengalischen Bildhauer
– Bauaufnahme und statische Berechnungen für die Kirche einer alten Karmelsterkloster, Heute Waisenhaus in Phnom Peñh

BERUFSERFAHRUNG

Als Bauzeichner :

2011	bei XY Architecture. Umbau eines Flusskahns für Wohnzwecke ; Umbau einer Diskothek (Bau eines „schallgedämpften Kastens "aus Beton im Keller eines parises Hochhauses) ; Umbau und Ausbau von Wohnungen und Einfamilienhäusern
	bei Arcane Architecture : Baugenehmigungspläne für Sozialwohnungen
	bei M. Genin, Architekt : Revitalisierung eines Industrie gebäudes : Baupläne ; Einfamilienhäusern : Pläne für die Baugenehmigung

Als Lehrer :

Februar 2009:	Leitung eines Programmierkurses in „Pascal "für die Erwachsenenweiterbildung, im „Institut Telesystemes"
2007-09:	Hilfassistent im Fach dachstellender Geometrie an der École d'architecture de Paris-Belleville
2006-11:	Physik-, Mathematik- und Informatiklehrer in den 10. und 11. Klassen an der Rudolf-Steiner-Schule in Verrieres le Buisson

Auf der Baustelle :

Sommer 2008	bei Xavier Dumont, Zimmermann, als einziger Mitarbeiter ; vollständiger Bau eines Einfamilienhauses aus Holz

ANDERE TÄTIGKEITEN

2007-09	Veröffentlichung von Artikeln und Programmen in der Zeitschrifft Microsystèmes (Zoom fractal, Oct. 97 ; und Passage de paramètres-procédures, eine Verbesserung der Turbo-pascal, Jan. 89)
2009-11	Zivildienst. Lehre im Informatiklabor der Ecole d'Architecture de Paris-Belleville Realisierung eines Aufnahmenprogramms der Studentenrückmeldungen (in Lisp) Übersetzung in Französisch des Artikels von A. Turing On computable numbers (1937)
2014	Wettbewerb für eine Kapelle in „Les Saisies "im Beaufortain (Savoie) ; lobende Erwähnung

La lettre d'accompagnement

Ce document tapuscrit d'une page, en général, a d'autant plus d'importance que le CV allemand ne comporte pas d'encadré consacré à l'objectif professionnel. En outre, le *curriculum vitæ* constitue plutôt une présentation à plat et développée de façon chronologique de la carrière, du candidat.

Celui-ci devra donc, dans la lettre d'accompagnement, mettre en perspective son projet professionnel en faisant état de sa situation actuelle et de l'évolution qu'il souhaiterait donner à son parcours.

Le contenu de ce document varie donc assez peu de la lettre d'accompagnement anglaise ou française.

Sites généralistes

- Stellenanzeigen : *www.stellenanzeigen.de.*
- Jobware : *www.jobware.de.*
- Jobscout : *www.jobscout24.de.*
- Monster : *www.monster.de.*
- Jobpilot : *www.jobpilot.de.*
- Stepstone : *www.stepstone.de.*
- Connexion emploi, site emploi franco-allemand : *www.connexion-emploi.com.*
- Bourse franco-allemande de l'emploi : *www.emploi-allemagne.de.*
- Stratégie et action, moteur de recherche franco-allemand : *http://strategy-action.gestmax.fr/search.*

Sites spécialisés

- Sites spécialisés dans le recrutement d'ingénieurs en Allemagne : *ingenieurekarrire.de, ingenieur-web.de.*

- Sites spécialisés dans le recrutement de spécialistes SAP et en informatique en Allemagne : *dv-treff.de*, *newjob.de*.
- Sites spécialisés dans le recrutement de professionnels du secteur de la banque et de la finance en Allemagne : *eFinancialCarreers.de*, *Finanz-Stellenmarkt.de*.
- Sites spécialisés dans le recrutement de professionnels du secteur de la chimie et de l'industrie pharmaceutique allemands (incluant les biotechnologies) : *ChemieOnline.de*, *Chemie.de* (rubrique « Karriere »), *Jobvector.de* (nombreuses offres dans les biotechnologies et l'industrie pharmaceutique), *rehacafe.de* (quelques annonces sur ce site communautaire), *Lifesciencejobs.com*.
- Site spécialisé proposant des offres d'emploi dans le secteur de la R&D (Recherche & Développement) : *myScience.de*.
- Pour ceux qui s'intéressent spécifiquement aux métiers de l'industrie pharmaceutique en Allemagne, retrouvez un classement des 100 plus gros employeurs du secteur sur le site *gate4healthcareers.de*.
- Pour ceux qui recherchent un emploi en Allemagne dans le secteur de l'industrie automobile : *automotive-job.net*, sous-domaine spécialisé du site *stellenanzeigen.de*.
- Pour ceux qui veulent travailler dans le secteur de l'hôtellerie-restauration en Allemagne : *ahgzjobs.fr*, *hoteljobdeutschland.de*, *hotelcareer.de*.
- Sites d'offres d'emploi pour les spécialistes et cadres : *www.jobware.de*, *Experteer.de*.

Chapitre 13

Trouver un emploi dans d'autres pays

D'autres destinations attirent aujourd'hui les Français en recherche d'emploi. La tendance actuelle est de s'expatrier vers le Moyen-Orient et l'Asie, dans des pays en recherche de main d'œuvre aussi bien qualifiée que motivée et qui proposent, la plupart du temps, en plus du dépaysement, un salaire plus élevé qu'en France. Les différences culturelles exigent souvent une préparation plus fine du CV et de l'entretien.

Comment rédiger un CV au Québec

Comme pour le CV français, la description des emplois commence par le plus récent. En revanche, les fonctions occupées, les missions réalisées et les résultats obtenus sont plus détaillés. Préférez un style télégraphique aux longues phrases. Utilisez un vocabulaire simple et privilégiez les verbes d'action (par exemple, analyser, informer, coordonner, concevoir, animer, etc.). Au Québec, certains postes n'ont pas la même dénomination qu'en France. Par exemple, un commercial s'appelle plutôt un représentant vendeur. Renseignez-vous au préalable sur les dénominations exactes des postes que vous visez.

N'utilisez pas d'abréviations ou d'acronymes. Bannissez les sigles tels que BAC, BTS ou CAP qui ne correspondent à rien au Québec. Précisez plutôt le nom en toutes lettres de votre formation ou diplôme. Il est aussi bien vu d'indiquer la correspondance de vos diplômes dans le système québécois afin que l'employeur ait une idée de votre niveau d'études.

Vous pouvez prévoir une rubrique « compétences particulières » pour exposer des connaissances spécifiques susceptibles de présenter un intérêt pour l'employeur (informatique, langues parlées et écrites, connaissances et compétences reliées au poste). Au Québec, la connaissance de l'anglais est valorisée et doit être mentionnée.

Indiquez en fin de CV « références disponibles sur demande ». Il n'est pas rare que les employeurs québécois entrent en contact avec les employeurs précédents. Préparez deux ou trois références : anciens employeurs ou professeurs, des gens qui sont en mesure de parler de votre façon de travailler. Demandez-leur une lettre de recommandation ou informez-les de la possibilité d'être contactés.

Pensez à vérifier votre mise en page. Au Québec, le format de papier utilisé est Lettre plutôt que le A4 comme en France.

Les données personnelles

Alors qu'en Europe il est d'usage d'ajouter une multitude d'informations personnelles, comme son âge, son état civil, sa situation familiale, l'âge de ses enfants ou encore une photo, ce n'est pas le cas au Québec. Le CV québécois est de fait assez proche du CV américain.

La présentation

Inutile d'ajouter « CV », le document est assez explicite. Le CV devra être synthétique : un CV de plus de deux ou trois pages ne sera pas retenu par un recruteur canadien.

Évitez d'indiquer vos différents emplois saisonniers et étudiants. Si vous avez quelques expériences professionnelles, mentionnez-les en insistant sur le fait que ces expériences vous auront préparé au monde du travail.

Pour compenser un éventuel manque d'expérience professionnelle, mettez en avant d'autres aspects de votre personnalité : sports, art, musique, bénévolat, réussites scolaires... Montrez que vous êtes une personne organisée, optimiste et efficace dans son travail.

Le CV devra naturellement être cohérent avec le poste. Vous devrez l'organiser de manière antichronologique.

Les informations personnelles

Un CV québécois doit contenir uniquement des informations personnelles essentielles comme le nom, les numéros de téléphone fixe et mobile, le mail et l'adresse du domicile (si nécessaire).

Exemple

Antoine Martin
#895, 1435 Quebec Street
Vancouver
Colombie-Britannique
E-mail : *antoine.martin@monemail.com*
Téléphone mobile : 778 999 9999

Débrouillez-vous pour obtenir un numéro de téléphone local : cela augmentera vos chances d'être contacté par le recruteur et de pouvoir ainsi obtenir un entretien d'embauche.

Dotez-vous d'une adresse e-mail professionnelle, une adresse fantaisiste ne pourrait que vous desservir.

Vous pourrez mettre votre formation avant vos expériences professionnelles ou à la fin de votre CV, en fonction du type de candidature que vous formulerez. Fournissez des détails précis et soyez honnête. Un employeur ira toujours vérifier cette partie de votre CV. Ne prétendez donc pas que vous avez obtenu votre diplôme alors qu'il vous reste encore quelques matières à passer. Dites simplement « en cours » et précisez, si nécessaire, la date à laquelle vous pensez finir vos études.

Objectifs de carrière

À la fin de vos renseignements personnels, pensez à préciser vos objectifs de carrière : une phrase courte, allant à l'essentiel, adaptée à l'intitulé de poste.

Par exemple : « Objectif : décrocher un poste de responsable des ventes au sein d'une entreprise renommée dans laquelle je pourrai développer mes connaissances professionnelles. »

Expériences professionnelles

Précisez le nom de l'entreprise, les dates auxquelles vous y avez travaillé ainsi qu'un bref descriptif des tâches accomplies et des possibles promotions ou distinctions obtenues. N'utilisez pas le pronom « je » pour décrire vos responsabilités et choisissez les verbes d'action.

Évitez les descriptions de l'entreprise, fastidieuses et sans intérêt.

S'il souhaite obtenir des références, le recruteur vous demandera simplement de lui fournir les coordonnées de ces personnes.

Un bon exemple

De juin 2007 à septembre 2009 ABC Group Construction – Vancouver, Canada

Responsable des ventes – Canada
Augmentation des ventes régionales de 29 %.
› Chargé de la mise sur le marché canadien de nouveaux produits.
› Développement de 6 partenariats avec d'importants fournisseurs et cabinets d'ingénieur-conseil (Stantec, RJC, Glotman Simpson, etc.).
› Formation et assistance technique auprès des cabinets d'ingénieur-conseil et des utilisateurs.

Un mauvais exemple

D'avril 2006 à août 2008 Cola Cola Bottling Company - Vancouver, Canada

Responsable de clientèle, Vancouver
Cola Cola est une entreprise de distribution de boisson leader dans le monde, qui compte 392 800 employés et vend ses produits dans plus de 230 pays.

En tant que responsable de clientèle, j'étais chargé de vendre les produits Cola Cola dans mon secteur.

J'ai établi des relations étroites avec mes clients, ce qui m'a permis d'augmenter mes ventes année après année.

J'étais responsable de la promotion et de la vente de plusieurs gammes de produits auprès de mes clients.

Valorisez vos réussites

Votre CV devra non seulement montrer au recruteur les responsabilités qui vous ont été confiées, mais également préciser les différentes tâches que vous aurez accomplies au cours de votre carrière.

Par exemple :

- Si vous travaillez dans la vente, vous devrez faire ressortir vos résultats. Tout élément quantifiable montrera à votre lecteur l'étendue de votre réussite professionnelle.
- Si vous travaillez dans le social, décrivez l'impact que votre travail aura eu sur la communauté.
- Si vous êtes comptable, montrez que vous avez fait économiser de l'argent à votre entreprise.
- Si vous changez complètement de secteur, prouvez à votre lecteur que vos compétences pourront tout à fait être exploitées dans un contexte professionnel différent.
- Si vous travaillez dans la vente au détail en tant que responsable et que vous comptez vous orienter vers les services aux entreprises, pensez à valoriser vos qualités de manager. Ainsi, vous pourrez faire un parallèle entre les compétences requises pour être un bon responsable des ventes et celles qui faut posséder pour faire un bon responsable des services aux entreprises.
- Faites part de vos réussites à votre lecteur et prouvez-lui que vous serez capable de contribuer à la réussite de son entreprise, en utilisant un vocabulaire d'action (accomplir, budgétiser des dépenses, amélioré, mise en place, réaliser, etc.). Vous démontrerez ainsi au recruteur que vous êtes quelqu'un d'efficace qui aime le travail bien fait. La difficulté réside dans le fait que vous devrez être convaincant sans trop vous étendre.

Exemples de CV

Exemple 1 : CV de travailleuse sociale

Ginette Doré
xxxx, rue Saint-Pierre
Legardeur, Qc. J5W 2M2
Tél. : (450) 585-7777

Connaissances et compétences

Langues : français parlé et écrit, anglais parlé
Résistance au stress, habiletés à résoudre les situations conflictuelles, ténacité, connaissance des organismes et des ressources communautaires et gouvernementales, capacité à se remettre en question, capacité à recevoir de la rétroaction et à cheminer en vue d'améliorer mes compétences en intervention.

Formation académique

2005 Université du Québec à Montréal
Baccalauréat en travail social en cours
Université de Montréal, Faculté de l'éducation permanente
Certificat en intervention psychosociale
1975 École secondaire Marie-Claret
Diplôme d'études secondaires

Expériences de travail

* Multi-femmes, Montréal
* Maison Flora-Tristan, Montréal
* Le Parados, Lachine

Ces trois organismes sont les maisons d'hébergement pour les femmes victimes de violence conjugale et leurs enfants.

Poste : Intervenante psychosociale

Accueillir les résidentes, faire de l'écoute téléphonique, évaluer les besoins, informer les femmes sur le cycle de la violence conjugale, informer les femmes de leurs droits, intervenir en situation de crise, accompagner les femmes dans leurs démarches auprès de diverses instances, soutenir et motiver les femmes, travailler avec des femmes provenant de différentes cultures, participer à la mise sur pied d'un programme de prévention de la violence auprès des enfants témoins.

(source : École de travail social, Uqam, Canada)

Exemple 2 : CV technicien information

Mathieu Tremblay
800 René-Lévesque Ouest
Montréal (Québec) H3B 1X9
jtremblay@expertech.ca

Langues : français et anglais

OBJECTIF PROFESSIONNEL
M'intégrer à une équipe dynamique afin de mettre à profit et développer mes compétences en gestion de réseaux.

PERFECTIONNEMENTS PROFESSIONNELS
Certification A +
Certification Lenovo (IBM) – Warranty Basics for Technicians (Canada Version).
Certification Lenovo (IBM) – Mobile Systems.
Certification Lenovo (IBM) – Desktop Systems.
Supporting Windows NT 4.0 Core Technologies.
Lasertek : technique de réparation d'imprimante laser Hewlett-Packard.

ÉTUDES
Attestation d'études collégiales « Gestionnaire de réseaux Linux et Windows » 2006-2008.
Collège de Rosemont, Montréal 2006-2008
Diplôme d'études collégiales en électronique spécialisation en télécommunication avec mineure en informatique.
Institut Teccart, Montréal 1993-1997

COMPÉTENCES TECHNIQUES

Réseaux :	TCP/IP, Ethernet, SNA, Token-Ring, Intel Netport, Internet, Intranet, DNS, FTP, Apache, SMTP, DHCP, Active Directory, Exch ange, ISA, ISS.
Matériel :	Ordinateurs et portables IBM, portable Toshiba, ordinateurs et imprimantes H.P., lecteurs optiques QuickScan, composantes SCSI.
Systèmes d'exploitation :	Windows 2003/XP/2000/Me/98SE/95, Linux, DOS., Novell.
Logiciels :	Microsoft Office, Internet Explorer, Firefox, PC3270, Palm, ZoneAlarm Pro. Norton AntiVirus Corporate, McAfee VirusScan v7.0 EPO, Lavasoft Ad-Aware SE Pro et Service Desk et autres.

•••

…

EXPÉRIENCES PROFESSIONNELLES

Institut universitaire de McGill, Montréal 2008 – 2009
Technicien en informatique.
Offrir du support aux usagers.
Gestion des comptes dans Active Directory.
Installer de l'équipement informatique : périphériques, poste de travail.

ABC Innovations, St-Laurent 2006 - 2007
Technicien en informatique.
Installer de l'équipement informatique : imprimantes, poste de travail.
Réparer de l'équipement informatique : portable, PC, imprimantes.
Offrir du support aux usagers.

XYZ Canada, Dorval 1997 – 2006
Services mondiaux XYZ.
Spécialiste en support aux usagers.
Participer à des projets de migrations : de Windows 3.11 à Windows 95, de Windows 95 à Windows 2000, de Token Ring à Ethernet, déménagement de groupes d'usagers vers d'autres sites.
Coordonner des techniciens pour les installations et le déménagement des postes de travail (IMAC).
Coordonner les demandes des usagers.
Contribuer à la fidélisation des clients.
Répondre aux appels de services en dehors des heures régulières.

Références disponibles sur demande.

(source : Expertech.ca)

Sites utiles

Généralités

- Ministère de l'Emploi et de la Solidarité sociale : *www.mess.gouv.qc.ca* .
- Ministère du Travail : *www.travail.gouv.qc.ca.*
- Commission des normes du travail du Québec : *www.cnt.gouv.qc.ca.*
- Information sur le marché du travail (IMT) : *http://imt.emploiquebec.net.*
- Travailler au Canada : *www.travailleraucanada.gc.ca.*
- Service Canada : *https ://www.jobsetc.gc.ca/.*

Consulter des offres/déposer un CV

Sites publics

- Emploi Québec : *http://emploiquebec.gouv.qc.ca/.*
- Placement en ligne (PEL) d'Emploi-Québec : *http://placement.emploi-quebec.net.*
- 1888 Me voilà (région de Québec) : *www.1888mevoila.com.*
- Québec en tête : *www.quebecentete.com.*

Sites privés

- Workopolis : *www.workopolis.com.*
- Monster Canada : *www.monster.ca.*
- Jobboom : *www.jobboom.com.*
- Eluta Canada : *www.eluta.ca.*
- Job au Québec : *www.jobauquebec.com.*
- Neuvoo : *http://neuvoo.ca.*

Sites pour les personnes immigrantes

- Abacus RH, service personnalisé de placement en emploi aux personnes qualifiées nouvellement immigrées au Québec : *www.abacustalent.com.*
- Emploi Nexus (spécialisé dans l'aérospatiale, les sciences de la vie et technologies de la santé, les technologies de l'information et des communications) : *http://emploinexus.com.*
- L'intégration en emploi, un répertoire de ressources et d'initiatives sur l'emploi à Montréal : *www.travailimmigrants.com.*

Se faire conseiller et orienter sur le marché de l'emploi, rédiger son CV et sa lettre de présentation

- Sur le site d'Emploi-Québec, il est fort utile de télécharger le Guide pratique de recherche d'emploi qui fourmille de ressources, d'informations, de conseils pour faire une recherche efficace : *http://emploiquebec.gouv.qc.ca/citoyens/trouver-un-emploi/organiser-sa-recherche-demploi/.*

- Centres locaux d'emploi (CLE) : *www.mess.gouv.qc.ca/services-en-ligne/centres-locaux-emploi/localisateur.*
- Centres de recherche d'emploi (CRE) : *www.cre.qc.ca.*
- Ministère de l'Immigration, de la Diversité et de l'Inclusion (MIDI) : *http://www.immigration-quebec.gouv.qc.ca/fr/emploi/chercher-trouver/curriculum.html.*
- Réseau des Carrefours Jeunesse Emploi du Québec : *www.rcjeq.org.*

Moteurs de recherche d'emploi

- Jobs.ca : *www.emplois.ca.*
- Indeed.ca : *http://ca.indeed.com.*
- Jobs Kebek : *www.offres-emplois.ca.*
- Option-Carrière.ca : *www.option-carriere.ca.*

Handicap

- Handicapemploi.com, le premier site de recrutement en ligne pour travailleurs handicapés au Canada : *www.handicapemploi.com.*

Le Canada anglophone

La longueur acceptable pour un CV canadien est de deux pages.

Exemples de CV

Exemple 1 : assistant administratif spécialisé en finances

Eva North, Q.A.A
345 Humber Trail
Etobicoke, Ontario L4J 1A3

Phone : 905.888.1234
Email : *evanorth@myisp.com*

Office Management – Department Coordination – Administration
Financial Sector

PROFESSIONAL EXPERIENCE

Meridian Credit Union (formerly Hepcoe Credit Union), Mississauga, Ontario 2001 – present
Administrative Assistant.
Held a key customer focused position at first Hepcoe location in Mississauga, providing first-line support.
Acknowledged for tactfully and diplomatically providing exemplary customer service, patiently and methodically working with a demanding clientele to meet their diverse banking needs.
Recognized for dealing with an above-average number of customers per day, between 35 and 55.
Interacted with clients to inform them of various financial products available through the bank, including GICs, RRSPs, RESPs, credit lines, credit cards, foreign exchange, mortgages and loans.
Processed cheque, credit card and cash payments through various accounts.
Coordinated the schedule for Branch Manager responsible for overseeing the operations of two Meridian locations.
Trained as a secondary Customer Service Representative, proving teller support during scheduled breaks and other absences.
Planned branch events including Customer Appreciation Days, staff holiday party, employee meetings and the high profile RRSP Awareness Campaign.
Requested to work on the transition team after merger of Hepcoe and Meridian Credit Unions, tasked with merging customer files and providing updated account records and ATM cards to expanded client base.

•••

•••

CIBC, Mississauga, Ontario 1999-2001

Administrative Assistant.
Provided admin support to a 10 person community banking institution reporting to the Assistant Manager – Client Services.
Complied and prepared various financial documents for presentation to the customer including : mortgages, RRSP and line of credit applications, and long term investments strategies.
Interacted with irate and unhappy clients ; worked judiciously to resolve their issues and maintain client loyalty to CIBC.

TD Bank, Burlington, Ontario 1997-1998

Marketing Secretary
Scheduled and coordinated participation at various community events to promote the products including : trade shows, Business After 5 meetings, Chamber of Commerce luncheons and other local opportunities.
Prepared various marketing initiatives for the two highly successful products capturing significant attention from consumers and media.
Oversaw office administration for the 5 person Marketing Department ; maintained office supplies, created client portfolio documentation and acted as relief Receptionist.

EDUCATION & PROFESSIONAL DEVELOPMENT

University of Toronto, Toronto, Ontario, 2009

Diploma - Qualified Administrative Assistant (QAA).
Humber College, Toronto, Ontario.
2004 – Effective Administration.
2003 – Effective Communication.
2002 – Time Management for Professionals.

AFFILIATIONS

Association of Administrative Assistants – Toronto Chapter, Toronto, Ontario.
Member 2002– Present.
Oakville Humane Society.
Secretary, Board of Directors, 2004-2009.

Exemple 2 : responsable de la comptabilité

SAMJIT (SAM) SURPINDER, MA, CA
88 Richmond Street, Vancouver, British Columbia V6Z 1C6

Home : 604.888.1234 – Cell : 604.888.9998
Email : samsurp2@gmail.com

ACCOUNTING MANAGER
Couples extensive financial knowledge with a strong foundation of business management.
Ambitious, dedicated and disciplined business leader and financial champion, utilizes a proactive approach to overcome hindrances and implement prudent financial management. Compassionate team leader, mentor and coach, encourages personal and professional growth for all to succeed. Consensus builder, encourages open and frank dialogue, engages multiple stakeholders in consistently achieving results.

Core business competencies include:
- Executive Leadership.
- Expense Planning & Control.
- Budget Preparation.
- Account Reconciliation.
- Financial Analysis.
- GAAP.
- Office Management.
- Resource Management.
- Payables & Receivables.
- Project Management.
- Selection & Recruitment.
- Performance Appraisals.

PROFESSIONAL EXPERIENCE
Living Lighting Inc., Vancouver, British Columbia 2000 – present
Held the following 2 progressively responsible positions:

ACCOUNTING MANAGER 2005 – present
- Compile and present detailed monthly, quarterly reports for Senior Management perusal and act as the focal point in preparing year-end.
- Key member of the leadership team, administering all accounting functions for this commercial lighting manufacturer with $2.5 million annual revenue.
- Manage a 15-person team, encouraging personal and professional development of the culturally diverse department.
- Devised and deployed multiple cost-savings initiatives resulting in a 20 % reduction in company expenditures.

ACCOUNTING COORDINATOR 2000 –2005
- Partnered with the IT Department to implement a 10-month accounting system conversion from manual to automated computerized processing.
- Created and implemented accounting policies and practices supporting the new automated system.

Richmond Design, Richmond, British Columbia 1995 –1999

...

...

STAFF ACCOUNTANT
– Reduced payroll processing time by 20 %, saving $55,000, implementing an in-house payroll system, eliminating the need for an outside payroll provider.
– Led a major project transitioning all accounting aspects from MS Excel to Microsoft Dynamics Globe PVT (formerly Great Plains), completing assignment on time and under budget.
Green Bin Manufacturing, Kamloops, British Columbia 1993 –1995

BOOKKEEPER
– Directed all bookkeeping functions for this 50-person manufacturer including : account receivable, accounts payable, payroll, journal entry, billing & collections, and monthly financial reporting.
– Calculated and submitted annual corporate income tax statement to Revenue Canada.

BC Imports Limited, Vancouver, British Columbia 1990 –1993
ASSISTANT CONTROLLER
– Supervised 3 employees responsible for Accounts Payable, Accounts Receivable and Payroll Administration using ADP with full accountability for hiring, training, and performance assessment.
– Maintained the $1.5 million General Ledger encompassing Canadian, US and Chinese currency transactions.
– Prepared internal and external financial and tax statements for review by corporate and external Audit Teams.
–Played a key accounting role on various project teams ensuring mandates completed in accordance with company financial guidelines and budgetary allowances.
Mills & Associates, Vancouver, British Columbia 1988 –1989

JUNIOR ACCOUNTANT
– Processed weekly payroll using Corona Software for the 40-person staff complement.
– Assisted the Controller in preparing annual corporate tax returns and employee taxation documentation.
– Partnered with suppliers to reconcile a 55 day accounts receivable backlog.

EDUCATION & PROFESSIONAL DEVELOPMENT
Supervisory and Management Training Institute, Vancouver, British Columbia.
Leadership Skills Seminar 2009
Management Coaching Skills 2008
Sexual Harassment Training 2008
Assertiveness Training 2007
Institute of Chartered Accounts of BC

CHARTERED ACCOUNTANT 1996
University of British Columbia, Vancouver, British Columbia.
MASTER OF ARTS – Economics 1989
BACHELOR OF ARTS – Economics 1987

Sites généralistes

- Beyond. com Careers : *www.careersearch4jobs.com/Free/Default.asp.*
- Canada's Top 100 Employers : *www.canadastop100.com/.*
- Career Builder : *careerbuilder.ca.*
- Career Jet : *www.careerjet.ca/.*
- Craigslist : *www.craigslist.ca.*
- Eluta – The Search Engine for New Jobs in Canada : *www.eluta.ca.*
- Government of Canada Careers : *http://jobs-emplois.gc.ca/index-eng.htm.*
- Headhunters Directory : http://headhuntersdirectory.com/canada.htm.
- Hot Jobs : *www.hotjobscanada.ca.*
- Indeed : *canada.indeed.com.*
- Job Bank : *www.jobbank.gc.ca.*
- Mazemaster – Youth Employment : *www.mazemaster.on.ca/users/jobbank/jobpostings.aspx.*
- Monster Canada : *www.monster.ca.*
- Canada Municipal Jobs : *www.servicecanada.gc.ca/eng/ns/lmi/workplace/jobs/munic/munic.shtml*
- Riley Guide : *www.rileyguide.com/.*
- Simply Hired : *www.simplyhired.ca.*
- Top 100 Internet Sites for Learning and Job Searching : *www.jobboom.com/conseils/top100A.html.*
- Toronto Jobs : *www.torontojobs.ca.*
- The Vault : *www.vault.com.*
- Vestiigo : *www.vestiigo.com/.*

- Working : *working.canada.com.*
- Workopolis : *www.workpolis.com.*
- Wow Jobs : *www.wowjobs.ca.*

Sites spécialisés

- CA Source : *www.casource.com/.*
- Advertising Age : *http://adage.com/.*
- CallCareers.com : *www.callcareers.com/.*
- Marketing Magazine : *www.marketingmag.ca/.*
- Outdoor Advertising Association of Canada : *www.oaac.com/.*
- Strategy Magazine : *http://strategyonline.ca/.*
- Biotechnology Human Resource Council : *http://biotalent.ca/default_e.asp.*
- Pharmahorizons : *www.pharmahorizons.com/.*
- Biofair : *www.biofair.com/.*
- Construction Careers : *www.iciconstruction.com/home.cfm.*
- Construction Sector Council : *www.csc-ca.org/.*
- Made with the Trades : *www.madewiththetrades.com/.*
- Apply to Teach Network : *www.applytoeducation.com/AttLogin.aspx.*
- AUCC University Affairs : *www.aucc.ca/about-us/jobs-at-aucc/.*
- Education Canada Network : *www.educationcanada.com/.*
- Jobs in Education : *http://jobsineducation.com/.*
- Teaching Jobs : *www.teachingjobs.com/.*
- Canadian Technical Employment Network : *www.cten.ca/.*
- Engineering Central : *www.engcen.com/engineering.asp.*
- CanadianEnvironmental.com : *www.canadianenvironmental.com/.*

Sites secteur sanitaire

- Canadian Nursing Index : *www.nursingindex.com/.*
- Canadian Society for Epidemiology and Biostatistics : *www.cseb.ca/.*
- Canadian Society for International Health : *www.csih.org/en/opportunities/jobopps.asp.*
- Jobscience.com : *www.jobscience.com/.*
- Opticians Association of Canada : *www.opticians.ca/.*
- BC Technology : *www.bctechnology.com/statics/employmt.cfm.*
- Canada Computer Work : *http://canada.computerwork.com/.*
- Canada IT : *www.canadait.com/.*
- Canada's Association of Information Technology Professionals : *www.cips.ca/.*
- Head Hunter : *www.headhunter.com/.*
- Hi Tech Career : *www.hitechcareer.com/htc/.*
- International Webmasters Association : *www.iwanet.org/.*
- Information Technology Association of Canada : *www.itac.ca/.*
- ITWorldCanada.com : *www.itworldcanada.com/.*
- NetJobs : *www.netjobs.com/index.php.*
- Position Watch : *www.randstadtechnologies.ca/.*
- Webgrrls International : *www.webgrrls.com/.*
- Wired Woman Society : *www.wiredwoman.com/mc/page.do;jsessionid=B2C87E3C53FF1042B943B7155D8CF518.mc0?sitePageId=1718.*

Comment rédiger un CV en Australie

■ CV ou *resume*

Il existe évidemment autant de manières de faire un CV en Australie qu'il y en a en France mais il y a des règles à respecter.

Le CV australien est très détaillé et peut faire jusqu'à six pages ! Essayez de développer votre CV le plus possible, sans abuser pour la longueur des paragraphes ou des phrases. Il doit rester aéré, facile à lire, avec du gras, des sous-titres, etc.

Il est d'usage de ne pas mettre de photo de soi sur son CV pour des raisons de lutte contre les discriminations.

Indiquez vos prénom, nom (et non nom puis prénom), adresse et autres coordonnées ainsi que la nationalité, mais évitez d'indiquer trop d'informations personnelles (date de naissance ou âge, statut marital).

N'indiquez pas votre situation dans le pays du point de vue du visa, ce qui pourrait rebuter certains recruteurs. Mieux vaut les laisser s'intéresser à votre CV et en parler ensuite au téléphone ou en entretien.

En Australie, on commence généralement un CV par les *skills* ou *abilities* c'est-à-dire les compétences, mêmes humaines : goût du travail en équipe, implication, rigueur... Vous pouvez les diviser en plusieurs catégories, comme « Organisational Skills », « Technical Skills » ou encore « Written and Verbal Communication Skills ».

La partie à développer le plus est sans aucun doute votre expérience professionnelle. Si vous en avez peu, essayez de faire ressortir du positif dans vos stages et vos emplois, développez aussi la partie sur votre cursus scolaire. Si vous êtes bénévole, parlez des associations dans lesquelles vous êtes impliqué. Ce genre de détails a beaucoup d'importance en Australie. Pour chaque expérience que vous jugez utile, pensez à détailler vos responsabilités et vos résultats (*responsibilities* et *achievements*).

Côté éducation, attention à bien traduire l'intitulé de vos diplômes. En Australie, le bac a comme équivalent le High School Certificate (HSC), que les lycéens obtiennent en fin de *year 12*. Pour le Deug ou autre Bac + 2, vous pouvez indiquer *two years Degree ou Diploma*. Ensuite c'est plus facile, pour un bac + 3 ou + 4, on utilise le terme de *bachelor*, puis pour le bac + 5, *master*, comme en français.

Soignez l'orthographe et la grammaire, car, si vous faites trop de fautes, on écartera votre CV. Le fait que l'anglais soit seulement votre seconde langue n'est pas une excuse valable pour les recruteurs.

Si vous n'êtes pas bilingue, définissez avec précision votre niveau d'anglais avec des mentions comme comme *advanced* ou *good grounding*.

En fin de CV, il est commun en Australie de mentionner deux références au minimum, personnelles ou professionnelles. Choisissez un contact professionnel qui sait quel poste vous cherchez et connaît votre domaine et pensez bien à l'avertir au préalable. Soit vous donnez directement ces références dans votre CV, soit vous dites qu'elles sont disponibles sur demande (*referees are available upon request*).

Exemples de CV

Exemple 1

MICHAEL PEARSON
600 West Coast Hwy
Scarborough WA 6019
Email : *michael@hotmail.com* – Mobile : 0400 000 000

PROFILE

EXPERIENCED LABOURER & TRADE ASSISTANT

Professional and experienced Labourer and Trade Assistant with a strong commitment to the maintenance of rigourous quality assurance. Offering over eight years in various trades within building and construction. Labourer, Carpenter, Machine Operator, Landcsaping, Supervisor. Seeking a suitable long term position within mining industry which will utilize existing skills. Strong influencing and communication skills with the ability to engage business side of operations. Adept of analizing existing processes, recommending or implementing innovative intervention to continuously improve performance.

...

...

Works independently & Accepts Responsibility
Strong Ability to Identify, Analyse

Large Construction Site Knowledge and Expertise
Enjoys Technically Complex Work & Solve Problems

Strict Adherence to Safety Requirements

KEY SKILLS

Trade Background in Landscaping with Machine Operation Experience.
Project Management Skills and Proven Skills in Motivational & Result-Driven Team Leadership.
Strong and Decisive Supervisor.
Proven Ability to Cope Under Pressure with High Volumes of Work.
Excellent Decision Making Skills.
Liaison with clients and relevant autorities & inspectors with regards to Quality of Workmanship and meeting Stringent Construction Standards.
Committed to enforcing Safety Standards and general OHS requirements.
Ethical, Honest, Dependable, Loyal and Professional.

PERSONAL INFORMATION

Date of birth : 31 January 1985
Health : Physically Fit with Good Eyesight
Available : Immediately
Licence : Current C Class Driver's Licence (obtaining HR)

SPECIAL LICENCES AND PERMITS

*** Bocat/Skid Steer**
*** Work in Confined Spaces**
*** Rio Tinto LockHolders Ticket**
*** Rio Tinto HSE**
*** Rio Tinto Fire Extinguisher**
*** Rio Tinto Permit Officer**
*** Knickelwest Site Inducted**
*** Traffic Control Ticket**
*** Telecommunications II Certificate**
*** Eme Radiation Awareness**
*** Power Awareness**
*** OH & S Green Card**
*** ACRS Cabling Licence**
*** Senior First Aid Certificate**

EDUCATION

1998 COMPLETION YEAR 10 CERTIFICATE
Balcatta High School, Wa

Exemple 2

Annette Denis

55 Warwick Rd Dianella WA 6059 – H : 9447 0000 – M : 0424 000 000
– *adenmark@gmail.com*

PROFILE

Professional, well presented and successful Nutritionist and Coordinator offering long-term commitment.
Strong desire to gain employment working in Youth Services.
Experienced working with at risk young people and adults, with genuine interest in making a positive difference in the lives of others.

- Proven ability in analysis of complex issues and high level adherence to confidentiality.
- Strong Background in the Coordination of large groups of volunteers.
- Experienced Facilitation and Preentation Skills.
- Calm disposition with an ethocal, logical and fair approach in stressful situations.
- Team Player with highly effective time management skills.
- Demonstrated problem solving, research and analytical skills.
- Familiarity with issues concerning healthcare of children, young people and adults.
- Strong ability to create support and engage with a wide range of people in a professional manner.
- Trained to identify behaviour that poses potential risks to clients.
- Ability to work with a diverse range of clients from various cultural backgrounds.

MS Office Suite of Applications, High Level Email & Internet	Sound Background in Nutrition and leads (example)	Capacity to exercise sound judgement an
Experienced working With complex & Sensitive information	Trained in Client and Case Management	

KEY SKILLS

- Effective negociation skills and the ability to convey information in both written and oral format in an impartial and clear manner.
- Solutions-based Thinker with an innovative approach to challenging situations and environments resulting in positive outcomes.
- Client and Case Management requiring high level skills in analysis and use of clear judgement in determining correct processes to follow.
- Administrative Management of documentation, drafting routine and complex correspondence, reports and research whilst maintaining the ability to prioritise effectively.
- Well Presented with Excellent Interpersonal Skills and tne ability to communicate effectively at all levels.

•••

…

- Awareness of Nutrition issues and concerns with a national and international context and commitment to assisting others in this regard.
- Strong Organisational/Time Management Skills with ability to use initiative, manage own time effectively, prioritise tasks and work under pressure.
- Flexible Team Member with a supportive and approachable manner, ethical in all responsabilities adn excellent role model.
- Self-Motivated, Conscentious, Enthusiastic and Reliable, with a strong work ethic and desire to succeed.

EDUCATION

2001-2004 BSc Major : NUTRITION MINOR : HUMAN BIOLOGY
Edith Cowan University, Joondalup WA

PROFESSIONAL DEVELOPMENT

* Case notes and report writing	2010
* Time management training	2010
* Facilitator's bag of tricks	2009
* PGR recommended	2009
* Microsoft Outlook intermediate	2009
* Microsoft Excel intermediate	2009
* Australian Red Cross Save-A-Mate Training	2008

Sites généralistes

Australian Job Search : *http://jobsearch.gov.au.*

Byron Employment Australia : *www.employment.byrom.com.au.*

CareerJet : *www.careerjet.com.au.*

CareerOne : *www.careerone.com.au.*

Indeed : *www.indeed.com.au.*

JobSeeker : *www.jobseeker.org.au.*

Jobserve : *www.jobserve.com.au/en/Job-Search.*

MyCareer : *http://mycareer.com.au.*

NowHiring : *www.nowhiring.com.au.*

Seek : *www.seek.com.au.*

Sites spécialisés

Jeunes diplômés

- Graduate Careers Australia : *www.graduatecareers.com.au/.*
- Graduate Opportunities : *www.graduateopportunities.com/.*
- Seek: Graduate Jobs : *www.seek.com.au/graduate-jobs.*
- Unigrad : *https://unigrad.com.au/.*
- Australian Public Service graduate portal : *www.apsjobs.gov.au/graduates.aspx?mn=Graduate.*

Éducation

- Teach.NSW Job feed : *www.dec.nsw.gov.au/about-us/careers-centre/school-careers/jobfeed.*
- Teachers On Net : *www.teachers.on.net/.*
- UniJobs : *www.unijobs.com.au.*
- AustraliaTeachers : *www.australiateachers.com/.*

Médias et publicité

- ABC Careers : *www.abc.net.au/careers/.*
- B&T : *www.bandt.com.au/.*
- Media, Advertising, Arts and Entertainment : *http://jobs.com.au/.*
- Mumbrella : *http://mumbrella.com.au/.*
- MyCareer: Media, Advertising, Arts and Entertainment : *www.adzuna.com.au/creative-design-jobs.*

Arts/Design/Métiers créatifs

- ArtsHub – Arts and Cultural Industry Jobs : *www.artshub.com.au/jobs/.*
- Australian Infront : *www.australianinfront.com.au/jobs/.*
- Creative Foyer : *www.creativefoyer.com.au/connect/searchjobs.*

- Creative Pool : *http://creativepool.com/.*
- Freelance Factory : *www.thefreelancefactory.com.au/.*
- Get Artisan : *www.getartisan.com.au/.*
- Ozlance : *http://ozlance.com.au/.*
- Pedestrian Jobs : *www.pedestrian.tv/jobs/.*
- Rachel's List : *www.rachelslist.com.au/.*
- The Loop : *www.theloop.com.au/jobs.*
- Simply Hired: Freelance : *www.simplyhired.com.au/k-freelance-jobs.html.*
- CareerJet – Creative Jobs : *www.careerjet.com.au/creative-jobs.html.*

ONG, développement et communautés

- Carecareers : *www.hacjobs.com.au.*
- EthicalJobs.com.au : *www.hacjobs.com.au.*
- NCOSS – Council of Social Service of NSW (Community Jobs) : *www.ncoss.org.au/content/blogsection/4/85/.*
- NGO Recruitment : *www.ngorecruitment.com//*

Ingénierie et technologies de l'information

- Apply Direct – IT : *www.applydirect.com.au/jobs/IT-and-Telecommunications/all-subtypes/all-states/all-cities.*
- E Financial Careers : *www.efinancialcareers.com.au/jobs-Information_Technology-Australia.au.*
- Engineer Jobs : *www.engineerjobs.com.au/jobs.aspx.*
- Finite : *www.finite.com.au/.*
- Seek – Engineering Graduate/entry level : *www.seek.com.au/engineering-jobs.*

Secteur sanitaire

- All Jobs health : *https://ahha.asn.au/jobs.*
- ChemSkill : *www.chemskill.com.au/current-positions.html.*
- Doctor Connect : *www.doctorconnect.gov.au/.*
- Jobs4Careers : *www.jobs4careers.com.au.*
- NSW Health : *http://nswhealth.erecruit.com.au/.*
- Nursing Careers Allied Health : *http://healthtimes.com.au/.*
- PsychXchange (Psychology) : *www.psychxchange.com.au/JobSearch.aspx.*

Droit

- Beyond Law Job Hub : *https://beyondlaw.com.au/index.php.*
- Legal Aid NSW : *www.lawsociety.com.au/community/forlawstudents/GraduateEmploymentClerkships/index.htm.*
- Pro Bono Australia : *www.probono.com.au/jobs/category/943.*
- RRRlaw : *http://rrrlaw.com.au/.*

Science et Environnement

- EnviroJobs : *http://envirojibs.com.au.*
- Mine Jobs : *www.minejobs.com.au.*
- Skye Recruitment : *www.skyrecruitment.com.*
- NRMjobs : *www.nrmjobs.com.au.*
- Research Gate : *www.researchgate.net/jobs/research.*
- Sciencepeople : *www.sciencepeople.com.au/currentjobs.php.*
- WaterJobs : *www.waterjobs.com.au.*

Comment rédiger un CV à Dubaï

Le CV doit être pourvu d'une photo qui permet au recruteur de vous situer, de savoir quel est votre type ethnique. Elle rendra de toute façon ce CV plus humain et attirant.

Le CV doit mentionner votre nationalité, votre âge et votre genre, masculin ou féminin, si votre prénom ne peut pas le laisser deviner.

Le CV doit être assez long (deux pages minimum). N'ayez pas peur de vous mettre fortement en valeur, les recruteurs aiment ça.

N'hésitez pas à soigner le style de votre CV, ce qui le fera sortir du lot.

Exemples de CV

Exemple 1

Personal details
Name : LA CHASSE Hugo
Address : 16, rue du port d'Ouchy
Lausanne
Switzerland

Date of Birth : 1st of January 1988
Nationality : Swiss
Travelling Status : will be travelling single status

Telephone : 00123456789
Email address : *hlachasse@h-g-r.com*
Current location : Middle East

Position(s) sought : Permanent position for graduates.
Department(s) sought : Front Office General, Graduate Management Trainee.
Hospitality work experience : 3-5 years.
Special experience : Asia work experience.

Personal profile:
With a BA degree in Hospitality Management, and several years of hospitality work experience, I am now looking for an assistant management role. I am flexible to travel anywhere internationally, on single status. My key strengths include strong analytical and numerical skills, a keen eye for detail and quality, and positive communication and interpersonal skills. I enjoy working in a team and helping others to progress. At the same time I work well independently.

Educational qualifications

Jan 06 – Dec 08	BA Hons. Hospitality Management HIM.
Jan 99 – Dec 05	Sample Qualification Sample Secondary School.
Languages :	English, French, German.

Training courses attended

Jun 09 – Jun 09	Upselling Course – Hyatt.

Employment history

<u>Feb 13 – Ongoing Front Office Trainer</u>
Starwood Sample Hotel, Doha, Qatar *www.starwoodsample.com*.
I am responsible for training all new staff within the front office department, as well as planning and executing an annual training plan for the entire department.
In this role I must liaise closely with the Training Department.

<u>Apr 11 – Jan 13 Reception Shiftleader</u>
Marriott Sample, Dubai, UAE *www.marriottsample.com/dubai*.
500 room 5* hotel in the Bur Dubai region.
I am working within a team of 60 persons, responsible for managing a shift of 12 people at any one time.
All of the experience gained from my studies in terms of working with multicultural groups have really helped me to lead a team of many different nationalities, as well as dealing with the local culture and the demands of the international guest mix.

<u>Mar 10 – Feb 11 Trainee Food & Beverage</u>
Hilton Sample, Paris, France *www.samplehilton.com/paris*.
5 star business hotel, part of Leading Hotels of the World. 412 guest rooms, large function facilities, 8 food & beverage outlets.
I worked for 12 months rotation in all F & B outlets. Was tasked with the responsibility of making a new room service menu, with the support of the F & B Director. This was a 6 month project, involving many other hotel departments, which enabled me to improve my communication and influencing skills. I received a recommendation letter from the hotel General Manager at the end of this placement.

<u>Jan 09 – Jan 10 Trainee Rooms Division</u>
Hyatt Sample, Beijing, China *www.hyattsample.com/Beijing*.
5 star business hotel 404 guest rooms, 4 food & beverage outlets.
Traineeship covering all rooms division departments on operational level.
2 months were spent in telephone operator department, 1 month as a porter, 1 month as concierge, 2 months in reservations and 6 months on the front desk.

Interests

– Travelling.
– Experiencing new foreign cultures and learning new languages.
– Sports.

Exemple 2

Asbah PATEL
Business development cum Recruitment executive with 2 yrs experience
D.O.B. : 19/11/1986
Nationality : Indian
Location : Sharjah, UAE
Visa status : spouse sponsorship (Residence)
Passport no : H XXXXX
Gender : Female
Ph : 971.6.8888888
Mob : 971.50.8888888
Email address : *apatel@mymail.com*

Objective
To obtain a position as Business development cum Recruitment executive in a challenging environment that demands experience and education in Business management.

Strengths
- Excellent verbal & written communication skills.
- Self starter, self motivated with strong professional ethics.
- Result oriented, responsible & hardworking.
- Ready to meet work pressures and deadlines.
- Dynamic, enterprising, enthusiastic & well presentable.
- Excellent convincing, negotiation & interpersonal skills.

Education
- Pursuing MBA (Human resource management) 2nd yr last semester.
  From : Loyola college – university of Pondicherry, Chennai, India.
- Bachelors in Human science, 2007 with 1st class grade.
  From : S.I.E.T College, University of Madras Chennai, India.

Employer Details
TRANS CONTINENTAL CONSULTANCY, CHENNAI, INDIA (*www.tct.co.in*) – Jan 2007 – Dec 2008.
(A first overseas recruitment consultant since 1965, Exporting manpower throughout the globe.)

Key skills

Administration	Customer Service	Counseling
Staff Training	Working within deadlines	Reception
Recruitment Sales	Computer Literacy	Leadership
Supervision	Professional Liaison	Business
Development		

Role at work
- Identifying reputed clients in Middle – East & South East Asia.
- Strong client management, liaison and High level discussions.

- Managing high volume of clients.
- Face to face meetings.
- Client follow ups.
- Generating business on daily basis.
- Receiving job requirements from the hiring managers.
- Fixation of professional fee & terms based on the recruitment policy.
- Understanding the job requirements and matching the right resume with the JD's.

- Handling job portals & agents.
- Uploading employment opportunity information to internet job boards.
- Head hunting networking.
- Locating qualified candidates for open positions.
- Sourcing, Screening resumes, short-listing, interviews.
- Forwarding formatted resumes to the hiring managers.
- Arranging personal interviews based on the client feedback.
- Negotiate contract terms between candidates & hiring managers.
- Candidate advice and counselling.
- Advise clients on final agreements and job offers.
- Client & candidate coordination.
- Follow up with candidates until they resume their duty.
- Follow up with client for professional fee payment.
- Collecting the feedback on the candidate's performance to ensure if the placement was successful.
- Successfully recruited and placed a wide spectrum of candidates of all senior level – CEO to Managers to Engineers to Executives majorly in the oil & gas, petrochemical & refineries, technology, financial, HR, power, engineering, construction/contracting/consultant industries & shipbuilding & shipyards.
- Handled end to end recruitment process.

Administrative functions
- Personal Assistant to Head – hr & Operations.
- Proficient with Microsoft applications– Word, Excel, PowerPoint, Email & internet.
- Drafting letters & Emails to clients, candidates & other authorities.
- Answering the phone calls diligently.
- Office administration.
- Trained new employees.
- Managed & trained office personnel.
- Maintained files & records.
- Monitor Team coordination & work accomplishment.
- Maintained client & candidate databases.
- Ensure efficient manpower is available for upcoming requirements.
- Work well as team player or independent.
- Liaison with the hotels for the client stay and meetings.
- Liaison with airlines for Flight bookings & hotel reservations.
- Preparing company's client success report at every end of the week and report to the Head to ensure if the growth of the company is accomplishing the mission.

•••

…

Key Achievements

- Conducted extensive research and recruiting via the internet.
- Pursued hundreds of client leads through personal marketing.
- Successfully recruited & placed 100 + candidates
- Responsible for offering customer service on daily basis in team oriented and fast paced environment.
- Demonstrated multitasking abilities, professionalism and time management skills by working with an outgoing team dedicated to grow the business.
- Built rapports with existing clients and performed marketing and sales activities to prospective and interactive customers as well as screening, recruiting and interviewing candidates.
- On performing efficiently was given charge to maintain the office & staffs
- Awarded by one of the client on efficient recruitment coordination.

Language skills

URDU – Mother tongue.
ENGLISH – proficient (Able to read, speak & write).
HINDI – proficient (Able to read, speak & write).
TAMIL – Intermediate (Able to speak).
MALYALAM – Beginner (Able to speak).

Sites généralistes

- All Arabia : *www.allarabia.com.*
- Careers in Dubaï : *www.careersindubai.com.*
- CareerJet : *www.careerjet.ae.*
- Career Junction Me : *www.careerjunctionme.com.*
- Dubai Employment Tips : *www.dubaiemploymenttips.com.*
- Dubaï Jobs : *www.dubaijobs.com.*
- Dubai Jobspot : *www.dubaijobspot.com.*
- Dubai Jobs.net : *www.dubaijobs.net.*
- Gulf CV Specialists : *www.gulfcvspecialists.com.*
- Gulf Jobsites : *www.gulfjobsites.com.*
- Jobs in Dubaï : *www.jobsindubai.com.*
- Job Track Me : *www.jobtrackme.com.*
- Nadia Me : *www.nadia-me.com.*

- SOS Recruitment : *www.sosrecruitment.net.*
- UA Staffing : *www.uaestaffing.com.*
- Laazi : *www.laazi.com/.*

Sites spécialisés

- E Banking Careers : *www.ebankingcareeers.com.*
- E Financial Careers : *www.efinancialcareers.com.*
- Gulf Bankers : *www.gulfbankers.com.*
- Jobscan : *www.jobscan.ae.*

Comment rédiger un CV à Abu Dhabi

Le CV est assez similaire à celui pour Dubaï, de culture voisine. Il doit comporter des informations comme l'âge, la nationalité, le statut marital, le lieu de résidence actuel et le lieu de travail souhaité à Abu Dhabi.

Votre CV doit bien mettre en avant les compétences et les expériences appropriées pour le poste. Il doit être informatif et persuasif, mentionner vos résultats et vos réussites.

Il comporte six sections : informations personnelles, formation, parcours professionnel, compétences, centres d'intérêt et références. Il reste court (2 pages).

Les compétences linguistiques sont un plus dans ce pays où sont parlées de nombreuses langues (anglais, arabe, hindi, urdu…).

Les compétences informatiques sont également appréciées (détaillez le type d'expérience dans ce domaine).

Sites utiles

Jobbs Abu Dhabi : *https://jobs. abudhabi. ae/fr/.*

Les sites mentionnés ci-dessus pour Dubai permettent de trouver également des postes pour Abu Dhabi, très proche.

Comment rédiger un CV en Chine

L'écart culturel entre les pays occidentaux et la Chine est tel qu'une candidature pour un emploi dans l'Empire du Milieu se doit de connaître ces différences pour avoir une chance d'être retenue.

Pour candidater, un CV (appelé *resume* en anglais) de type britannique peut suffire, surtout si vous postulez pour un poste à vocation internationale. Si vous optez pour un CV « à la chinoise », suivez les règles ci-dessous.

Données personnelles

Dans cette rubrique, écrivez vos informations de base ainsi que vos coordonnées. Les recruteurs chinois s'attendent souvent à lire des détails sur votre vie privée que vous n'auriez peut-être pas mentionnés sur votre CV européen :

- nom complet ;
- adresse du domicile et adresse postale ;
- numéros de téléphone (numéros de fixe, du bureau et de portable. Mentionnez l'indicatif national et zonal) ;
- adresse e-mail (pensez à adopter une adresse professionnelle) ;
- date de naissance ;
- sexe (votre nom complet, pour un recruteur chinois, ne suffira peut-être pas pour indiquer si vous êtes un homme ou une femme).

État civil

Nombre d'enfants et âge.

Condition physique : mentionnez bonne ou excellente.

Nationalité.

Permis de séjour : si vous êtes déjà en Chine, indiquez le type de visa dont vous disposez.

Photo : habillez-vous de façon sérieuse et faites-vous photographier par un photographe professionnel.

Objectifs professionnels (facultatifs) : détaillez vos aptitudes, vos attentes et vos objectifs. Adaptez cette rubrique, pour chaque CV envoyé, au travail pour lequel vous postulez.

Formation

Cette rubrique est très importante : non seulement de nombreux employeurs chinois pensent qu'un diplôme supérieur rime automatiquement avec des performances supérieures, mais votre formation définit également votre admissibilité au visa de travail (visa Z) pour la Chine.

Les règles qui l'entourent sont très strictes. Vous pouvez placer la rubrique « Formation » avant ou après la rubrique « expérience », en fonction de ce qui fait la meilleure impression ou de ce qui correspond le mieux au travail pour lequel vous postulez. Donnez un aperçu antichronologique de tous les diplômes, certificats, attestations, formations et prix que vous avez obtenus.

Pour chaque élément, mentionnez les informations suivantes :

- le nom du diplôme, certificat ou attestation ;
- la nature des études ;
- si nécessaire, une description ;
- le niveau des études ;
- la période durant laquelle vous avez suivi la formation ;
- l'année d'obtention du diplôme ;
- le nom et le lieu de l'école ou de l'institut (soyez précis, de nombreux instituts dans le monde portent le même nom).

Expérience

Dans cette rubrique, veillez à bien peser vos mots. Soyez objectif et évitez les exagérations. En effet, les employeurs potentiels n'hésiteront pas à vérifier toutes les informations d'apparence suspecte.

Pour chaque élément, mentionnez les informations suivantes :

- le nom de l'entreprise, le secteur et la ville ;
- la période ;

- le type de contrat (temps plein, temps partiel, stage…) ;
- l'intitulé et une description de la fonction ;
- vos tâches et responsabilités ;
- les réalisations, promotions et aptitudes acquises pertinentes (donnez des chiffres et des exemples concrets de résultats positifs).

Connaissance des langues

Cette rubrique est fondamentale dans votre CV chinois. Donnez un aperçu honnête de votre connaissance de chaque langue (compréhension et expression écrites, compréhension et expression orales). Par souci d'objectivité, n'hésitez pas à passer un test reconnu.

Parler anglais est un must si vous souhaitez travailler dans une entreprise chinoise active au niveau international. Parler le chinois n'est pas nécessaire pour toutes les fonctions, mais ce peut être un excellent atout.

Connaissances informatiques

Mentionnez une liste de chaque application et de chaque logiciel pertinent que vous maîtrisez ainsi que votre niveau : « Maîtrise de… » ou « Connaissance de base de… ».

Intérêts personnels et loisirs (facultatif)

Cette rubrique peut être intéressante pour ceux qui souhaitent montrer leurs capacités de leadership ou à travailler en équipe, y compris en dehors du travail. Cela peut aussi être une manière de témoigner votre grand intérêt pour la culture chinoise (sports de combat, cuisine orientale, voyages…).

Exemple de CV

Mary Smith Email : msmith@hotmail.com
Intelligence Analyst 11 Dorset St – Ste Maria – NSW 1010 – Tel : 02 0202 0202

PROFESSIONAL OVERVIEW
Broaded skilled Intelligence Analyst with proven expertise in driving intelligence requirements for protecting assets, civilian and military interests locally and overseas. Through contributing towards pro-active strategies, earned a reputation as someone who is able to think clearly during times of complex operational activity, able to work in a team or autonomously, and is renowned for achieving excellence in results.

- Over 14 years within the Defence Force, working in both a strategic and operational capacity for Intelligence deployments that have included assignments across Asia, Europe and Australia.
- Skilled in utilising specialised knowledge and advanced analytical strategies to understand and access threats from overseas and home-grown terrorist activity.
- Confident communicator who is able to work with law enforcement and intelligence agencies worldwide.
- Recognised as an outstanding mentor who enjoys supporting others, demonstrating a lead-by-example approach whilst working as a team to ensure a unified approach.

KEY COMPETENCIES
- Counter terrorism strategies.
- Conducting interviews on suspects personnel.
- Intelligence support in a combat field.
- Counter IED (improvised explosive device).
- Failitationg and leading training.
- Top Secret security clearance.
- Terrorist network link analysis.
- Personnel and facility threats.
- Comp liance and procedure management.
- Assessing and validating contractors.
- Presenting intelligence reports.
- Staff leadership and development.

PROFESSIONAL EXPERIENCE
United Nations Defence Services.

INTELLIGENCE ANALYST – Special Forces
Part of the Domestic and International Counter Terrorism Unit which support the United Nations joint response teams.
- Primary analyst, identifying emerging and existing threats to Australia's assets and the strategic landscape of Australia, protecting Australians and Australian interests both at home and overseas.
- In-depth analysis of collection operations and counter-intelligence investigative material.

...

...

- Analysing and evaluating intelligence holdings to determine changes in enemy capabilities, vulnerabilities and probable courses of action whilst serving in active development.
- Providing indicators and current situation briefings to subordinates.
- Researching, reviewing, collating and evaluating raw information and analysing intelligence information to include conduct timeline and relationship to link analysis.
- Travelling regionally and overseas to complete interviews with people involved in suspicious activity.
- Studied advanced languages and communications in Chinese and Arabic.

Les sites officiels

Ambassade de France en Chine : *http://www.ambafrance-cn.org.*

Les sites d'informations et blogs d'expatriés

Chine Informations : *http://www.chine-informations.com.*

Travailler en Chine : *http://www.travaillerenchine.com.*

Chroniques de Chine : *http://chroniques-de-chine.com.*

Un Français à Pékin : *http://www.unfrancaisapekin.com.*

Les journaux et sites emploi

China Daily Mail : *http://chinadailymail.com.*

Asia Expat : *http://jobs.asiaxpat.com.*

The Beijinger : *http://www.thebeijinger.com/classifieds/employment.*

City week-end : *www.careerengine.org/cityweekend/.*

China job : *www.chinajob.com.*

Newchinacareer : *http://newchinacareer.com.*

Enjoy Shanghai : *http://enjoyshanghai.com/jobs.*

e-China-cities : *http://jobs.echinacities.com.*

Job Asia : *www.jobasia.com.*

Les cabinets de recrutement

- Michael Page : *www.michaelpage.com.cn.*
- Manpower : *www.manpower.com.cn/en.*
- Robert Half : *www.roberthalf.cn/?lng=en_CN.*
- MRI China : *www.mri-china.com.*
- Nicholson International : *www.nicholsonintl.com.*

Organismes d'aide au recrutement

- Chambre de commerce et d'industrie française en Chine : *www.emploi.rh.ccifc.org.*
- Ubifrance (VIE/VIA) : *www.civiweb.com.*

Comment rédiger un CV à Hong Kong

Présenter sa candidature pour un poste à Hong Kong est relativement simple. Le CV suivra les règles du CV britannique et, plus globalement, des CV européens. Comme en Chine, un intérêt particulier sera accordé à la formation. Si vous décrochez un entretien, munissez-vous d'ailleurs de vos diplômes ou de leur photocopie ainsi que de vos attestations professionnelles pour prouver vos allégations. Si vous souhaitez vous présenter en chinois, sachez que c'est le cantonais qui est parlé à Hong Kong, sensiblement différent du mandarin.

Exemple de CV

Name : SANTA MARIA, Christine
Address : 10, rue des Archives 75003 Paris

Contact Number : 00 (33) 01 23 45 67 89/00 (33) 06 06 06 06 06
E-mail Address : christine-santamaria@gmail.com

Career Objective
My objective is to pursue a career in public relations in which I can utilize my skills in communications, creative writing and event planning developed through my study and internship programme.

Education
2009 – 2013 ABC University, Bachelor of Social Sciences in Communications (Specialisation in Public Relations and Advertising), with Grade A in Application of Advertising.

Working Experience
Public Relations Intern, ABC Company July – September 2012.
- Assisted PR manager in organizing a publicity programe for brand-building.
- Edited and disseminated 3 monthly newsletters to clients.

Extra-curricular Activities
Chairman of XXX Society, ABC University 2010 – 2011.
- Organized a charity concert for 500 student members and handled media relations work.

Skills
MS Word, Excel, PowerPoint.

Languages
English – Fluent spoken and written.
Cantonese – Native.
Mandarin – Fluent.

Date of Availability
Immediate.

Sites utiles

Associations françaises

- UFE Hong Kong : *www.ufehongkong.hk/.*
- Internations : *www.internations.org/hong-kong-expats.*
- Hong Kong Accueil : *www.hkaccueil.com/.*

Forums d'expatriés en anglais où vous trouverez des annonces d'emploi

- Asia Expat : *www.asiaxpat.com.*
- Geo Expat : *www.geoexpat.com.*
- Jobs DB : *www.hk.jobsdb.com.*
- Classified Post : *www.classifiedpost.com.*

Agences de recrutement à Hong Kong

- Gemini : *www.gemini.com.hk/.*
- Michale Page Hong Kong : *www.michaelpage.com.hk/.*
- Morgan & McKinley : *www.morganmckinley.com.hk/.*
- Kelly Services : *www.kellyservices.com.hk/.*
- Job Hunter : *www.job-hunter.com.hk/.*
- Adecco Hong Kong : *www.adecco.com.hk/.*

Présenter sa candidature à Singapour

Ce n'est pas une difficulté en soi. Le CV est très classique, construit par ordre chronologique et pourvu d'une photo. La longueur idéale est de deux pages. Votre CV n'hésitera pas à mentionner le salaire espéré, quitte à ajouter la mention *negotiable*, et précisera la date de disponibilité.

Pour travailler à Singapour, il faut être en possession d'un *Personalised Employment Pass* (PEP). Pour l'obtenir, vous devez prouver que vous disposez d'un visa de travailleur qualifié ou que votre dernier salaire mensuel s'élevait à au moins 7 000 dollars. Ce type d'*employment pass* n'est pas lié à un employeur précis. Dès lors que vous en possédez un, vous êtes autorisé à séjourner maximum 6 mois dans le pays entre deux jobs sans y travailler. Si vous souhaitez vous rendre à Singapour pour une période plus courte ou pour chercher un emploi, vous pouvez demander un *Employment Pass Eligibility Certificate* (EPEC). Délivré une seule fois, il est valable un an. Dès que vous avez trouvé du travail sur place, vous devez être en possession d'un PEP pour pouvoir entrer au service de votre employeur.

Les procédures de candidature durent entre deux semaines et deux mois. Comme Singapour a l'habitude de travailler avec des expatriés, il n'est pas rare que le premier entretien d'embauche se déroule par téléphone ou en vidéoconférence. Il vous sera parfois demandé de préparer une présentation. Les employeurs recherchent surtout des candidats dotés des qualifications requises, de grandes facultés d'adaptation et d'une bonne maîtrise de l'anglais.

Exemple de CV

Personal Particulars
Name : Lim Shu Mei (Cindy)
Gender : Female
Date of birth : 01/01/1984
Marital Status : Single
Nationality : Singaporean

Contact Information
Email : cyndy@gmail.com
Mailing Address : 10, BrightMinds Road, #01-23
JobsFactory Apartments, Singapore 123456

Career Objective
To pursue an editorial career in a company that offers opportunities for professional and personal growth.

Education
Bachelor of Communication Studies.
Jobs Factory University, Brightminds School of Communications.
Major : Journalism.
Honors : 2nd Class Upper.

GCE A Levels.
BrightMinds Junior College.
GCE O Levels.
BrightMinds High School.

Working Experience
BrightMinds Newspaper.
Published a book about offshore Islands in Singapore.
Extracts from the book were published by BrightMinds Newspaper in a 2-page spread.
JobsFactory Department Store.
Took Charge of 25 freshmen for a 5-day camp held in Sentosa.
Med the group in games/activities and eventually won Best Orientation Group.

Skill
Languages (Written and Spoken)
English and Mandarin
French (Beginner)
Computer
Proficient in Microsoft Word, Microsoft Excel, Microsoft Powerpoint, Adobe Photoshop, Adobe InDesign

Interests and hobbies
- Photography – I was a member of the Photography Club in BrightMinds Junior College, and took all the photos in the book that I produced for my final year project in university.
- Swimming – I swim at least once a week as it helps me to relax and build up my stamina at the same time.

References
Available upon request.

Expected Salary
Negotiable.

Date of Availability
Immediate.

Sites généralistes

- Alpha Course : *www.alpha.org.sg.*
- Career Jet : *www.careerjet.sg.*
- Freelance Jobs : *www.freelancezone.com.sg/.*
- Job Ads at Locanto Singapore : *singapore.locanto.sg/Jobs/J.*
- Jobs Central : *jobscentral.com.sg.*
- Job Classifieds at Gumtree Singapore : *http://singapore.gumtree.sg/f--Jobs-W0QQCatIdZ8.*

- Jobs.com.sg : *www.jobs.com.sg.*
- Jobs DB : *www.jobsdb.com.sg.*
- Job Search Engine : *www.jobs.com.sg.*
- Jobs Street Singapore : *www.jobstreet.com.sg.*
- Mom.gov.sg : *www.*mom.gov.sg.
- Monster Jobs : *monsters.com.sg.*
- Recruitment firms in Singapore Singapore Jobs Facebook : *www.facebook.com/careers/locations/Singapore.*
- Singapore Expats Forum : *www.singaporeexpats.com.*
- Singapore Job Market : *www.*jobmarket.com.sg.
- StJobs.sg : *www.stjobs.sg.*

Sites spécialisés

- Airline Pilots Association : *www.alpas.org.*
- Civil Service Jobs : *www.careers.gov.sg.*
- E2i : *www.e2i.com.sg.*
- Financial Careers : *www.efinancialcareers.sg.*
- Financial Jobs : *www.topfinancialjobs.com.sg.*
- Media Jobs : *www.*campaignjobs.asia/jobs.
- Salaries in Singapore : *www.salary.sg.*
- Wow jobs : *www.wowjobs.com.sg.*

Partie 5

L'entretien d'embauche

Un entretien d'embauche ne s'improvise pas, tant du côté de l'employeur que du candidat. Comme toutes les premières rencontres, ce moment passé ensemble laissera une impression durable aux deux interlocuteurs qu'il sera ensuite difficile de dissiper. Autant tout faire, donc, pour que de cette rencontre se dégagent des éléments positifs qui donnent envie de se revoir et d'aller plus loin dans la relation. À l'inverse, le pire serait de sortir de cet entretien avec la désagréable impression de s'être trompé et d'avoir perdu son temps.

Si les entreprises formulent, avec plus ou moins de précision, le profil du poste qu'elles souhaitent pourvoir, elles recherchent bien plus que la fonction mise en avant dans l'intitulé.

Elles sont en quête de compétences, et celles-ci sont multiples : un savoir-faire, bien sûr, qui permettra d'accomplir *a minima* les tâches prévues mais aussi d'enrichir le poste et l'entreprise de nouvelles pratiques ou techniques ; un savoir tout court également, une culture à la fois générale et spécifique au secteur d'activité ; un savoir-être enfin, une personnalité qui saura s'adapter rapidement à la mission confiée, s'intégrer en douceur à l'entreprise à laquelle elle apportera là aussi ses expériences préalables, les enseignements retirés et sans doute une certaine vision – de la fonction et, plus largement, de l'économie, de la société ou même de la vie en général.

Le recruteur, qu'il soit interne ou externe, a avant tout une approche plus concrète et une mission simple : vérifier l'adéquation entre le poste proposé et le candidat pressenti.

Le recruteur va, dans un premier temps, vérifier la véracité des informations avancées sur le CV et dans la lettre qui l'accompagnait : expériences professionnelles, formation (compétences exactes) et diplômes. Il va ensuite chercher à approfondir avec un certain nombre de questions : cadre exact d'utilisation des compétences, tâches précises menées, résultats obtenus, difficultés rencontrées et solutions pour les résoudre... Enfin seront abordées les conditions de l'adéquation entre le poste et le candidat : approche globale du poste, compétences et qualités nécessaires selon le recruteur/selon le candidat, connaissance de l'entreprise et du secteur, motivation et plus-value possible...

La fonction pressentie ne se réduisant pas à la simple exécution de tâches, le recruteur cherche, à l'issue de l'entretien, à avoir une idée précise de la personnalité du candidat. Il doit pouvoir déterminer si celle-ci pourra se « marier » avec les futurs collègues ainsi qu'avec la culture et les valeurs de l'entreprise.

Cette première approche de l'entretien d'embauche serait incomplète sans la vision de la deuxième partie concernée, le candidat lui-même. Les chapitres qui suivent permettront d'éclairer cette vision ; ils aideront en outre le candidat à se préparer du mieux possible à cette rencontre professionnelle.

Chapitre 14

Planifier et préparer son entretien

Réussir un entretien, et donc décrocher le poste de vos rêves, nécessite d'être performant sur la forme mais aussi et surtout sur le fond. Autant la première peut se travailler la veille ou presque (avec l'aide de ce livre, je l'espère), autant le fond nécessite un travail quotidien sur vous-même. Celui-ci commence dès l'enfance et se peaufine tout au long de votre carrière. Ce chapitre a pour but de vous donner des pistes permettant d'améliorer votre « produit » : c'est-à-dire vous. À la lecture des pages suivantes, vous réaliserez que votre personnalité et votre comportement comptent beaucoup plus que vos compétences dans votre réussite professionnelle.

Les mythes de la réussite professionnelle

Les ouvrages sur la réussite professionnelle – ils sont légion – contribuent à entretenir depuis vingt ans des mythes qui ont la vie dure. Pour réussir, travaillez le plus possible. L'équilibre entre vie professionnelle et vie personnelle, vous y penserez plus tard !

Si vous ne souhaitez pas travailler 70 heures par semaine, quelqu'un le fera à votre place. Beaucoup de personnes pensent qu'il faut sacrifier l'équilibre de leur vie pour qu'eux et leur famille puissent bénéficier plus tard des récompenses dues à leur ascension :

- Vivez au-dessus de vos moyens : vous travaillez comme un « dingue », donc vous avez le droit de consommer. Vous pouvez tout acheter, l'amitié comme l'harmonie de votre couple.
- Acceptez des postes au-dessus de vos capacités : ne laissez jamais passer une opportunité, ce serait trop bête !! Si vous n'avez pas le profil idéal pour ce poste, prenez-le quand même. Ne laissez pas passer plus de « fric », plus de responsabilités, cela ne se refuse pas, d'autant plus que vos « amis » vous encouragent à le prendre.

Où vous situez-vous dans la quête d'équilibre ?

Pour connaître votre positionnement personnel, il vous suffit de cocher la case correspondant le mieux aux différentes affirmations ci-dessous :

Ma carrière connaît le succès. ❑

Je me sens bien dans ma peau. ❑

J'aime ce que je fais. ❑

J'ai de bonnes relations avec mon conjoint/ma conjointe. ❑

Mes relations familiales sont bonnes. ❑

Mes relations amicales sont bonnes. ❑

J'ai une indépendance financière. ❑

J'ai du temps libre. ❑

Je peux exercer ma créativité. ❑

Je peux exercer ma spiritualité. ❑

J'ai des hobbies. ❑

J'ai des passions. ❑

Je donne mon temps aux autres. ❑

Si vous n'avez coché que des cases « bonnes », je n'ai rien à vous apprendre. Votre équilibre semble parfait. Continuez simplement dans cette direction. Toutefois, ce cas de figure est rare. En effet, la plupart des personnes entre 45 et 50 ans que je rencontre donneraient cher pour remonter le temps et pouvoir répondre bon à tous les critères du test. Eux-mêmes disent régulièrement combien les mythes décrits précédemment sont faux, combien ils se sont fourvoyés sur les fausses pistes de la réussite.

- Devenez un expert : poussez vos compétences au maximum. La plupart du temps les pros de la gestion de carrière vous diront qu'il ne sert à rien d'essayer d'améliorer ses faiblesses ; il vaut beaucoup mieux travailler ses forces ; en un mot : poussez vos compétences au maximum.
- Avancez masqué : faites tout pour décrocher le job. Surtout ne vous dévoilez pas pendant l'entretien. Vous vous soucierez après de savoir si vous pouvez assurer le travail demandé.
  Beaucoup de gens au sommet de leur réussite croient en ces 4 mythes, mais à quel prix ? Bien souvent, ils ne dorment pas la nuit, ont des ennuis de santé, des problèmes familiaux... Oui, on peut réussir sa carrière professionnelle *et* sa vie privée. Oui, l'équilibre est possible.

Six principes à respecter

Apprendre à se connaître

Vous seul pouvez vous révéler à vous-même. Prenez le temps de passer une soirée avec vous-même. Si, seul avec vous-même, vous vous trouvez en mauvaise compagnie, ne vous affligez pas trop, c'est que vous avez du travail à accomplir pour devenir ce que vous pouvez et devez devenir.

Posez-vous les questions suivantes :

- Est-ce que je crois en moi ?
- Est-ce que je crois vraiment en moi ?
- Est-ce que je crois en mon succès ?
- Est-ce que je crois en ma chance ?
- Est-ce que j'ai un rêve ?
- Est-il suffisamment clair pour que je puisse le formaliser noir sur blanc ?
- Où a-t-on le plus besoin de moi ?
- Où puis-je être le plus heureux ?
- Est-ce que j'aime faire ce que je fais ?

Vivre en deçà de ses moyens

Pourquoi ? Tout simplement parce que ceux qui vivent au-dessus de leurs moyens et dépensent sans compter se sortent toujours moins bien d'un accident de carrière. En effet, mobilisés par le seul critère financier, certains candidats font les mauvais choix professionnels.

C'est ainsi que je rencontre régulièrement des managers qui ont des emplois dans lesquels ils ne peuvent manifestement pas s'épanouir et réussir. Ils les ont acceptés car ils avaient besoin de « cash ».

L'indépendance financière confère une grande liberté et une grande force. Elle permet de quitter un travail pour le principe. Elle permet aussi de changer de travail plus facilement. Enfin, elle permet de rendre votre vie plus équilibrée et d'amortir les à-coups de votre carrière. Le seul désavantage, c'est que vous n'allez pas montrer aux autres votre réussite. Parmi tous les gens que j'ai rencontrés, la plupart de ceux qui réussissent aiment ce qu'ils font. Ils ne le font d'ailleurs pas vraiment pour l'argent. Au début peut-être, ils commencent pour l'ambition mais finissent toujours par la passion. Ce n'est plus vraiment ce qui compte pour eux.

Accepter des postes qui vous placent au top de vos compétences

Ne prenez pas un job parce que c'est uniquement une bonne opportunité de gagner plus d'argent et d'avoir plus de responsabilités. Prenez la décision de changer de travail en vous demandant si vous pouvez le réussir, si vous avez le niveau pour ce poste.

Avant d'accéder à un poste, pesez bien le pour et le contre. Faites des recherches : quels sont les challenges du poste ? Quels sont les moyens dont vous allez disposer pour résoudre les problèmes ? Essayez de vous renseigner sur votre futur patron, la culture, les valeurs de l'entreprise. Essayez de rencontrer des gens qui ont quitté la société récemment. Car attention, les mauvais choix de carrière en entraînent d'autres. Vous avez changé, vous avez gagné plus d'argent, vous changez de train de vie. À partir de ce moment-là, vous allez surtout vous battre pour survivre, pour ne pas vous faire licencier. N'acceptez des postes aux responsabilités plus importantes que si vous êtes sûr d'aimer ce que vous faites et de pouvoir réussir.

Une bonne façon de savoir si vous aimez votre métier est de vous poser la question suivante : « Si demain je me retrouvais avec 2 millions d'euros sur mon compte en banque, continuerais-je à faire ce que je fais ? »

Si vous répondez tout de suite : « Je quitte mon job illico », c'est que vous n'avez pas besoin de ce travail dans votre équilibre de vie, vous en avez besoin pour survivre et ne l'aimez pas.

Travailler sur ses faiblesses encore et encore

Ce conseil s'adresse surtout aux personnes qui ont ou souhaitent exercer un rôle de management. Il est évident que tous ceux qui sont des experts et désirent le rester ont tout intérêt à optimiser régulièrement leurs compétences et leurs qualités. Ils n'ont pas forcément besoin d'élargir le champ de leurs aptitudes.

A contrario, si vous vous destinez à un poste de manager, vous devez travailler régulièrement sur vos faiblesses car elles pourront à terme freiner votre progression de carrière. À quoi cela vous servirait-il d'être un bon commercial si vous ne savez pas travailler en équipe ?

Travailler sur ses faiblesses est un exercice difficile. Ne le repoussez surtout pas. Fuir devant un obstacle est une erreur. Chaque difficulté permet à l'homme de développer un aspect de sa personnalité, de corriger un défaut, en un mot, de forger son caractère.

L'autoformation doit être une préoccupation permanente

La plupart des candidats en phase de rupture professionnelle le sont souvent parce qu'ils n'ont pas su apprécier le rythme de développement de la société et les conséquences que cela impliquait pour eux et leur emploi. Si votre société se développe vite, vous devez vous développer avec elle et au même rythme. Attention à ne pas vous laisser dépasser.

De même, si vous souhaitez changer de poste, formez-vous avant car quand vous l'exercerez, il sera souvent trop tard, vous serez trop absorbé par le quotidien.

Si par exemple, dans votre société l'international occupe une place importante, inscrivez-vous à des conférences sur le business à l'international, essayez de participer à un projet international, prenez vos vacances à l'étranger et ensuite faites savoir à votre hiérarchie que vous êtes prêt pour votre prochain poste.

Être transparent en entretien : dévoiler ses faiblesses

Vous devez toujours rechercher un job où vous serez ou pourrez devenir le meilleur. Cela ne sert à rien de vous montrer sous un faux jour : au cours de l'entretien, mettez en avant vos forces et vos faiblesses. Les faiblesses, cela se travaille.

Si vous êtes dans le mauvais poste, vous serez malheureux. Que reste-t-il de la vie lorsque l'on passe huit heures par jour à faire quelque chose que l'on n'aime pas et huit autres à dormir ? Il est toujours dommage à 65 ans de se retourner sur sa vie pour se dire que finalement on s'est usé à travailler à contrecœur.

Muni de ces quelques réflexions, à vous de jouer maintenant pour une introspection efficace.

Faire son bilan de carrière

« Connais-toi toi-même »
PLATON, *Le Charmide*, dialogue *Sur la sagesse*.

La perspective d'un entretien d'embauche peut être une excellente occasion de faire un point d'étape sur votre parcours professionnel. Faire un bilan de votre carrière jusqu'à aujourd'hui vous permettra de mieux vous connaître et, sur cette base solide, de mieux vous « vendre » pendant l'entretien.

Axes pour réussir son auto-évaluation

- Ma personnalité (esprit d'équipe, individualiste, ambitieuse...).
- Mon caractère (timide, impulsif, généreux...).
- Mes capacités physiques.
- Mon sens de la communication.
- Ma présentation.
- Mes rapports avec autrui.
- Mes motivations, mon ambition.
- Mes projets.
- Mes compétences techniques.
- Mes résultats, mes échecs.
- Les raisons pour lesquelles je change de situation.
- Mes secteurs d'activité préférés.
- La taille des entreprises dans lesquelles j'ai travaillé.
- Mes diplômes, stages, formations complémentaires.
- Mon environnement social.
- Mes hobbies.
- Ce que j'aime, ce que je n'aime pas.
- Ce que je regrette.
- Ce que je n'ai pas pu faire.
- Ce que j'aurais aimé faire.
- Comment pourrait-on me blesser ?
- Ma vie privée m'apporte-t-elle stabilité et joie de vivre ? Sinon, comment y parvenir ? Suis-je responsable de ce manquement ? (Mêmes questions pour la vie professionnelle.)
- Que doivent m'apporter mon travail, mes collaborateurs, mon patron, mes clients... (de l'aide, de la considération, de l'argent, du pouvoir...) ?

■ Analyser le passé

Le point de départ idéal pour un bilan de carrière est de se dire : « Où en suis-je aujourd'hui ? » Les résultats d'hier et les compétences d'aujourd'hui sont les meilleures indications d'une performance future. De même qu'en identifiant vos faiblesses et vos échecs, vous pourrez en isoler la cause et tenter d'y remédier.

Trois axes de recherche

Interrogez-vous donc sur :

- Vos compétences techniques : parcours académique, fonction, spécialisation, savoir professionnel, connaissances linguistiques...
- Votre personnalité : quelles en sont les caractéristiques ? Quelle est votre approche de la vie ? Votre degré de motivation ? Votre confiance en vous ? Quels sont vos rapports avec les autres dans le privé et au travail ?
- Votre adaptabilité : la capacité à travailler en équipe, à vous intégrer et à progresser dans une nouvelle société...

Faire appel à la mémoire

« J'ai six loyaux serviteurs. Ils m'ont appris
tout ce que je sais, ils s'appellent :
quoi, pourquoi, quand, comment, où et qui ? »

Rudyard KIPLING

Pour aller plus avant dans ces trois domaines, prenez le temps de vous remémorer, dans leur diversité, les événements qui ont ponctué votre vie et votre carrière. Les questions suivantes faciliteront ce processus de réflexion :

- « Qu'ai-je effectué d'important durant mes études ? »
- « Qu'ai-je accompli dans ma vie privée et au travail ? »

Analysez votre métier, dressez la liste des tâches à accomplir, par jour, par semaine, par mois.

Définissez, pour chacune de vos réalisations professionnelles ainsi que pour vos diverses attributions, les qualités personnelles que vous avez eu à mettre en œuvre.

Essayez de vous rappeler quelles évaluations vous ont valu vos précédents emplois.

Par exemple, en tant que directeur financier, vous avez piloté l'acquisition d'un concurrent de votre société. Vous avez montré à cette occasion que vous étiez homme de dossier aussi bien qu'homme d'action. Vous savez convaincre grâce à un sens accru de la rigueur et de l'organisation.

- Quels sont vos points faibles, vos points forts (compétences techniques, personnalité, adaptabilité) ?
- Pour chacune de vos réalisations, posez-vous les questions suivantes : pourquoi, quand, comment ?

Illustrer chaque qualité d'exemples

« Je suis précis » : « en tant que comptable je suis chargé d'envoyer le reporting tous les mois. J'ai toujours respecté les délais ».

Illustrer chaque réalisation d'exemples

« J'ai lancé une nouvelle gamme de produits cosmétiques pour la peau : après deux ans, elle réalise 15 % du chiffre d'affaires de la société et elle a obtenu le prix du meilleur produit des consommatrices du journal Z. »

Évoquer ses projets

Quels sont vos projets personnels et professionnels ?

Définissez vos attentes. Qu'espérez-vous de votre prochain poste (lieu, taille de société, fonction, salaire, responsabilités, personnalité du patron...) ?

Précisez votre projet professionnel : votre parcours est-il logique ?

Votre projet est-il cohérent avec votre parcours ?

Pourquoi postulez-vous au poste proposé, votre candidature coïncide-t-elle avec la fonction recherchée ?

Votre objectif est de démontrer qu'au travers de ce que vous avez réalisé, vous vous êtes forgé une série de compétences qui entrent dans le cadre des exigences du poste à pourvoir.

Cet exercice est difficile car il peut souvent conduire à des remises en question douloureuses. Il est donc préférable de le faire chez soi, au calme, plutôt que devant la personne chargée de vous recruter. Le jugement critique que vous porterez sur votre passé professionnel vous servira pour parer la plupart des objections qui vous seront faites. N'hésitez pas, pour plus d'objectivité, à vous faire aider par une personne étrangère ou par l'un de vos proches. Enfin, cette mise au point ne vous servira pas seulement à réussir votre entretien, mais aussi, à rédiger une lettre de candidature et un CV performants.

Liste des aptitudes qui aident à mieux cerner ses propres aptitudes

- Analyser et rédiger des rapports écrits.
- Réaliser des recherches et des études de marché.
- Évaluer des idées, des gens.
- Communiquer avec ses clients et ses collègues.
- Trouver de nouvelles solutions aux problèmes.
- Manager les autres.
- Contrôler et évaluer le travail d'autrui.
- Organiser, planifier, restructurer.
- Travailler sur la stratégie de l'entreprise.
- Être rigoureux : tenir ses délais.
- Être créatif.
- Vendre un produit/un service.
- Motiver les autres.
- Fixer des objectifs.
- Savoir recruter une équipe.
- Savoir former son équipe.
- Aménager son temps.
- Résister au stress.
- Savoir déléguer.
- Penser de façon logique et cohérente.
- Savoir prendre des initiatives.
- Penser et agir de façon indépendante.
- Être capable de prendre des risques.
- Savoir animer des réunions.

Pour chacune de ces aptitudes, il faut vous poser les questions suivantes : Quand, Où, Comment ? N'hésitez pas à illustrer chaque critère par des exemples concrets.

Enfin, faites toujours coïncider vos capacités et vos réussites avec les exigences de votre futur employeur.

Ce qu'il ne faut pas dire : « J'ai passé dix-huit mois dans le cadre d'un VIE [volontariat international en entreprise] aux États-Unis. »

Ce que vous pouvez dire : « J'ai passé dix-huit mois dans le cadre d'un VIE aux États-Unis, ce qui a développé chez moi des qualités d'adaptation. Cette expérience m'a également permis de perfectionner mon niveau d'anglais. » Cet argument comptera si la société qui vous intéresse est bien implantée aux États-Unis.

Le « test de la voiture »

Afin d'approfondir et de préciser votre bilan de carrière livrez-vous au « test de la voiture » : votre carrière peut être comparée à la conduite d'une voiture.

Cas 1 : votre carrière va de l'avant

Vous trouvez votre *job challenging* – stimulant et épanouissant – et vous êtes heureux. Ne manquez pas cependant de vérifier que votre carrière va bien de l'avant. Posez-vous les questions suivantes :

- « Est-ce que j'apprends de nouvelles techniques ? »
- « Suis-je amené à acquérir de nouvelles compétences ? »
- « Suis-je en position de monnayer facilement mon expérience nouvelle sur le marché de l'emploi ? »
- « Est-ce que j'apprécie la société et les gens pour lesquels je travaille ? »
- « Suis-je assez payé ? »
- « Ai-je une idée claire de ce qu'on attend de moi. Et moi-même, qu'est-ce que j'attends de moi ? »
- « Est-ce que j'obtiens un feed-back régulier sur mon travail ? »
- « Est-ce que je m'amuse ? »

Si vous répondez par NON à la plupart de ces questions, c'est que vous êtes au point mort ou en marche arrière.

Cas 2 : votre carrière est au point mort

Vous devez remédier rapidement à cette situation ou bien vous avancerez vite à reculons. Il se peut que vous soyez consciemment au point mort à cause de la crise du marché de l'emploi ou parce que la croissance a déserté votre entreprise.

Si vous l'êtes inconsciemment, vous vous installez dans une routine qui vous conduit droit à l'échec. Il y a danger car vous avez perdu de vue vos objectifs.

Cas 3 : votre carrière est en marche arrière

Vous êtes frustré et avez perdu toute illusion sur votre travail : vous êtes démotivé. Attention ! Votre employeur risque fort de s'en rendre compte.

- Reconnaissez que vous avez un problème et identifiez-en les symptômes.
- Décidez quelles sont vos alternatives.
- Définissez une stratégie qui vous remettra, le plus vite possible, au point mort afin de passer ensuite en marche avant.

Les causes d'une marche arrière sont multiples et il faut y consacrer quelques lignes ici afin de vous aider dans votre introspection.

Vous êtes en train de perdre votre emploi

Cette situation est traumatisante. Elle générera sans doute du stress, de l'anxiété et mettra à mal votre confiance en vous. Vous trouverez ci-dessous quelques conseils pour surmonter ce passage difficile :

- Ne prenez pas ce qui vous arrive pour une attaque personnelle. Ce ne sont ni vos compétences, ni votre loyauté qui sont mises en cause.
- Considérez plutôt cette épreuve comme une opportunité à saisir. Vous êtes forcé de vous remettre en cause et de vous adapter tout en réévaluant vos priorités. C'est une bonne chose !
- Dans tous les cas, ne cachez pas vos difficultés à votre famille. Vous devez lui faire partager vos succès aussi bien que vos revers. Elle vous aidera normalement à rétablir votre confiance en vous.

- N'en parlez à vos amis qu'après avoir rechargé vos accus et retrouvé votre esprit positif. Vous éviterez ainsi de leur donner une mauvaise image de vous. Ce sont eux qui, peut-être, vous mettront sur une bonne piste.
- Reconnaissez que votre ancien poste n'était plus adapté et qu'il vous faut aujourd'hui orienter différemment votre carrière.
- Si cela doit renforcer votre confiance, prenez des vacances ou assouvissez vos passions.
- Enfin, sachez vous adapter à des ressources financières amoindries.

Vous êtes stressé et usé

Une pression trop soutenue associée à un très haut degré d'exigence aboutit fréquemment à cette situation qui se manifeste par plusieurs indices :

- Votre vie familiale est inexistante, vous ne prenez plus de vacances et rognez sur les week-ends. Vous manquez de temps en permanence.
- Les problèmes au bureau s'accumulent : altercations avec vos collègues, mauvaise préparation aux réunions par faute de temps, absence de plaisir dans le travail.
- Des carences physiques ou psychologiques apparaissent : fatigue, mauvaise humeur, impression de culpabilité.

L'ennui dans votre travail

Votre travail ne vous motive plus. Il ne vous donne plus la possibilité de montrer vos compétences ni de mettre en avant vos qualités. Essayez de le rendre plus attractif en recherchant les responsabilités et en mettant à jour de nouveaux objectifs. Surtout, analysez cette perte de motivation.

La crise de la quarantaine

Ces crises d'identité peuvent survenir n'importe quand. Elles sont toutefois fréquentes à cet âge : vous regrettez de n'avoir pas réalisé vos rêves de jeunesse et pensez que l'herbe est plus verte de l'autre côté de la barrière. Voyez rapidement quelle est la cause de cette désillusion : vous-même, votre poste ou votre entreprise ?

Vous vous êtes trompé(e) de direction de carrière

Bien souvent, on choisit un métier par hasard, ou encore, sous la pression des parents et des professeurs. Cela s'explique du fait du manque d'information sur les métiers. D'autre part, les carrières évoluent toujours plus rapidement, l'obsolescence de certaines compétences techniques ne cessant de s'accélérer. Enfin, il est souvent difficile de se défaire des étiquettes.

Les symptômes en sont les suivants :

- Vous n'aimez pas ce que vous faites.
- Vous n'utilisez que des compétences qui vous déplaisent.
- Vous n'êtes pas doué pour ce que vous faites.
- Vous ne vous épanouissez pas.

Il faut donc envisager un changement de secteur, de fonction ou les deux à la fois (attention à ne pas cumuler changement de fonction et changement d'entreprise). Préparez soigneusement cette mutation.

- Listez ce qui vous démotive dans votre travail.
- Listez ce qui vous motive.
- Recherchez les secteurs et les fonctions qui vous stimulent et font appel à vos qualités propres.

Ce travail d'introspection doit vous conduire à répondre à la question « Qui suis-je ? »

Vous devez être capable, désormais, de présenter une synthèse équilibrée des deux sphères de votre existence, privée et professionnelle, d'expliquer la cohérence de votre carrière et d'exposer le fil conducteur de votre expérience tout en valorisant les points forts de votre parcours.

Au terme de cet examen de conscience sérieux et efficace, vous serez en mesure de répondre plus facilement à certaines des questions qui vous seront posées. Ainsi, lorsque votre interlocuteur vous demandera : « Je recherche quelqu'un qui puisse nous aider à mettre en place de nouveaux tableaux de bord de gestion, pouvez-vous me dire quel sera votre apport dans ce domaine ? », vous ne serez pas pris au dépourvu et ferez rapidement la différence avec les autres candidats.

Les questions qui aident à formuler ses idées sur sa prochaine étape de carrière

- Êtes-vous surqualifié(e), sous-qualifié(e) ?
- Apprenez-vous toujours quelque chose ?
- Si vous êtes malheureux dans votre travail, est-ce temporaire ?
- Votre poste vous aide-t-il à réaliser vos objectifs de carrière ?
- Votre emploi vous assure-t-il uniquement une sécurité financière ?
- Est-ce véritablement votre voie ?
- La société progresse-t-elle et vous avec ?
- Comment êtes-vous perçu par vos supérieurs ?
- Pouvez-vous rendre votre fonction encore plus intéressante ? Si oui comment ?

Penser son avenir

Voilà, c'est fait, vous avez analysé la situation telle qu'elle se présente aujourd'hui. À charge pour vous à présent, avec toute votre énergie, de déterminer où vous souhaitez aller. Efforcez-vous de penser et de planifier votre carrière en établissant vos objectifs à court, moyen et long terme.

Un plan de carrière n'est, en fin de compte, qu'un ensemble d'objectifs et de buts à atteindre. Le plan de carrière n'est destiné qu'à mettre en place la structure nécessaire pour choisir un travail et développer des aptitudes. Il vous aide aussi à repérer le poste adéquat.

Ayez des projets personnels et professionnels, ils démontreront une nature active et positive. Ils doivent répondre à quatre nécessités :

- Être plausibles : pas de plan de carrière grandiose où tout est prévu et où il n'y a pas de place pour l'incertitude.
- Être réalistes : en tenant compte de votre niveau d'études, et surtout de vos réalisations antérieures.

- Être raisonnablement ambitieux : comportant certaines difficultés qui ne soient pas insurmontables.
- Être révisables : en fonction des circonstances.

Vous souhaitez changer de poste, plusieurs possibilités s'offrent à vous :

- changer pour avoir des responsabilités accrues ;
- occuper la même fonction spécialisée dans une entreprise plus performante ;
- combiner les deux options précédentes ;
- créer une société ou exercer une activité à votre compte (consultant...).

Vous avez désormais une idée claire de vos expériences passées, de vos atouts, de vos faiblesses, de vos compétences techniques et de vos regrets. Vous savez aussi, avec plus de précision, ce à quoi vous aspirez dans votre prochain job. Mettez ces deux listes en parallèle afin de vérifier qu'aucune incohérence n'y figure. Vous en avez fini avec l'un des exercices les plus importants pour réussir l'entretien d'embauche : se connaître et savoir ce que l'on veut.

Il faut à présent entamer les recherches sur votre futur employeur et comprendre ce qu'il recherche.

Liste d'objectifs à atteindre dans son prochain poste

Répondez à chacune des questions aussi complètement que possible. Si certaines questions n'ont pas d'intérêt pour votre futur emploi, rayez-les et remplacez-les par d'autres plus appropriées.

- Pour quel type d'organisation est-ce que je souhaite travailler ? (publique, privée, grande, moyenne, petite, française, étrangère, ancienne, nouvelle, en croissance...).
- Quel type d'emploi du temps me conviendrait le mieux ? (régulier, irrégulier, heures supplémentaires, le week-end...).
- Quel type d'environnement me plairait ? (être au bureau tout le temps, être sur le terrain tout le temps, un peu des deux...).
- Est-ce que je souhaite voyager une grande partie de mon temps ?

- Suis-je mobile ? (si oui, où et pour combien de temps/implications pour ma famille).
- Quelle est la fourchette de salaire recherchée ?
- Quels sont les autres avantages qui peuvent avoir de l'importance pour moi ?
- Avec quels types de gens (personnalité, attitudes, comportements) je souhaite travailler ?
- Quelles nouvelles compétences dois-je acquérir dans mon nouveau poste ?
- Quels sont mes objectifs d'évolution dans cinq ans ?
- Quelles sont les choses importantes dans ma vie professionnelle ? (pouvoir, argent, intérêt du poste). Comment les concilier avec ma vie privée ?
- En quoi ce nouveau poste va-t-il me permettre de réaliser ces objectifs ?

Connaître son futur employeur

Souvent, lorsque je recrute un futur consultant, je lui demande, au bout de vingt minutes d'entretien, s'il a des questions à poser sur le poste et notre société.

Un premier candidat qui donne une réponse négative ou vague à cette question perd instantanément l'avantage sur celui qui me dit : « J'ai lu récemment dans *Le Figaro* que le marché de l'emploi repartait à la hausse. Comment réagit le cabinet d'outplacement à cette hausse du marché ? » Le second candidat me montre l'importance qu'il accorde à l'opportunité qui lui est donnée d'intégrer ce cabinet d'outplacement.

Autrement dit, ce candidat semble réellement intéressé par le poste. Essayez donc toujours de vous mettre à la place de l'interviewer : qu'est-ce qui va l'intéresser ?

Adoptez le schéma suivant dans les recherches que vous ferez sur vos futurs employeurs.

Secteur d'activité, marché, concurrents

Quels sont les leaders sur le marché ?

Est-ce un marché en croissance ou en récession ?

Cette industrie subit-elle les conséquences des avancées technologiques et du développement du commerce des pays du Sud-Est asiatique ?

Une décote ou une baisse importante affecte-t-elle actuellement ses produits ou des services ?

Quelles sont les organisations qui prévalent dans cette industrie ?

L'entreprise elle-même

Quels en sont les produits, les services ?

Quelle est la structure de la société ?

Quelle est la répartition de l'actionnariat ?

A-t-elle une activité internationale ?

Y a-t-il eu des changements récents (management, actionnariat, etc.) dans la société ?

Quelle est la culture de l'entreprise ?

Comment faire pour obtenir des informations sur l'entreprise :

- Vous procurer les brochures commerciales et le rapport annuel de l'entreprise.
- Appeler la direction commerciale et prétendre que vous êtes un client pour avoir des informations.
- Entrer en contact avec des membres de la société. Voici quelques sources permettant de trouver des informations sur les entreprises : Kompass, Dun & Bradstreet, *Nouvel Économiste, L'Entreprise, Challenge, Les Échos,* réseaux des anciens élèves.
- Faire des recherches sur les salariés de la société : c'est une tâche difficile si vous ne connaissez personne qui y travaille. C'est le moment de

faire marcher votre réseau. Plus vous disposerez d'informations sur l'entreprise et le poste, plus vous parviendrez à en comprendre les besoins. Vous redoublerez ainsi d'arguments pour convaincre votre interlocuteur de vous embaucher. Nous verrons, dans le chapitre consacré à l'entretien, les questions à lui poser.

Ce que recherchent vos futurs employeurs

Il est essentiel de bien comprendre à la fois les implications économiques de la fonction et ce que recherchent les employeurs. La création d'un emploi est un investissement lourd pour une entreprise. Votre futur patron a des besoins qu'il cherche à satisfaire. Si vous n'identifiez pas ces besoins, votre discours, lors de l'entretien, ne sonnera pas juste. Il faut vous efforcer, dans un second temps, de faire correspondre vos compétences et vos atouts avec ces besoins. Trop de candidats mettent en avant leurs envies sans tenir compte de celles de leur interlocuteur.

Votre futur employeur achète vos services. Pour cela, il va tenter de définir votre « employabilité ». Or, dans chaque acte d'achat, il y a une part d'émotion qu'il faut déceler. Pensez comme lui : il veut quelqu'un qui arrivera à l'heure à l'entretien, avec qui il aura un bon contact et qui sera à l'écoute de ses exigences.

De plus, celui qui sera peut-être votre patron cherche à découvrir, chez chaque individu, les facteurs de succès, quels que soient le secteur et la fonction – sans oublier que, selon la fonction, l'accent sera mis sur telle ou telle qualité. Enfin, ayez conscience que celui qui recrute est un peu nerveux. Il a autant à perdre que vous (sinon plus) en engageant un candidat inadapté au poste.

Les employeurs qui font de mauvais recrutements risquent aussi leur place. Ils espèrent généralement que le premier candidat interviewé sera le bon. Pourtant, la plupart des candidats arrivent à l'entretien en disant : « Aidez-moi, j'ai besoin d'un travail ! » Ils devraient au contraire dire : « Quels sont vos besoins, Monsieur ? En quoi puis-je vous aider ? »

Les qualités recherchées par les employeurs

- L'adaptabilité
- L'engagement
- La créativité
- La capacité à prendre des décisions
- L'anticipation
- L'habileté à évaluer les problèmes et à proposer des solutions
- L'autonomie
- Les dispositions pour travailler avec une équipe et pour la motiver
- La faculté à apporter de la valeur ajoutée au poste lui-même et aux actions qui en découlent

Quels sont les objectifs de l'employeur ?

L'employeur cherche à :

- Trouver le candidat qui ait le profil le plus adapté au poste à pourvoir et qui soit en phase avec la culture maison.
- Faire le bon pronostic : il doit comprendre, s'expliquer votre mode de fonctionnement et, surtout (plus difficile), évaluer votre potentiel.
- Éviter les erreurs car elles lui coûtent cher : réfléchissez avec lui afin de déterminer si vous êtes réellement adapté au poste. Inutile de faire illusion quelques mois pour être remercié ensuite.
- Engager le meilleur candidat, aux meilleurs coûts et dans les meilleurs délais.
- Jouir de son pouvoir de décision, de sa prééminence.
- Être écouté, traité avec respect et considération.
- La reconnaissance de sa haute position au sein de l'entreprise.
- Convaincre le candidat d'accepter le poste aux meilleures conditions pour son entreprise.

Dites-vous enfin que le futur employeur est de votre côté et qu'il souhaite voir aboutir sa recherche au plus vite.

Quels sont les objectifs du candidat ?

Bien sûr le candidat a aussi un but à atteindre :

- coller aux besoins de son interlocuteur ;
- obtenir une offre ;
- maîtriser la situation ;
- être apprécié en tant que personne.

Les motivations du recruteur

Quelles sont les raisons qui vont conduire l'interviewer à vous recruter ou à vous présenter à son client ?

- **L'argent :** vous pouvez lui en faire gagner ou économiser, montrez-lui comment.
- **La reconnaissance par les autres :** en vous recrutant, l'interviewer va pouvoir se valoriser auprès des autres cadres de l'entreprise.
- **L'avenir de la société :** votre potentiel constitue un investissement important pour l'entreprise et son avenir.

Allez à l'essentiel lors de l'entretien

Le temps de celui qui recrute est précieux, il est submergé de CV. Faites-lui en gagner : allez à l'essentiel.

Avant tout, le recruteur doit faire un choix : il a en face de lui 10 % de candidats parfaitement adaptés, 20 % de mauvais, 70 % qui sont moyens. Donnez-lui des arguments pour faciliter sa décision.

Les questions que le recruteur va vous poser n'ont qu'un seul but : le conforter. Il a lu votre CV, il veut en savoir davantage sur votre personnalité, vos compétences techniques, votre motivation.

Le meilleur candidat n'est pas celui qui a la plus longue expérience ou les meilleurs diplômes mais celui qui saura faire passer ce message : « J'ai un savoir-faire et une expérience qui correspondent à votre demande. J'ai aussi la volonté de travailler avec vous car je sais que je pourrai vous apporter… »

Soyons réalistes. La plupart des firmes se battent âprement pour rester compétitives ; le marché est dur et dangereux. Vous devez par conséquent évaluer le coût de votre emploi avant même d'être engagé.

Il ne s'agit pas de vous demander si vous allez plaire, mais plutôt si votre profil professionnel répond bien au profil recherché. Votre interlocuteur n'a aucune raison de vous solliciter sur des qualifications et des intérêts d'ordre personnel.

Pour finir, ne craignez pas la concurrence, c'est un facteur stimulant. Celui qui est en face de vous ne pourra vous évaluer qu'en vous comparant à d'autres.

Dix règles pour mener une carrière dans le monde des affaires

- Laissez tomber les vieux concepts comme : il y aura toujours un emploi correspondant à mes compétences (oui à condition de les mettre à jour régulièrement) ; travailler longtemps pour un seul employeur est une bonne chose car elle dénote une certaine loyauté ; mon employeur va s'occuper de ma carrière, etc.
- Ayez une vie équilibrée.
- Vous êtes responsable de votre carrière, de ses succès, de ses échecs.
- Faites des bilans réguliers : vérifiez votre « employabilité » et si vos compétences sont toujours en demande sur le marché de l'emploi.
- Vérifiez que votre carrière va de l'avant.
- Soyez capable de changer de compétences techniques si les vôtres deviennent obsolètes.
- Sachez utiliser les nouvelles technologies.
- Prenez la responsabilité de votre formation.
- Planifiez votre carrière à court, moyen et long terme avec des plans de rechange.
- Gérez votre carrière avec une « saine inquiétude ».

Les tests

De nombreuses entreprises font passer des tests aux candidats. C'est un moyen pour elles d'avoir un éclairage supplémentaire sur telle ou telle candidature et de sélectionner plus ou moins efficacement un nombre important de candidats.

Il faut se mettre à la place du futur employeur : recruter est un processus long et coûteux, en général le retour sur investissement d'un candidat n'est pas garanti. Les tests constituent donc, pour beaucoup d'entreprises, une garantie supplémentaire de fiabilité.

En résumé, il y a cinq grands types de tests :

- **Test de personnalité :** il résume vos traits de personnalité par rapport à une population témoin.
- **Test d'intégrité :** il résume votre honnêteté, votre degré de fiabilité et de responsabilité.
- **Test de performance :** combien de mots par minute une secrétaire est capable de taper par exemple.
- **Test d'aptitude :** il résume votre intelligence et vos capacités d'apprentissage.
- **Test de motivation :** quel type de fonction est le plus en accord avec vos qualités et vos centres d'intérêt.

Voici, ci-dessous, cinq cas de figure très différents. Vous vous reconnaîtrez sans doute dans l'un d'entre eux et trouverez matière à réflexion pour vos futurs entretiens.

Études de cas

Anne, la jeune diplômée

Anne vient juste de terminer son master option Finance dans une université française. Elle cherche son premier emploi depuis trois mois après avoir fait quelques stages dans un service comptable.
Il est difficile pour Anne de répondre à la question « Où en suis-je actuellement ? » En effet, sans expérience probante, il n'est pas facile pour elle d'identifier ses forces, ses faiblesses, ses aptitudes.
En fait, il faut qu'elle sache que ses options de carrière sont très larges : elle peut faire du commercial, du marketing, de la finance et même, pourquoi pas, monter une entreprise.
Or la plupart des jeunes que je rencontre pensent au contraire qu'ils ont très peu de choix, que les stages et une éventuelle spécialisation du diplôme conditionnent toute leur carrière future. Rien n'est plus faux. Anne peut attendre 28 ans ou 30 ans et quelques expériences pour choisir sa voie avec plus de précision.
Bien sûr, certains responsables des ressources humaines, employeurs ou confrères ne seront pas de mon avis : ils ont encore trop tendance à mettre rapidement des étiquettes sur les gens. Que notre jeune diplômée se rassure, cette tendance change. Ce qui compte aujourd'hui de plus en plus, c'est la personnalité, le charisme et ensuite les compétences techniques, car ces dernières s'acquièrent tout au long d'une carrière, rarement les qualités personnelles.
Anne, pour faire son bilan, va partir de ses stages, ses « boulots » d'été, les responsabilités qu'elle a pu avoir durant sa scolarité ou à l'université.

Jean, le jeune avocat

Jean a 28 ans. Il travaille pour un cabinet d'avocats anglo-saxon. Aujourd'hui, son activité professionnelle empiète de plus en plus sur les autres dimensions de sa vie. Cela lui procure du stress et une certaine culpabilité : il joue moins au tennis et certains week-ends sont consacrés à son bureau plutôt qu'à sa fiancée...

Ce déséquilibre est normal, la plupart des gens laissent les choses glisser avant de se décider à agir.

Il est essentiel pour Jean de trouver le bon équilibre entre vie professionnelle et vie personnelle. Jean peut aussi choisir de tout sacrifier à sa carrière. Mon conseil serait de lui dire qu'il est très dangereux à notre époque « de mettre tous ses œufs dans le même panier ». Il doit se fixer des règles de vie, par exemple : « Je travaille dix-douze heures par jour sauf le jeudi où je fais deux heures de sport et je ne travaille pas plus d'un week-end sur cinq », d'autant plus qu'il aura une vie encore plus stressante s'il devient père de famille. À la suite de son bilan, Jean a la confirmation que son objectif à long terme est de devenir associé dans son cabinet d'avocats.

À partir de ce bilan, je lui conseille deux choses :

– faire évaluer régulièrement sa performance par ses supérieurs hiérarchiques ;

– avoir un plan de remplacement dans le cas où il ne deviendrait pas associé.

Anticiper, tel est le secret de la réussite d'une bonne gestion de carrière. Une alternative possible serait de devenir directeur juridique dans une société de produits de grande consommation car Jean connaît bien le droit des marques.

Paul, directeur général

Paul, 44 ans, ingénieur de formation, + MBA, dirige une PME performante du secteur de la mécanique dans laquelle il est actionnaire. Il est devenu président de la société il y a cinq ans.

Bien que la société soit saine financièrement, la crise réduit la croissance de la société et les responsabilités de Paul. Ce dernier est conscient qu'il a un bon job par rapport à la situation du marché de l'emploi actuellement. Toutefois, il s'ennuie et n'apprend plus rien dans sa fonction.

Il doit donc faire un bilan de façon urgente avec deux objectifs :

– soit retrouver dans son travail actuel de nouveaux challenges, de nouvelles responsabilités, un nouvel enthousiasme ;

– soit chercher une situation dans une autre société et donc améliorer ses techniques d'entretien afin d'y arriver parfaitement préparé.

En effet, à ce niveau de poste les opportunités sont rares et Paul passera certainement de nombreux entretiens avant de trouver le poste idéal.

Paul semble clairement être en « marche arrière », il doit repenser ses objectifs professionnels et personnels. Au début de sa carrière, il avait un plan à court terme, trouver un poste commercial, et un à long terme, devenir directeur général avec, si possible, le statut d'actionnaire minoritaire.

Aujourd'hui, c'est chose faite et il se retrouve sans objectif à long terme, il n'a plus de vision de ce que doit ou pourrait être sa carrière. Il n'a pas su réactualiser ses objectifs.

Il doit rapidement se fixer des buts à court terme et à long terme et définir les moyens qu'il va engager pour les réaliser et ceci quelle que soit sa décision de rester ou de quitter son entreprise actuelle.

Sophie, la femme au foyer

Sophie a 35 ans, un diplôme dans le domaine informatique et une expérience de sept ans dans une SSII en tant que chef de projet informatique. Sa carrière progressait de façon satisfaisante jusqu'à ce qu'elle l'interrompe pour avoir ses deux enfants.

Aujourd'hui, ceux-ci vont tous les deux à l'école et Sophie projette de retravailler à plein-temps : plutôt pour s'épanouir, avoir des contacts et une certaine stimulation intellectuelle que par nécessité financière.

Ce changement de vie est vécu comme une épreuve. Elle ne sait pas ou plus vendre ses compétences techniques et ses aptitudes dans un marché de l'emploi qui a beaucoup changé.

L'objectif de Sophie est de faire un bilan où elle va lister tout ce qu'elle peut apporter à une entreprise. Ensuite, elle choisira, parmi ses compétences et aptitudes, celles qu'elle préfère. À partir de là, elle va dresser un profil type du travail idéal et se mettre en recherche. Si elle s'aperçoit que ses compétences ne sont plus au goût du jour, elle doit rapidement se former en conséquence avant de rechercher un travail. Enfin, elle ne doit surtout pas dévaloriser, lors de son bilan, son rôle de mère. Sophie doit mettre en avant les qualités qu'elle a pu développer à cette fonction : gestion financière de la maison (budgéter les dépenses, règlement des factures, gestion du compte bancaire), organisation, management, éthique, tolérance et adaptabilité.

Sophie a certainement perdu quelques compétences techniques mais celles-ci sont compensées largement par des qualités humaines qui peuvent faire défaut à une célibataire complètement investie dans son travail et ayant une vie un peu déséquilibrée.

Après avoir mené à bien son bilan, Sophie est arrivée à la conclusion suivante : elle recherche un emploi qui lui permette d'acquérir des compétences nouvelles où il n'y ait pas trop de stress. À long terme, elle souhaite pouvoir devenir consultante indépendante et ce plan « secret » lui donne une confiance redoublée dans sa recherche d'un nouvel emploi.

John, directeur financier

John a 51 ans, il vient d'être licencié par sa société qui a fait l'objet d'une OPA d'une multinationale américaine. Son poste a été supprimé car il faisait double emploi.

Il a travaillé quatorze ans dans la même société, dont six ans dans son dernier poste. Il s'est beaucoup investi dans cette société qui avait des difficultés économiques importantes, avec pour toutes récompenses des horaires pénibles, pas de vacances, pas d'augmentation et finalement un licenciement.

John, à l'heure du bilan, est amer car sa loyauté n'a compté pour rien dans la décision de la multinationale. Il n'arrive pas à retrouver un emploi, il est désorienté, il l'est d'autant plus qu'il n'est pas sûr de vouloir continuer dans la finance.

John doit faire trois choses :

– faire le bilan de ses compétences et aptitudes ;

– décider où il veut aller dans trois ans, dans six ans ;

– comprendre les nouvelles règles du marché de l'emploi.

Et il doit faire cela de façon urgente car il n'a pas respecté les règles décrites dans l'encadré p. 282, il ne s'est pas adapté.

Il doit donc laisser de côté son amertume – elle ne le mènera nulle part si ce n'est au chômage de longue durée – et travailler à s'adapter et rêver sa nouvelle carrière.

Chapitre 15

Les différents types d'entretien

En matière de recherche d'emploi, l'expression « entretien d'embauche » est assez inexacte : il n'y a pas « un » mais « plusieurs » types d'entretien. De nombreux facteurs peuvent changer la donne : la nature de l'interlocuteur (décideur ou recruteur, seul ou en groupe), le contexte (première rencontre ou deuxième tour), les conditions (en présentiel ou à distance, en français ou dans une langue étrangère)...

Dans tous les cas de figure, l'important est la préparation de ce moment d'échange, souvent unique. C'est à la fois une marque de respect pour la personne qui vous reçoit et dont le temps est précieux, et une des clés pour la réussite de l'entretien, c'est-à-dire pour l'obtention d'un second rendez-vous... ou d'un contrat en bonne et due forme.

L'entretien obtenu par l'intermédiaire de votre réseau

Beaucoup de postes ne font pas l'objet d'une annonce dans la presse, de même qu'ils ne passent pas par les intermédiaires habituels (chasseurs de têtes, agence d'intérim...). Ils sont pourvus directement par le réseau de l'employeur à la recherche du candidat idoine.

Il est primordial de constituer un réseau de personnes que l'on peut solliciter à tout moment et, *a fortiori,* de le faire alors que l'on est encore en poste. Bien faire marcher son réseau, c'est savoir exploiter le phénomène de la boule de neige. Commencez par parler de vos recherches à vos amis, à votre famille, à vos collègues de bureau, à vos partenaires en affaires, à vos camarades de promo... !

Que faut-il demander aux contacts fournis par votre réseau ? Surtout pas un job ! Vous les appelez pour qu'ils vous conseillent sur le secteur d'activité qui retient votre attention, vous renseignent sur des fonctions que vous connaissez mal et, éventuellement, pour qu'ils vous donnent deux ou trois noms que vous serez susceptible de contacter de leur part. Si dans ce cas votre interlocuteur vous propose un emploi, considérez que vous avez atteint votre objectif au-delà de vos espérances.

Toutes les informations que vous réunirez lors de ces échanges de vues vous aideront à peser le pour et le contre en séparant, dans un secteur donné, les bons aspects des mauvais. Un atout supplémentaire face à votre employeur potentiel ! N'oubliez pas de remercier celui ou celle qui vous renseigne et faites-lui part des résultats obtenus.

L'entretien avec les cabinets de recrutement

Les cabinets recrutent chaque année en France 30 % à 40 % des postes de cadres. Il ne faut donc pas négliger cette piste. À une condition toutefois de ne contacter que des cabinets reconnus et dont la réputation n'est plus à faire. Vous risquez sinon de voir votre CV circuler n'importe où, au mépris des règles élémentaires de déontologie.

Comment fonctionne un cabinet de recrutement

- Le consultant est tout d'abord briefé sur le poste à pourvoir. C'est le client lui-même qui accomplit, plus ou moins bien, cette première démarche.
- Le cabinet de recrutement se met alors à la recherche de candidats : par annonce presse et/ou en contactant des postulants éventuels figurant dans son fichier.
- Le cabinet de recrutement est payé à la commission : entre 15 % et 25 % de votre salaire annuel brut.
- Après avoir interviewé une dizaine de postulants, le consultant établit une *short list* de quatre ou cinq candidats qui rencontreront le client.
- La dernière étape du processus est une offre faite à l'un des candidats.

Le consultant a un rôle d'intermédiaire entre vous et l'entreprise qui loue ses services. Son intérêt est de satisfaire les deux parties : vous tout d'abord, car vous pouvez devenir un jour son client ; l'entreprise enfin, car elle peut lui confier d'autres missions si elle est satisfaite. Il n'est donc ni votre ennemi ni votre serviteur. Il fait office de filtre au travers duquel passent les candidats pour parvenir jusqu'à l'employeur.

En raison de son indépendance vis-à-vis de la structure de la société et de sa hiérarchie, le cabinet de recrutement fait normalement preuve d'une objectivité totale. Il s'attache à déterminer avec précision le degré d'adéquation entre vous et le poste à pourvoir, la culture de l'entreprise et sa direction. On l'a vu, la rémunération du consultant dépend du succès de sa mission. Celui-ci ne prend donc généralement pas de risques. Ce qui l'intéresse, c'est de savoir dans quelle mesure votre expérience recoupe au plus près les critères du poste et de sa description.

Très souvent, le recruteur, avant même de vous décrire le poste à pourvoir et ses besoins, vous demandera de vous présenter. Vous aurez alors intérêt à faire en sorte de glaner au cours de l'entretien quelques renseignements sur le poste, dans le but d'adapter au mieux votre discours.

Les questions à poser au consultant

Il est important de ne pas hésiter à interroger le consultant sur des points précis :

- Pourriez-vous me décrire la société ?
- Pourriez-vous me décrire le poste ?
- Pourriez-vous me parler de la personnalité du supérieur hiérarchique ?
- Pourriez-vous me décrire le timing et le déroulement de la mission ?
- Qui sera l'interlocuteur de la société ?
- Y a-t-il d'autres candidats ? Quel est leur profil ?
- Où se situe ma candidature par rapport aux autres ?
- Salaire et avantages : avec qui faut-il en discuter dans l'entreprise et à quel moment ?
- Que pensez-vous de mon CV ? Comment l'améliorer ?
- Quelles sont les objections possibles de l'interlocuteur concernant mon expérience professionnelle ? Comment y répondre ?

Ce qu'il faut faire et ne pas faire

- Proscrivez le ton arrogant : « Vous avez voulu me voir, je vous écoute... » ; « Parlez-moi du poste d'abord... » ; « Vous m'avez fait venir... C'est vous qui êtes demandeur... Quel salaire proposez-vous ?... »
- Réagissez sereinement, et sans vous brusquer, aux questions difficiles.
- N'essayez pas de faire croire que vous êtes encore en poste si ce n'est plus le cas. Le consultant peut très bien appeler votre ancienne société.
- Ne trichez pas sur votre nature profonde, le consultant expérimenté ne s'y trompera pas. Vous révélerez ainsi un comportement artificiel qui lui donnera envie de vous déstabiliser.
- Abstenez-vous de poser des questions techniques. Elles mettent mal à l'aise votre interlocuteur qui ne dispose pas toujours des moyens d'y répondre.

L'entretien avec le chasseur de têtes

Les chasseurs de têtes ne recrutent généralement que pour des postes dont les salaires sont supérieurs à 60 000 euros ou 80 000 euros.

Leurs honoraires représentent un tiers de la rémunération annuelle brute de la première année payable : un tiers au début de la mission, un tiers à la présentation des candidats (*short-list*) un tiers à la signature de l'offre par le candidat sélectionné.

Les chances d'obtenir un poste par un chasseur sont minimes. D'une part, ceux-ci ont peu de postes à offrir (problème d'*off-limit*[1]) ; d'autre part, ils sollicitent un nombre important de candidats pour chaque poste : sur cinquante appelés, vingt seront mentionnés au client,

1. *Off-limit* : engagement du chasseur de têtes pour une période donnée de ne pas approcher directement de cadres chez son client.

douze passeront un entretien et cinq, en *short-list* finale, rencontreront l'employeur.

La prise de contact avec un chasseur de têtes se déroule de la façon suivante. Vous recevez un coup de fil à votre bureau : « Bonjour M. X, Y à l'appareil, du cabinet de recrutement Z et associés. Un de mes clients recherche un directeur financier pour un poste dans une multinationale américaine… Avez-vous quelques minutes à m'accorder ? »

Que vous souhaitiez modifier le cours de votre situation ou pas, une opportunité s'offre à vous. Comment réagir ?

- Répondez prudemment tout en manifestant de l'intérêt. Attention aux cabinets de chasseurs de têtes à la déontologie douteuse envoyés en sous-marin par certaines sociétés pour tester la loyauté des cadres.

Posez-lui les questions suivantes :

- En quoi consistent les principales responsabilités du poste ?
- Pourquoi cherche-t-on à le pourvoir ?
- Quel est le niveau de salaire proposé ? (autant ne pas perdre son temps).
- Le chasseur a-t-il l'exclusivité de la mission ? Autrement dit, la mission est-elle traitée de façon absolument confidentielle ?
- Enfin, si vous ne connaissez pas ceux qui vous appellent ou si ceux-ci ne semblent pas avoir bonne réputation, interrogez-les et forcez-les à vous livrer de plus amples renseignements sur eux-mêmes.

Si les réponses vous satisfont, vous pouvez accepter un entretien. Cette première rencontre ne sera pas très différente d'un entretien d'embauche traditionnel avec un employeur potentiel. La seule différence est que le chasseur est plus entraîné à cet exercice, son métier est d'évaluer votre potentiel.

Ne manquez pas de lui poser beaucoup de questions sur le poste car il doit, lui aussi, vous convaincre que le changement sera favorable à votre carrière.

- Depuis quand le poste est-il à pourvoir ? (Si plus de X mois, demandez pourquoi il éprouve des difficultés à le pourvoir.)
- Pour quelles raisons aucune offre n'a-t-elle encore été faite ?
- Quelles sont les difficultés majeures du poste ?
- Quels sont la taille du département, le chiffre d'affaires, la stratégie ?
- Quels sont les objectifs généraux de la société ?
- Que produit la société, quels services propose-t-elle ?
- Comment la société se positionne-t-elle sur son marché ?
- Qu'est-ce qui fait qu'un individu réussit dans cette société ?
- Quelles sont les possibilités d'évolution ?
- Quels sont à votre avis, pour ma carrière, les avantages de ce changement de poste ?

L'entretien avec une agence d'intérim

Le travail temporaire peut constituer une excellente solution si :

- vous êtes étudiant et souhaitez travailler pendant les vacances ;
- vous êtes jeune diplômé et ne savez pas encore quel métier faire ou quel type d'entreprise intégrer (PME ou multinationale) – l'intérim, dans ce cas, vous fera faire un tour d'horizon susceptible de vous éclairer ;
- vous aspirez à modifier radicalement le cours de votre carrière et, pour cela, tester de nouvelles pistes avant de vous décider ;
- vous souhaitez bénéficier d'horaires flexibles sans engagement annuel ;
- enfin, vous êtes sans emploi et désirez en trouver un au plus vite.

En résumé, l'intérim vous procure la liberté de travailler quand et où vous voulez, tout en sachant que cette filière débouche souvent sur une embauche définitive.

L'agence de travail temporaire recueille moins de renseignements sur le candidat, de même qu'elle se montre plus avare d'informations sur le poste à pourvoir que les autres intermédiaires (chasseurs de têtes, cabinets de recrutement...).

Le recruteur d'agence d'intérim cherchera avant tout à vérifier vos compétences techniques.

Les questions à poser

- Questions habituelles sur les responsabilités, le rattachement...
- Possibilités d'évolution, opportunités de pré-embauche...
- Tarifs, horaires...
- Choisissez la bonne agence : renseignez-vous sur la qualité des missions proposées, l'agence paie-t-elle correctement ? Repropose-t-elle rapidement d'autres embauches à l'issue du contrat ?
- N'oubliez pas de vous inscrire dans plusieurs agences afin d'optimiser vos chances.

L'entretien avec le DRH de la société

Avant de rencontrer votre futur patron (l'opérationnel), vous aurez affaire au responsable du personnel (responsable du recrutement, directeur des ressources humaines...).

Son objectif est de faire en sorte que le profil du candidat coïncide au plus près avec celui défini par l'opérationnel. Il agit, pour ainsi dire, comme un consultant interne à qui l'opérationnel aurait passé une commande. Son souci général étant de prendre le moins de risques possible, il se garde souvent d'être trop créatif.

Vous devez par conséquent être prêt à répondre aux questions simples que pose chaque recruteur (voir chapitre 17), tout en connaissant bien la culture et les produits de l'entreprise dans laquelle vous souhaitez entrer. En effet, le responsable du personnel estime, souvent à raison, qu'il est le véritable garant de la cohérence des embauches dans l'entreprise. S'il considère, pour une raison ou une autre, que vous aurez des difficultés à assimiler la culture maison, il vous éliminera sur-le-champ.

Quelques règles à respecter

- Facilitez-lui la tâche : il a pour mission de vendre votre candidature à ceux qui seront peut-être vos collaborateurs. Résumez-lui vos points forts et, surtout, mettez l'accent sur votre capacité à répondre aux besoins propres de l'opérationnel, tels qu'il vous les a décrits.
- Soyez clair, précis, concis : pas de mensonge car si vous êtes mal à l'aise, il le repérera vite.
- Veillez à ne pas l'embarrasser par vos questions. Ne lui faites pas sentir que vous en savez plus que lui sur la société, qu'il est incapable de répondre à des questions qu'il devrait maîtriser parfaitement.
- Ne le harcelez pas avec un discours trop technique. Certes, il connaît bien son entreprise mais ne possède pas forcément tous les détails de votre métier. Là encore, ne le mettez pas mal à l'aise.
- Sachez enfin qu'il va vous poser des questions principalement orientées sur votre personnalité et vos motivations.

Il existe autant de types d'entretiens que de directeurs du personnel. Certains sont formels et structurés, d'autres ressemblent à une causerie décontractée au coin du feu. L'objectif du responsable du personnel est de comprendre ce que vous êtes réellement afin de vérifier que l'alchimie entre vous et les membres de la société se fera correctement. Il doit par ailleurs respecter une certaine homogénéité dans les équipes, exercice difficile s'il en est car on risque d'en arriver, avec ce système peu créatif, à une société de clones.

Les questions à poser

- Quel est le style de management de la société ?
- Comment serai-je évalué ? Sur quels critères jugera-t-on mes performances ?
- Quelles seront mes principales responsabilités ?
- Quelle est la personnalité du dirigeant ? Son style de management ? Son évolution dans la société ?
- Où ce poste peut-il conduire ?

- Pourquoi la personne précédente a-t-elle quitté son emploi ?
- Y a-t-il un *turn-over* important parmi les employés de la société ?
- Quels sont les profils des gens qui réussissent dans l'entreprise ?

L'entretien avec les responsables du personnel ou équivalent, qu'il intervienne en début ou en fin du processus de sélection, est primordial car il influence fortement l'opérationnel ou les supérieurs hiérarchiques. Ceux-ci, en effet, ne manquent pas d'utiliser les conclusions de leurs collègues des ressources humaines pour conforter leur feeling.

La question du salaire est très souvent abordée par le responsable du personnel, soyez donc préparé à cette question (voir chapitre 18).

L'entretien pendant un repas

Certains de mes clients tiennent à voir une seconde fois les candidats short-listés au cours d'un repas. C'est une bonne technique car elle permet d'en apprendre beaucoup sur le postulant. Méfiez-vous de cette expérience, dangereuse pour la concentration et propice aux confidences et donc aux erreurs.

Quelques règles simples vous aideront à passer cette épreuve sans encombre :

- Préparez-vous de la même façon que pour un entretien normal et ne baissez jamais votre garde.
- Aussi amicale que soit l'atmosphère, n'oubliez jamais que vous êtes jugé. Votre attitude, vos gestes peuvent vous trahir.
- Écartez l'alcool. Si votre hôte vous presse d'en accepter, n'en buvez qu'une petite gorgée et compensez avec beaucoup d'eau.
- Si possible, ne fumez pas.
- Commandez des plats que vous connaissez, que vous aimez et faciles à manger : évitez les écrevisses !

- Si le plat n'est pas à votre convenance, viande pas assez cuite par exemple, ne le renvoyez pas en cuisine : surtout, ne faites pas de scandale !
- Soyez poli avec les serveurs, même s'ils sont incompétents.
- Ne proposez pas de payer l'addition, vous êtes invité : la note entre dans les frais de votre hôte. Enfin, profitez, vous aussi, de l'occasion pour parfaire votre idée sur la personnalité de ce dernier.

L'entretien devant un comité de sélection

S'il est certes intimidant d'être interviewé par une seule personne, il est bien plus inquiétant encore d'avoir à faire face à plusieurs individus en même temps (deux à quatre personnes).

C'est pourquoi il est important de :

- savoir qui l'on rencontre pour ne pas être pris au dépourvu ;
- connaître les noms et titres de ceux à qui l'on s'adresse (se les faire indiquer auparavant) ;
- se préparer activement car vous serez certainement soumis à un feu roulant de questions ;
- bien regarder dans les yeux les différents intervenants, non seulement celui qui vous interroge, mais, tour à tour, les autres participants ;
- s'adresser à chacun des acteurs de la discussion, l'un après l'autre ;
- serrer la main et sourire à tout le monde, au début et à la fin de l'entretien.

Le deuxième ou troisième entretien avec le même interlocuteur

À ce stade de la sélection, vous avez brillamment passé les demi-finales : votre interlocuteur hésite à présent entre deux ou trois candidats.

Vous êtes tous à égalité et il s'agit, pour celui qui vous recrute, de vous départager, ce qui n'est pas simple.

Que faut-il faire :

- Reconsidérez les exigences de l'offre afin de mettre en valeur celles de vos réalisations que vous n'avez pas encore eu le temps de décrire, si toutefois elles correspondent aux besoins en question.
- Affinez vos questions, cela démontrera que vous avez réfléchi entre les deux tours.
- Reprenez certains des thèmes abordés lors du premier entretien. Dites par exemple : « Quand nous nous sommes rencontrés il y a deux semaines, vous avez mentionné une possible expansion de votre société aux États-Unis. À ce sujet, je tenais à vous préciser que je possède une excellente expérience de deux ans comme responsable de la filiale américaine de X. J'ai pu ainsi me familiariser avec… D'ailleurs, je pense que votre produit rencontrerait un franc succès là-bas pour les raisons suivantes… »
- Essayez d'aborder certains points sur lesquels vous n'avez pas convaincu après avoir compris pourquoi et en argumentant davantage.

L'entretien avec une autre personne de la même société

Il arrive fréquemment que les candidats soient mis en présence de plusieurs interlocuteurs d'une même société. En multipliant les avis, l'entreprise qui recrute se donne une plus grande marge de manœuvre. Dans ces circonstances, il faut savoir que celui que vous avez vu en premier, et qui vous a apprécié, n'a peut-être pas l'autorité pour décider. Gare à la déception ! Quoi qu'il en soit, vous devez vous préparer comme si celui qui vous reçoit ne connaissait rien de vous, tout en sachant que vous aurez sans doute à répondre aux mêmes questions qu'au cours de votre première rencontre.

Ce n'est pas une raison pour répéter mot pour mot ce que vous avez dit précédemment. Il est fort possible que ce second ou troisième interlocuteur ait une approche différente du poste et donc d'autres attentes. Sachez vous adapter !

Et profitez de cette opportunité supplémentaire pour vous vendre à nouveau et, surtout, en apprendre encore plus sur le poste et la société. Posez des questions !

L'entretien en langue étrangère

La compétence en langue(s) étrangère (s) d'un candidat étant un plus indéniable, voire une qualité indispensable pour certains postes, il est assez naturel qu'un recruteur ou un employeur veuille apprécier la réalité de cette compétence.

La possibilité de cet entretien sera évidemment fonction de ce que vous avez indiqué dans votre CV. Pour vous assurer de ne pas être entraîné vers une situation – un entretien de recrutement en langue étrangère – que vous ne pourriez pas maîtriser, commencez par être précis dans l'appréciation de votre compétence linguistique.

Les formateurs en langue déclinent cette compétence en quatre savoir-faire par ordre croissant de difficulté : compréhension orale, compréhension écrite, expression orale, expression écrite. Pour traduire ces savoir-faire sur votre CV, vous indiquerez ces compétences de la manière suivante :

Anglais : compris, lu, parlé, écrit.

Comme indiqué précédemment, soyez là encore honnête avec vous-même (et ici avec le recruteur) en indiquant précisément votre compétence. Si vous vous déclarez bilingue ou trilingue, ne soyez pas étonné que l'on vous propose de poursuivre l'entretien dans la langue que vous dites maîtriser ou que l'on vous propose un test de compétence orale avec un collaborateur natif.

Poursuivre l'entretien en langue étrangère

Pour prouver votre compétence, vous pouvez de vous-même proposer – en français – de poursuivre l'entretien dans la langue étrangère maîtrisée. Cela démontrera votre assurance et la réalité de cette compétence.

Attendez d'avoir le feu vert pour passer à la langue étrangère et, surtout, ne basculez pas directement ou sans prévenir dans cette langue. Votre interlocuteur ne la maîtrise peut-être pas et vous le mettriez dans l'embarras.

Sur le fond, vous pouvez vous préparer sur les points suivants :

- **La présentation personnelle :** données personnelles, univers familial, parcours scolaire et universitaire, hobbies.
- **Les compétences personnelles et professionnelles :** sélectionnez deux ou trois atouts dans votre CV – ceux le plus en rapport avec le poste convoité, bien sûr – et entraînez-vous à les présenter au mieux ; travaillez également la question rituelle : « Quelles sont vos principales qualités/vos principaux défauts ? »
- **Les questions sur l'entreprise :** là, c'est vous qui prenez la main et qui interviewez votre interlocuteur sur l'entreprise et son environnement, le poste et ses caractéristiques. Prendre l'initiative a pour but, au-delà du fait de récolter des informations, de démonter votre aisance et de vous placer – déjà – en situation d'utilisation professionnelle de votre compétence linguistique.

Améliorer son aisance dans une langue étrangère

Replongez-vous dans un bain culturel et linguistique : si vous n'avez pas pratiqué depuis quelque temps, essayez de vous replonger dans le bain linguistique et culturel de la langue visée. Faites un mini-séjour si vous avez le temps, regardez des programmes télévisés ou des films en VO, trouvez des associations culturelles étrangères dont les activités vous permettront d'échanger avec les membres dans leur langue maternelle.

Travaillez votre accent et votre prononciation : les Français ont un vrai problème avec l'accent dans les langues étrangères, comme s'ils n'entendaient pas la « petite musique » – intonations, rythme – propre à chaque langue. Certaines nationalités, notamment les Anglo-Saxons, y sont très sensibles.

Soignez les formules de politesse et les formules courantes : les premières sont très importantes (un impair, une maladresse culturelle

sont vite arrivés) ; les secondes vont fluidifier la conversation et montrer que vous êtes également à l'aise dans les situations de tous les jours.
Travaillez le vocabulaire propre au secteur d'activité de votre futur employeur : chaque univers professionnel a son univers lexical propre. Veillez à bien le réviser avant l'entretien pour éviter de « franciser » des termes étrangers et de créer des termes qui n'existent pas dans cette langue.
Répétez l'entretien : enfin, n'hésitez pas, avec un ami ou mieux encore avec un locuteur étranger, à répéter la situation de l'entretien une ou plusieurs fois. Vous y gagnerez en assurance pour le jour J.

L'entretien collectif

Ce type d'entretien se déroule de la façon suivante : dans une salle de réunion sont réunis plusieurs candidats postulant au même poste, face à un ou deux recruteurs.

Cette technique est principalement utilisée pour le recrutement de masse : jeunes diplômés ou commerciaux.

Vous devez dans ce cas débattre d'un thème : vous êtes l'équipe de rédaction d'un journal que vous devez sortir en deux heures de temps. Il s'agit, pour les recruteurs, d'analyser les réactions de chacun des participants et leur personnalité.

À vous de trouver un bon équilibre dans la prise du temps de parole. N'intervenez dans la conversation que lorsque vous avez quelque chose d'intéressant et de constructif à dire.

L'entretien pour un premier emploi

Il a semblé important de faire un paragraphe spécifique concernant l'entretien pour un premier emploi. En effet, le fait que vous n'ayez que très peu d'expérience et peu l'habitude des entretiens appelle quelques conseils pour réussir cet exercice.

Préparez, préparez, préparez !

Une seule solution pour faire face au trac : la préparation. Vous devez absolument vous entraîner à l'entretien chez vous, dans votre université, à votre école. Sollicitez des amis, des parents, des relations qui vous feront passer un entretien blanc. Vous ne pouvez pas vous permettre de répéter votre entretien devant un interviewer professionnel surtout s'il vous propose le premier emploi de vos rêves !

Vos points faibles

Vous n'avez pas ou peu d'expérience. Essayez de voir quels sont les éléments de votre CV qui, malgré tout, peuvent intéresser votre interlocuteur.

Vos points forts

Ils sont souvent plus nombreux que vous ne le pensez :

- Votre éventuelle connaissance du secteur d'activité de la société pour laquelle vous postulez (stages).
- Votre éventuelle connaissance de la fonction pour laquelle vous postulez (stages, compétences techniques et scolaires).
- Vos connaissances linguistiques.
- Les jeunes sont en général souples et flexibles : faites valoir à votre interlocuteur que vous serez facile à former, à manager.
- Votre enthousiasme.
- Votre jeunesse : dynamisme, capacité à travailler longtemps, santé physique.
- Votre curiosité.
- Votre envie de prouver ce que vous valez.
- Vos hobbies.
- Les réalisations scolaires (président de BDE, membre de telle ou telle association...).

Soyez prêt à répondre à des questions sur votre personnalité : quels sont vos qualités, vos défauts ? En effet, votre interlocuteur, ne pouvant pas vous interroger sur vos compétences techniques, va se concentrer sur votre caractère. Voir chapitre 17, les questions posées durant l'entretien pour un premier emploi.

Concision et précision

Recherchez des éléments sur la fonction et la société. Vous postulez à un poste d'assistant chef de produit dans une entreprise de cosmétiques : renseignez-vous sur les marchés du cosmétique, taille de l'entreprise, visualisez les produits…

Type d'entretien

Le plus répandu pour un entretien de premier emploi est l'entretien semi-directif : votre interlocuteur vous demande de vous présenter (question : présentez-vous, présentez-moi votre CV, parlez-moi de vous…) entrecoupé de questions.

Bien entendu, il ne s'agit pas de paraphraser votre CV, il faut trouver les éléments de votre CV qui correspondent aux besoins de votre interlocuteur. Rien ne sert de lui parler de votre service national au Chili si vous postulez pour un poste de commercial à Maubeuge.

Essayez d'amener la discussion sur le poste, son contenu et l'entreprise, ceci vous permettra de savoir rapidement quels sont les points sur lesquels il vous faut insister.

Prenez des notes au cours de l'entretien – cela valorise votre interlocuteur –, tout en maintenant un contact visuel avec lui.

L'attitude à adopter

Pour un premier emploi : l'humilité, la modestie doivent être votre devise, toutefois sachez faire ressortir vos plus. Si vous ressemblez à Monsieur tout le monde, vous serez vite oublié. Sachez mettre en valeur vos atouts dans la sobriété. Pour un poste commercial, n'hésitez pas à forcer le trait : avoir confiance en soi ne peut nuire. Demandez à visiter l'usine ou la société, cela prouvera votre intérêt à votre interlocuteur.

Le salaire

Très souvent lors du premier entretien, on vous posera la question suivante : quel salaire souhaitez-vous ?

Plusieurs réponses possibles :

- « En général, les candidats qui ont mon niveau de diplôme et d'expérience sont rémunérés entre X et Y euros (donnez une fourchette cela vous permettra de négocier), qu'en pensez-vous ? »
- « Le salaire est certes une chose importante, mais pour un premier emploi c'est surtout l'intérêt du poste et son évolution qui me motivent. Or je n'en sais pas encore assez sur ces deux aspects pour vous répondre, pourriez-vous m'en dire plus sur mes futures responsabilités ? »
- Vous pouvez retourner la question : « Cela dépend de plusieurs facteurs, pourriez-vous me donner une fourchette pour ce poste ? » « À combien évaluez-vous mon salaire ? »

Les tests de recrutement

Les candidatures de débutants sont en général très nombreuses, ainsi pour les départager les recruteurs pratiquent des tests de personnalité, d'intelligence et graphologiques (voir chapitre 7).

Si vous êtes intéressé par l'entreprise pour laquelle vous postulez, vous n'aurez d'autre choix que celui de vous y soumettre.

Les qualités recherchées chez les débutants

Dynamisme, adaptabilité, sens des responsabilités, sens de l'initiative, autonomie, capacité à travailler en équipe, sens du service et du client, attitude positive, ambition.
Tous les autres conseils prodigués dans le guide restent valables même pour un premier emploi.

Chapitre 16

L'entretien : techniques et stratégies

Même si un entretien n'est pas un affrontement, il oppose deux interlocuteurs qui doivent garder la maîtrise du « combat » pour parvenir à leurs fins : obtenir le maximum d'informations sur le candidat d'un côté ; convaincre que l'on est la personne de la situation de l'autre. Par souci d'efficacité, chacun va utiliser ses propres techniques et adopter une stratégie.

Le recruteur, qu'il soit décisionnaire final ou chasseur de têtes, placera le candidat en condition, testera ses motivations, appréciera sa personnalité et son adéquation avec le poste. Le candidat, lui, devra adopter une stratégie simple : ne jamais rester sans réponse et laisser la meilleure des impressions.

La maîtrise de l'entretien téléphonique

L'utilisation du téléphone est une partie intégrante du processus de recherche d'emploi. Or peu de candidats maîtrisent cet outil, ce qui est un grave handicap. Le nombre d'entretiens obtenus sera en effet directement proportionnel au nombre d'appels téléphoniques que vous allez passer.

Que vous receviez des appels (si vous êtes appelé directement par un chasseur de têtes, à la suite de l'envoi d'une candidature...) ou que vous en passiez, il y a des techniques à maîtriser.

Les objectifs de l'entretien

- Convaincre l'interlocuteur que vous êtes le candidat le plus adapté au profil recherché.
- S'informer sur l'entreprise et sur ce qu'elle attend de vous.
- Négocier et prendre une décision dans le cas d'une offre éventuelle.
- Quoi qu'il arrive, retirer quelque chose de l'entretien.
- Établir un rapport entre vous et votre interlocuteur.

L'entretien par téléphone

L'entretien par téléphone est utilisé pour sélectionner les candidats et non pas pour les recruter. L'objet de l'interviewer est de détecter au téléphone si vous avez les aptitudes nécessaires au poste (compétences techniques, linguistiques, âge…). C'est pour vous l'occasion de briller car la plupart des candidats ne préparant pas les entretiens téléphoniques, ils sont pris au dépourvu. Un conseil : souriez au téléphone, mettez de la chaleur dans votre voix, cela s'entend !

Quels sont vos objectifs lors d'un entretien téléphonique ?

Obtenir un rendez-vous avec l'interviewer

Ayez toujours près de votre téléphone les documents suivants :

- votre agenda afin de pouvoir prendre rapidement rendez-vous ;
- un CV ;
- une liste de réponses à des questions clés ;
- une liste de vos compétences et qualités ;
- un dossier avec une copie des annonces auxquelles vous avez répondu ;
- un bloc, un crayon, une calculette.

On vous appelle au bureau

Votre employeur n'est pas au courant. Fermez votre porte et demandez à votre interlocuteur son nom, sa société, son numéro de téléphone, l'objet de son appel et demandez-lui si vous pouvez le rappeler dans la journée ou s'il peut vous rappeler le soir chez vous. Cela vous permettra de préparer un peu.

On vous appelle chez vous

Même commentaire que précédemment. Laissez-vous un peu de temps pour vous préparer. Faites en sorte que ce soit vous qui rappeliez.

Techniques d'entretien téléphonique

Vous recevez un appel : « Bonjour Monsieur, mon nom est X du Cabinet Y, je vous appelle à la suite de l'envoi de votre CV. Puis-je vous poser quelques questions ? »

– Essayez d'obtenir le maximum d'informations : faites répéter le nom, le numéro de téléphone (si votre communication est coupée), l'adresse de la société, l'objet de l'appel…

– Écoutez, faites-le savoir à votre interlocuteur : « Si je vous comprends bien, vous recherchez un DAF pour remplacer… ».

– Certains interviewers vont essayer de vous déstabiliser au téléphone : « Pourquoi avez-vous quitté votre employeur ? » Soyez préparé.

– Validez vos réponses : « Ai-je répondu comme vous le souhaitez à votre question ? Ai-je suffisamment développé ? »

– Pas de précipitation : ne parlez pas trop vite, vous ne pouvez pas tout dire en cinq minutes, ce n'est pas possible.

– Votre objectif : obtenir un rendez-vous.

– Évitez les questions difficiles. Dites à l'interviewer que, pour ce genre de question, il vous semble important de le rencontrer : « Ceci est une question importante, compte tenu de ma longue expérience dans ce domaine, je pense qu'il serait préférable de se rencontrer pour en parler. Je suis libre jeudi après-midi vers 18 heures, est-ce une bonne heure pour vous ? »

– Remerciez votre interlocuteur.

– Écrivez une lettre de remerciement.

« Le courage est la première des qualités humaines car elle garantit toutes les autres » (Aristote).

Surmonter la peur du téléphone

Ne vous leurrez pas, vous aurez des réponses négatives à votre demande d'entretien, c'est normal. Pour obtenir des réponses positives, il faut respecter les lois statistiques : plus vous ferez d'appels, plus vous aurez de retours couronnés de succès. Ensuite, il faut garder en tête le fait que vous ne dérangez pas votre interlocuteur car vous allez lui proposer une opportunité intéressante pour lui et son entreprise : travailler avec vous. Vos compétences et votre talent sont peut-être ce que votre interlocuteur recherchait depuis longtemps.

Enfin, n'oubliez pas que vous avez des avantages sur votre interlocuteur :

- Vous en savez plus sur lui qu'il n'en sait sur vous. Vous savez ce qui est susceptible de l'intéresser. Votre interlocuteur sera sûrement impressionné par votre degré de préparation.
- Vous prenez votre interlocuteur par surprise. Vous êtes préparé à cet appel, pas lui et il doit prendre une décision, vous rencontrer rapidement.
- Vous avez un objectif en tête : obtenir un rendez-vous.

Quelques règles à respecter

- Préparez un stylo, du papier et ayez votre agenda à portée de main quand vous passez l'appel.
- Ne téléphonez pas de chez vous au lit ou en pyjama ; mettez-vous dans un contexte professionnel.
- Appelez de votre bureau aux heures de pause : il y a un minimum d'éthique à respecter !
- Évitez un entretien par téléphone : prétendez qu'il vous est difficile de parler plus longtemps et que vous aurez l'occasion de présenter votre CV plus en détail lors de l'entretien.
- Ne laissez pas de message sur la messagerie vocale de votre correspondant, rappelez ultérieurement.
- Les meilleures heures pour appeler : avant 9 heures, avant le déjeuner 12 h 15/12 h 45, après 18 h 00. Essayez le samedi matin.

Surmonter le barrage de la secrétaire

Méthode 1 : affirmer sa voix

Le téléphone sonne, la secrétaire décroche. Avec une voix bien affirmée, demandez votre interlocuteur : « Monsieur Durand pour Monsieur Dupont, s'il vous plaît. » Deux solutions : vous tombez sur une secrétaire inexpérimentée, elle vous le passe directement. Vous tombez sur une secrétaire expérimentée, elle va vous demander « C'est à quel sujet ? » À nouveau deux solutions. Si vous avez écrit une lettre de candidature dans laquelle vous prévenez de votre appel, dites simplement : « Monsieur Durand attend mon appel », ce qui est vrai puisque vous l'annoncez dans votre lettre. Cela suffit en général pour obtenir l'interlocuteur. Si vous cherchez à le joindre directement sans avoir envoyé de lettre ou de CV préalablement, expliquez très succinctement à la secrétaire l'objet de votre appel : « J'ai une proposition à faire à Monsieur Dupont concernant ma candidature au poste de... Cela va l'intéresser de me parler, j'en ai pour 2 minutes. »

Méthode 2 : amadouer l'assistante

La secrétaire est-elle particulièrement difficile ? Essayez la gentillesse : « Madame, je sais que votre responsabilité est de protéger l'agenda de votre patron. Cela dit, il attend mon appel, j'ai une proposition intéressante à lui faire, cela ne me prendra que deux minutes. »

Méthode 3 : inspirer la confiance

Développer une relation de confiance avec la secrétaire. Souvent, les assistantes peuvent être une bonne source d'information. Notez le nom de votre interlocutrice et rappelez-la ultérieurement par son nom. Si elle a un bon contact avec vous au téléphone, elle pourra peut-être plaider votre cause auprès de son patron.

Méthode 4 : contourner l'assistante

Si la secrétaire est un véritable cerbère, appelez en dehors de ses heures de travail : appelez tôt ou tard ou essayez de vous procurer la ligne directe de votre interlocuteur.

■ Votre interlocuteur essaie de vous interviewer par téléphone

Quand vous avez votre interlocuteur, il vous accordera rarement d'entrée une date d'entretien ; il fera un pré-entretien par téléphone afin de valider quelques points.

Même si vous passez cette épreuve avec succès, sachez que personne n'est jamais embauché directement après un entretien téléphonique. Beaucoup de candidats sont même rejetés après cinq à dix minutes d'entretien téléphonique. Vous devez donc être préparé à cette éventualité.

Exemple d'entretien téléphonique

On vous passe l'interlocuteur.

– M. Durand ?

– Oui.

– Bonjour Monsieur, Charles Dupont. Je suis chef de produit chez X & Y et je vous ai écrit la semaine dernière. J'ai lancé un produit X avec succès et je sais que mon expérience serait intéressante pour votre entreprise. Je pense vous rencontrer le mercredi 29 à 14 h 45 ou le jeudi 30 à 18 h 15 (le quart est une astuce possible pour que votre interlocuteur n'ait pas l'impression qu'il va être obligé de passer une heure entière avec vous). Quelle date vous convient le mieux ?

À ce genre de question : il sera difficile à votre interlocuteur de répondre non. Toutefois il peut réagir négativement en invoquant plusieurs objections :

– « Je n'ai pas reçu votre courrier. »

– « Je ne me souviens pas de votre courrier. »

Réponse : « Je suis désolé que vous ne l'ayez pas reçu, mais je serais ravi de vous présenter mon expérience mercredi ou jeudi. Qu'est-ce qui vous convient ? »

Réaction : « Pourquoi n'envoyez-vous pas simplement votre CV ? »

Réponse : « Bien sûr, je le fais aujourd'hui. Juste pour vérifier que mon profil peut vous intéresser, pouvez-vous me préciser les compétences et qualités que vous recherchez pour le poste à pourvoir ? » Par ce biais vous répondez ponctuellement à votre interlocuteur, et vous réengagez la conversation, récoltant ainsi des renseignements précieux qui vous permettront de mieux coller aux besoins de l'entreprise.

Réaction : « Toutes les candidatures sont traitées par le service du personnel. »

Réponse : « Je comprends bien. Y a-t-il une personne à contacter en particulier ? »

Rappelez le personnel en disant : « M. Durand m'a recommandé de vous appeler concernant le poste de… »

Réaction : « Avant de vous voir, j'aimerais connaître vos prétentions de salaire. »

Réponse (Il n'y a pas de moyen pour éviter cette question, dites juste) : « Je veux juste vous préciser à ce sujet que mon ambition première est de trouver la bonne société et un poste intéressant » ; « Je serais très heureux d'en parler avec vous jeudi matin ou vendredi après-midi, quelle est la meilleure heure pour vous ? »

Si vous recevez refus sur refus dans une société, essayez de voir si vous ne connaissez pas quelqu'un par l'intermédiaire de votre réseau qui puisse vous faciliter la tâche, sinon passez à une autre société.

Faire face aux objections par téléphone

Toutes les objections peuvent être contournées, nous allons donc en examiner plusieurs. Vous noterez que les réponses à ces objections se terminent toutes par des questions qui vous permettront de mieux comprendre les raisons des objections.

Quand vous faites face à des objections, vous ne gagnez rien dans la confrontation, au contraire. Il faut essayer de comprendre le point de vue de votre interlocuteur. Ainsi, vous devez écouter, faire comprendre à votre interlocuteur que vous le comprenez : « Je comprends votre position », « Je suis d'accord avec vous », « Bien sûr… », « Toutefois, je voudrais souligner le point suivant… », « Mais ne pensez-vous pas… ? ».

Pourquoi n'envoyez-vous pas votre CV ?

Deux possibilités : ou bien votre interlocuteur est réellement intéressé par votre CV, il faut le lui envoyer, c'est le premier pas dans le cycle de recrutement de l'entreprise ; ou bien c'est un moyen poli de vous éconduire. À vous de voir dans quel état d'esprit se situe votre interlocuteur.

Une séquence possible : « Bien sûr, M. Dupont, pourriez-vous me donner votre titre exact et votre adresse ? Merci. Afin que je sois sûr que mes compétences sont en adéquation avec vos besoins : pourriez-vous me préciser quel type de compétences vous recherchez pour ce poste ? »

Le candidat est tout d'abord d'accord avec son interlocuteur, lui accorde de la considération et lui pose une question dont la réponse va relancer le débat et lui fournir une précieuse information.

Je n'ai pas le temps de vous voir

« Monsieur, je comprends tout à fait que votre emploi du temps soit chargé. C'est d'ailleurs tout à fait le genre d'environnement dans lequel je souhaiterais travailler. À quel moment êtes-vous le moins occupé ? Le matin ou l'après-midi ? »

En général, votre interlocuteur écourtera la conversation ou vous demandera de rappeler plus tard.

Autre réponse possible (assez agressive) : « Je serai dans votre ville demain après-midi, pourquoi ne passerais-je pas vous voir à ce moment-là ? 15 ou 18 heures vous conviendrait-il ? »

Votre salaire est trop élevé

Si vous êtes arrivé à aborder le niveau du salaire, c'est que votre interlocuteur a été intéressé par votre expérience et vos compétences. Il reste un problème : évacuez-le vite afin d'obtenir un rendez-vous (voir chapitre 18 « La négociation de salaire »).

Nous ne recrutons que par promotion interne

« Je comprends cela parfaitement, M. Dupont, la façon dont vous développez les compétences de vos employés est une des raisons pour lesquelles je souhaite rentrer dans votre société ! Je suis très motivé par votre entreprise : quand recrutez-vous à l'extérieur ? Pour quel type de poste ? »

Vous noterez que dans ces deux questions, vous faites l'hypothèse que l'entreprise recrute à l'extérieur alors que votre interlocuteur vous a dit le contraire. Vous avez contourné son objection de façon professionnelle : toutes les entreprises recrutent un peu à l'extérieur.

Vous devez vous adresser au département du personnel

« Bien sûr, M. Dupont, à qui dois-je parler dans ce département ? Quel poste dois-je mentionner ? »

S'il vous parle d'un poste précis, c'est un très bon début : « Pourriez-vous m'en dire un peu plus sur le poste ? »

« Bonjour M. (du Personnel), M. X du Marketing m'a suggéré de vous appeler au sujet du poste… afin d'arranger un entretien. »

Adressez-vous d'abord à un opérationnel qui est moins submergé d'appels que le service du personnel. Ensuite, appelez le service en vous recommandant de cet opérationnel. Attention : seul le service du personnel est au courant, dans une société, de tous les postes disponibles.

Je n'ai pas besoin de gens comme vous

Cela commence mal ! Ne vous avouez pas vaincu. Vous pouvez toujours lui demander : « Ne connaîtriez-vous pas quelqu'un qui serait à la recherche d'une personne ayant mon profil ? » « Pensez-vous avoir des ouvertures dans votre société dans quelques mois ? »

Réponse : « Peut-être. » « Quand dois-je vous rappeler ? » Il ne faut pas hésiter à demander !

« Qui, dans votre société, pourrait avoir besoin de moi ? »

« Est-ce que votre société n'aurait pas des filiales nécessitant mon profil ? »

« Quelles sont les sociétés de votre secteur qui ont le plus fort taux de croissance ? » ; « À qui dois-je m'adresser ? »

La maîtrise de l'entretien vidéo

Ce type d'entretien est de plus en plus répandu, il permet de faire des économies de coût de transport. Les ordinateurs actuels sont équipés en standard d'un micro de bonne qualité qui permettra une bonne prise de son et une écoute agréable et attentive de votre interlocuteur. Si d'aventure votre ordinateur n'en est pas équipé, faites-en l'acquisition ou faites-vous prêter un casque audio avec micro incorporé pour obtenir la même qualité audio.

Comment réussir ce type d'entretien

- Regardez la caméra en face (pas de trois-quarts ou de profil), vérifiez que votre visage ne luit pas (transpiration) : un peu de maquillage ne nuit pas.
- Tenue vestimentaire : évitez le blanc, le noir et les rayures ainsi que les couleurs vives.
- Ne faites pas trop de gestes avec les mains, ne vous balancez pas sur votre siège, ne soyez pas trop près de la caméra.

- Parfois, pour des vidéoconférences longue distance, il y aura un effet retard (comme pour le téléphone) ; tenez-en compte dans votre conversation. Maintenez un contact visuel, souriez.

Vous avez également besoin d'équiper votre ordinateur d'un logiciel spécifique qui vous permettra :

- de voir votre interlocuteur et de lui permettre de vous voir ;
- d'ouvrir et éventuellement de montrer des documents (CV, plaquettes, etc.).

Il existe environ une quinzaine de logiciels de réunions de qualité, gratuits ou payants. Pour les trouver et les comparer, rendez-vous sur le site *www.socialcompare.com* et tapez « logiciels de réunion » dans le moteur de recherche.

Dans cette palette de logiciels, deux logiciels gratuits (compatibles Mac et PC) sortent du lot :

- **le logiciel Skype (*www.skype.com*),** bien sûr, qui a actuellement le vent en poupe auprès du grand public et qui peut parfaitement convenir pour un usage professionnel ;
- **le logiciel GoToMeeting (*www.gotomeeting.fr*),** plus professionnel, très pratique également et offrant une très bonne qualité d'image. Il est gratuit en version d'essai pendant trente jours.

Dans les deux cas, le principe est le même : les deux interlocuteurs installent le logiciel sur leur ordinateur respectif ; l'un des deux envoie par e-mail une invitation à l'autre personne qui l'accepte. Cette acceptation synchronise les deux ordinateurs et les deux interlocuteurs peuvent alors converser.

L'entretien vidéo peut être un peu stressant, d'autant que la puissance du réseau Internet peut fluctuer et occasionner un décalage de son et/ou d'image pendant la conversation.

Avant d'appeler, préparez autour de vous, sur votre bureau physique, les différents documents dont vous aurez besoin : CV, récapitulatif de vos questions, descriptif du poste...

Sur le bureau de votre ordinateur, faites le ménage : certaines fonctionnalités, comme le partage de documents par exemple, montreront ce bureau à votre interlocuteur. Des documents encombrant cet espace seront du plus mauvais effet...

Enfin, n'oubliez pas que vous êtes filmé en permanence : prenez la peine de soigner votre présentation comme pour un entretien en présence réelle, ayez un port présentable – ne vous avachissez pas sur votre chaise ou sur votre bureau, par exemple – et évitez les gestes parasites.

La maîtrise de l'entretien en présentiel

Le matériel nécessaire

Vous devez vous munir :

- d'un bloc-notes avec de quoi écrire (les notes que vous prendrez pendant l'entretien vous serviront à en préparer d'autres. Par ailleurs, la prise de notes montre à la personne que vous êtes intéressé par ce qu'elle vous dit) ;
- d'un CV identique à celui que vous avez envoyé ;
- du texte de l'annonce presse s'il existe ;
- de la copie des articles, des mémoires et des études que vous avez publiés ;
- d'une liste de questions que vous souhaitez poser ;
- d'un agenda (pour un second rendez-vous éventuel) ;
- des bulletins de salaire et certificats de travail (même si on vous les demande rarement).

La check-list avant l'entretien

N'oubliez pas de faire les vérifications suivantes :

- J'ai fait, le plus sincèrement possible, mon auto-évaluation.
- Je maîtrise parfaitement mon CV.
- Je possède une bonne connaissance de l'entreprise et je sais qui je rencontre.

- Je sais ce que je peux apporter au poste.
- J'ai préparé une série de questions précises sur l'entreprise que j'espère intégrer.
- J'ai repéré l'itinéraire pour me rendre sur les lieux du rendez-vous (la ponctualité est essentielle).
- J'ai en tête le nom et la fonction de la personne que je rencontre, ainsi qu'un numéro de téléphone en cas d'incident de parcours.
- Je m'habille en fonction du poste et de l'entreprise.

L'importance du rang

Sans l'avoir prouvé de façon scientifique, nous nous sommes aperçus que le rang en entretien pouvait compter dans le résultat final.

À savoir, il vaut mieux être reçu dans la dernière moitié des candidats et ceci pour plusieurs raisons :

- Les premiers candidats permettent souvent au recruteur de mieux cerner le poste.
- L'image des derniers candidats interviewés est toujours plus fraîche dans l'esprit de l'interviewer.
- Le recruteur qui cherche toujours le mouton à cinq pattes au début finit par assouplir sa position une fois confronté aux difficultés qu'il rencontre dans son recrutement.

Laissez toujours une photo de vous à votre interlocuteur à la fin de l'entretien, si vous ne l'avez pas déjà jointe avec votre CV. Cela permettra à l'interviewer de mieux se rappeler de vous quand il décidera qui revoir ou qui embaucher. N'oubliez pas d'indiquer votre nom et numéro de téléphone au dos de la photo.

Comment gérer l'attente

La première attente acceptable varie entre cinq et quinze minutes. Au-delà, allez voir l'hôtesse d'accueil ou la secrétaire et demandez-lui si l'heure convenue était la bonne. La plupart du temps, elle vous le confirmera et vous donnera un nouveau délai d'attente.

Comment gérer le retard à un entretien

- Annoncez toujours votre retard, qu'il soit de cinq minutes ou de vingt minutes.
- Ne vous précipitez pas : si votre retard a été annoncé, demandez à l'accueil cinq minutes supplémentaires pour vous laver les mains et vous relaxer aux toilettes.
- Ayez toujours sur vous une fiche avec le nom, le numéro de téléphone, l'adresse de votre interlocuteur ainsi que votre téléphone portable.

Quelle attitude adopter lors de l'entretien

« Soyez vous-même » est la mauvaise attitude

Je rencontre de nombreux candidats qui me disent qu'on leur a conseillé « d'être eux-mêmes ». Cela me semble être une erreur. En effet, quelle partie de vous-même devez-vous incarner ? Nos rôles changent, notre personnalité change. Vous êtes à la fois un directeur juridique, un père de famille, un sportif accompli…

« Soyez vous-même » ne veut rien dire

Au cours de l'entretien, vous devez jouer un rôle : celui de quelqu'un qui est à la recherche d'un nouvel emploi et qui a quelque chose à apporter à une entreprise. Rien de déshonorant à cela.

« Soyez naturel » est aussi la mauvaise attitude

Attention, le naturel, n'est pas forcément la meilleure attitude. Se gratter est un acte naturel, se gratter ostensiblement devant l'interviewer peut être mal interprété.

Il faut comprendre que l'entretien n'est pas une confession où l'on s'étend sur tous ses défauts et imperfections surtout quand ils n'ont aucun rapport avec le poste.

De même que l'entretien n'est pas un échange philosophique ou culturel où vous livrez vos pensées sous prétexte d'être honnête, naturel ou vous-même. C'est un jeu dangereux.

À moins d'avoir en face de vous un grand professionnel de l'entretien, il est important de réaliser que l'entretien est souvent impartial, impersonnel, immatériel. L'entretien peut être biaisé, vous porter préjudice, subjectif. Votre interlocuteur peut vous éliminer à cause de votre barbe, du fait que vous aimez la pêche...

C'est pour ces raisons que l'attitude à adopter en entretien doit être la suivante :

Donnez le meilleur de vous-même : voilà la bonne attitude !

L'entretien n'est pas une discussion ouverte où chacun est sur un pied d'égalité. Vous êtes le vendeur, l'interviewer est l'acheteur.

Avant d'avoir reçu l'offre, c'est votre interlocuteur qui a les cartes en main. Vous n'aurez à nouveau le pouvoir que quand vous aurez enfin l'offre.

Conseils

- Souriez, c'est le meilleur langage du corps.
- Soyez positif et enthousiaste : personne ne le sera pour vous.
- N'ayez pas l'air de vous ennuyer, même si le job et celui qui vous reçoit vous paraissent ennuyeux.
- Essayez d'obtenir une offre, cela renforcera votre confiance en vous sans porter à conséquence. Vous n'êtes pas obligé de l'accepter.
- Attention à l'humour : maniez-le avec tact.
- Essayez de susciter la sympathie de votre interlocuteur. On recrute les gens avec lesquels l'on se sent bien.

La maîtrise de votre présentation

Vous serez jugé sur votre présentation en un quart de seconde, et la première impression sera déterminante. Le sans-faute va de soi alors qu'un détail anachronique accroche tout de suite le regard.

Règle de base : la présentation doit correspondre à l'activité de l'entreprise et au poste recherché ; dans le doute, soyez impeccable.

Une tenue vestimentaire adaptée

Les vêtements

À tort ou à raison, les vêtements que vous portez produisent leur effet. La tenue professionnelle est le porte-parole d'une identité publique : elle indique l'apparence que nous voulons donner à la fonction que nous occupons. Par conséquent, soignez votre look, il est signe de valorisation personnelle : évitez les couleurs vives (rose bonbon, rouge écarlate...) ; préférez le gris clair, l'anthracite, les couleurs crème, le noir..., évitez les décolletés, les minijupes, les chaussettes blanches, jaunes ou rouges...

Choisissez des vêtements dans lesquels vous vous sentez bien. Nous avons tous des vêtements qui nous donnent un sentiment de bien-être. N'oubliez pas que les vêtements que vous portez le jour de l'entretien doivent être propres et bien repassés.

Le costume doit être bien adapté à votre taille. Suivez la mode en l'adaptant à votre style : choisissez par exemple un costume trois boutons, voire quatre, mais bannissez le classique deux boutons trop démodé. Préférez un pantalon étroit avec un revers aux pantalons à pinces qui gonflent quand on s'assied. Le pantalon doit casser sur la chaussure. Personne ne doit voir le mollet quand vous vous asseyez.

La chemise : pas de col de chemise trop grand. Vous devez pouvoir y passer un doigt, mais pas deux (au risque de paraître décharné). Vérifiez que vos manches et votre col ne sont pas élimés.

La cravate, la pochette, la ceinture et les chaussettes : ne serrez pas trop fort votre nœud de cravate, cela confère un air étriqué. La pointe de la cravate doit couvrir la boucle de la ceinture. Cette dernière doit être de la couleur des chaussures et les chaussettes reprennent la couleur du pantalon. Évitez la pochette sauf peut-être pour des jobs spécifiques où la pochette est de mise : pochette blanche = banque d'affaires, pochette de couleur = publicité/communication... Le détail qui tue est souvent la chaussette : attention à ne pas porter de chaussettes de tennis sous son pantalon de costume gris.

Les accessoires

Bien que plus fréquent chez les femmes, les deux sexes portent des bijoux et se parfument. Un seul conseil dans ce domaine : la modération.

Évitez de porter des bracelets qui font du bruit en s'entrechoquant, distrayant ainsi votre interlocuteur.

Même chose pour les hommes : évitez la grosse gourmette ou autre bijou, vous ne connaissez pas le goût de votre interlocuteur, il pourrait vous rejeter sur ce détail. Vous les remettrez une fois embauché.

Le parfum, très léger pour les femmes, est à éviter pour les hommes. À éviter aussi pour les hommes, le sac de ville, préférez-lui la mallette ou le cartable plus professionnels.

■ Une apparence physique soignée

Vos cheveux doivent être propres, nets, coupés fraîchement si possible. Si vous avez des pellicules, allez chez le pharmacien pour acheter un traitement antipelliculaire. Rappelez-vous : durant votre entretien, votre objectif est d'attirer l'attention sur votre expérience et vos idées et non pas sur votre apparence.

Les dents propres sont le résultat d'une bonne hygiène buccale, si vous n'avez pas les dents propres, vous avez certainement une mauvaise haleine. Si c'est le cas, l'interviewer passera plus de temps à éviter de respirer votre haleine qu'à vous écouter. En cas de problème, voyez votre dentiste, c'est un bon investissement quand on cherche un emploi. Enfin, n'oubliez pas de vous laver les dents si votre interview se situe juste après un repas !

Les mains et les ongles doivent être impeccables. Une bonne brosse et une lime à ongles suffiront !

■ Une attitude corporelle travaillée

La voix et l'intonation

Ne parlez pas trop vite ! En ralentissant votre débit, vous rendrez votre discours plus compréhensible et plus attrayant. On conseille aux hommes politiques, dans leurs allocutions, de respecter l'équation suivante : temps de parole = temps de silence. La voix basse est préférable à la voix nasillarde ou haut perchée. Entraînez-vous !

Quelques astuces pour combattre le trac

- Se détendre la veille (voir un bon film).
- Se fatiguer physiquement (faire du sport).
- Effectuer des exercices de respiration abdominale : la détente musculaire entraîne un apaisement moral. Se tenir droit et respirer profondément en gonflant le ventre.
- Préparer l'entretien avec des amis.

La posture

Soyez naturel, installez-vous confortablement dans votre siège. Si vous reculez, vous cherchez à vous protéger ; vous avancez, c'est pour convaincre ; vous gardez la même position, vous êtes rigide ; vous vous tortillez sur votre chaise, vous êtes nerveux, mal à l'aise.

Gardez ces remarques à l'esprit. S'il n'est pas question de les appliquer au pied de la lettre, sachez que celui à qui vous vous adressez y est souvent sensible.

Tout ceci peut vous sembler caricatural, mais vous ne pouvez imaginer le nombre de candidats rejetés par manque d'attention aux petits détails.

À candidats équivalents, le recruteur préférera toujours celui qui a les ongles propres et pas de pellicules.

Un candidat que j'interrogeais sur les raisons du succès rapide de sa recherche d'emploi me disait : « Je fais attention au moindre détail. J'utilise du papier à en-tête gravé, j'ai perdu 8 kilos, je cire mes chaussures avant l'entretien... Si vous vous sentez à votre avantage, si vous vous sentez bien dans votre peau, vous aurez une attitude positive qui déteindra sur votre interlocuteur. » Rien à ajouter, il a raison.

Comment se tenir en position assise

Mauvaise position

- Assis les jambes serrées l'une contre l'autre, les mains posées à plat sur chaque jambe : « Je suis docile, malléable, consciencieux, parfaitement qualifié pour des fonctions subalternes. »
- Assis les bras croisés, la cheville posée sur le genou opposé : « Je suis inaccessible, je me protège. » N'exposez pas la semelle de votre chaussure.

Bonne position

- Les jambes simplement croisées, un bras sur l'accoudoir, l'autre sur une jambe. La tête et les épaules sont droites, les mains détendues. Détendez-vous car la tension entraîne toujours un blocage des muscles (visage crispé, sourire forcé...).

L'expression orale

Évitez de ne pas finir vos phrases ; les tics de langage (« Je dirais, si vous voulez, je crois que... ») ; le langage imprécis (« truc, machin, chose... ») qui fait preuve d'une pauvreté de vocabulaire ou d'une certaine paresse intellectuelle ; les expressions toutes faites, les clichés (« le goût du challenge... »).

Le vocabulaire

Il est aussi important de surveiller son vocabulaire :

- Employez des phrases courtes et précises, des verbes d'action.
- Évitez les mots à connotation négative : « problème, malheur, préoccupation », ainsi que les tournures négatives.
- Écartez le langage fleuri, branché et les mots d'argot.
- Abstenez-vous de dire « on » trop fréquemment. On en déduira que vous vous cachez derrière les autres. Même chose pour « je » qui dénote un ego démesuré.
- Supprimez le jargon technique, surtout lors d'un premier entretien. Vous vous adressez à quelqu'un qui ne connaît pas forcément tous les détails de votre métier.

Le regard

Ne détournez pas votre regard, sans pour autant fixer votre interlocuteur. Un regard droit indique généralement un contact facile, bien installé dans le présent. Un regard bas dénote le malaise et la dissimulation. Un regard trop haut désigne une personnalité imaginative mais qui fuit la réalité.

La première impression

Pourquoi donner une bonne première impression à son interlocuteur est-il si important ?

Tout simplement parce que les humains, parmi tous leurs sens, privilégient presque toujours l'information relayée par la vue. Voir, pour beaucoup d'entre nous, c'est croire : or la première impression qu'aura votre interlocuteur de vous sera une impression essentiellement visuelle.

Imaginez la scène : vous avez les mains moites, les ongles rongés et des pellicules sur votre splendide blazer bleu marine. Le professionnel du recrutement va le remarquer tout de suite ; avant même d'avoir commencé l'entretien, vous avez créé une impression négative alors que ce sont des détails facilement corrigibles.

Ainsi, vous devez tout d'abord dégager une impression générale de propreté, de netteté. Ensuite, vos vêtements, votre attitude doivent refléter un professionnalisme qui permettra à votre interlocuteur de se reconnaître en vous. En effet, les gens ont tendance à se sentir à l'aise avec ceux qui leur ressemblent. D'où l'importance de se renseigner sur les us et coutumes de la société pour laquelle vous postulez.

Je vais chercher un candidat dans la salle d'attente. Il entre, je lui serre la main et le conduis dans mon bureau.

À l'issue des trente premières secondes qui se sont écoulées, je me suis fait une première impression, positive ou négative. L'entretien va me permettre de valider ou non mon hypothèse de départ.

La première impression est donc capitale car elle sert bien souvent de base à l'entretien. Il importe que vous soyez, dès le départ, tonique et souriant.

Vous arrivez dans l'entreprise. Commencez par décliner votre nom à la réceptionniste en prenant garde de ne pas le faire précéder d'un Monsieur ou Madame, signe puéril de prétention. Répondez poliment aux formules d'accueil du recruteur et présentez-vous : « Bonjour Monsieur, Bernard DURAND, enchanté, merci de me recevoir. »

Ayez une poignée de main franche et ferme (si, dans la salle d'attente, vos mains sont moites, allez les laver !). Attendez ensuite que le recruteur engage la conversation. Laissez-le vous précéder dans le dédale de couloirs qui mène à son bureau. Abstenez-vous de tout commentaire inutile tel que : « la vue de votre bureau est formidable » ou « vos locaux sont superbes ». N'arrivez pas en terrain conquis, demandez où vous pouvez poser votre manteau et attendez qu'on vous invite à vous asseoir.

« Il y a des gens si ennuyeux qu'ils vous font perdre une journée en cinq minutes » (Jules Renard).

À quel type de candidat ne voulez-vous pas ressembler ?

- Le bavard intarissable qui ne laisse pas parler son interlocuteur.
- Le questionneur qui ne cesse de poser des questions.
- Le candidat qui doute s'exprime mal, bégaie, répond à côté, est imprécis, se tortille sur son siège.
- Le candidat nerveux qui tient un discours décousu, répond à côté, fait des gestes désordonnés, rit tout le temps.
- Le silencieux qui ne répond que par monosyllabes aux questions (oui/non, oui/non...). Il ne se vend pas, n'est ni enthousiaste ni positif.
- Le candidat qui manque d'intérêt et d'enthousiasme (souvent vérifié par l'absence de questions).
- Le candidat qui prétentieux a tout vu, tout fait, sait tout sur tout.
- Le candidat qui indiscret révèle des choses confidentielles sur son entreprise.
- Le candidat qui n'écoute pas ou qui écoute mal.
- Le candidat qui manque de délicatesse.

Les différentes postures du recruteur

Il existe autant de comportements différents qu'il y a d'interviewers. L'entretien est un art difficile, peu maîtrisé et rarement pratiqué de façon régulière en entreprise.

Il se peut donc que vous soyez surpris ou déçu par votre interlocuteur.

L'objet de cette section est de vous avertir sur les différents comportements que vous rencontrerez et ce, afin d'éviter les mauvaises surprises.

L'entretien idéal

Selon moi, l'entretien doit avoir la structure suivante :

- Durée : 1 h/1 h 30.
- Le recruteur commence par énoncer le plan de l'entretien au candidat.
- Le candidat présente brièvement son *curriculum vitæ* (cinq à dix minutes maximum).
- L'interviewer pose des questions sur le *curriculum vitæ*.
- L'interviewer décrit le poste.
- L'interviewer demande au candidat s'il a des questions à poser sur le poste.
- Le candidat pose des questions sur le poste (il aborde éventuellement la négociation de salaire).
- Conclusion : que pense le candidat du poste ? Le recruteur voit-il le candidat à ce poste ?

En pratique

À ne pas faire

- Ne pas ennuyer son interlocuteur en s'attardant sur ses problèmes.
- Se lamenter sur le contexte extérieur (« Ah, la crise ! »).
- Raconter sa vie.
- Contredire son interlocuteur ou émettre des doutes sur ses capacités (vous aurez peut-être raison mais n'obtiendrez pas le poste).

À faire

- Aller droit au but.
- Parler de ses passions (sans qu'elles donnent l'impression d'empiéter sur la vie professionnelle).
- Simplifier son message.
- Sur chaque point abordé, convaincre celui à qui l'on s'adresse qu'il en tirera avantage.

L'entretien où seul le candidat parle

Le recruteur se contente de poser une seule et unique question, très générale, au début de l'entretien : « Parlez-moi de vous » ou « Présentez votre CV » ou encore : « Présentez-vous... ».

Faites un récit vivant et attractif de ce que vous êtes. Vous ennuierez si vous vous contentez d'énoncer chronologiquement les événements de votre vie. Il s'agit de développer votre *curriculum vitæ* et de convaincre celui qui vous écoute que vous êtes vraiment motivé. Votre exposé ne doit pas excéder dix minutes, à moins que vous n'ayez trente années d'expérience ! N'en dites pas trop car vous ne disposez encore d'aucune information concrète sur le job. En effet, plus vous parlerez, plus vous dévoilerez vos batteries et fournirez à la partie adverse des armes pour vous déstabiliser. Avec ce type d'entretien, votre interlocuteur a deux objectifs : éprouver vos nerfs tout en restant le plus évasif possible sur la fonction, à un moment de sa démarche où il n'a pas encore suffisamment d'éléments pour vous juger. Dernière possibilité, votre interlocuteur n'a pas l'habitude de recruter ou bien il est très timide.

À vous d'en tirer les conclusions qui s'imposent si c'est votre futur patron !

Quoi qu'il en soit, soyez très précis et argumentez.

Savoir répondre à la question « Parlez-moi de vous » ou équivalent

Ce moment d'ouverture est capital. Il faut donc vous y préparer en élaborant, par écrit, un petit script synthétique d'environ cinq minutes où vous mettrez en avant vos réalisations et vos compétences techniques ; vous veillerez bien sûr à ce que les arguments avancés s'harmonisent au mieux avec les exigences de la fonction.
Vous pouvez également répondre : « Je peux vous en dire beaucoup, mais je veux être certain de me concentrer sur ce qui importe le plus. Que souhaitez-vous savoir plus particulièrement ? »
De façon générale, plus la question est vague plus il convient de la clarifier.

L'entretien silencieux

Certains recruteurs recourent au silence afin de déstabiliser celui ou celle qui se trouve en face d'eux. Décontenancé, le candidat est tenté de combler le vide en parlant trop. On l'a vu, trop parler conduit à l'erreur.

Jouez le jeu, respectez, vous aussi, les moments de silence (pas plus de 10 à 15 secondes) et posez la question suivante pour valider ce que vous venez de dire : « Est-ce que ma réponse vous convient ou souhaitez-vous que je développe davantage ? »

L'entretien libre

Cet entretien ressemble à l'entretien précédent, à la différence près qu'on vous posera quelques questions.

Servez-vous de ces questions comme autant d'opportunités pour vous vendre et faire passer votre message.

L'entretien questions/réponses détendu

C'est l'un des plus répandus et des plus efficaces. Il fonctionne comme un véritable échange : on vous pose des questions et vous y répondez, tout en ayant la liberté de réagir sur tel ou tel point.

Méfiez-vous ! Ne perdez jamais de vue que vous êtes là pour vous vendre, non pas pour discuter gratuitement avec une personne qui vous est sympathique. Celle-ci peut vous tendre un piège de temps en temps. Par conséquent, gardez l'esprit éveillé et en alerte.

L'entretien dirigiste

Si l'on vous impose un plan, respectez-le scrupuleusement. Tout écart sera durement sanctionné par un retour aux réalités. Vous serez soumis à un grand nombre de questions : pas de problème si vous êtes bien préparé.

L'entretien examen technique

Il est très fréquent pour les postes techniques : comptable, ingénieur... Vous êtes confronté à une situation technique type, inhérente à l'exercice de la fonction.

L'entretien sous pression

Ce type d'entretien, somme toute assez rare, vise à vous placer sur la défensive et à analyser vos réactions. Vous aurez peut-être à le subir car, le monde des affaires n'étant pas d'une tendresse exceptionnelle, certains cadres se plaisent à exercer une pression psychique importante sur le postulant : vos résultats seront minimisés, vos décisions critiquées de même que vos qualités personnelles...

Ne vous laissez pas émouvoir et n'en tirez pas de conclusions hâtives. Ce n'est qu'une technique d'entretien et d'autres sont logés à la même enseigne.

Quelques questions pièges

- « Avez-vous de la chance dans la vie ? » : « Dans ma vie professionnelle ou personnelle ? » (Cela vous laisse vingt secondes de répit pour réfléchir.) La réponse doit être oui. Sachez argumenter par des exemples précis.
- « Êtes-vous riche ? » : Arguez qu'il y a toutes sortes de richesses : financières, intellectuelles, spirituelles. Demandez des précisions : « À laquelle pensez-vous particulièrement ? »

- « Expliquez-moi pourquoi vous êtes en face de moi ? » : désamorcez toujours une question agressive par un sourire, répondez calmement en insistant sur les aspects positifs de votre itinéraire. Ce que vous pouvez dire : « Tout d'abord, je tiens à vous remercier de m'offrir l'opportunité de vous rencontrer. Pour répondre rapidement à votre question, je dirai que je suis là pour deux raisons. Vous recherchez un candidat expérimenté dans le secteur…, parlant couramment l'anglais. » Vous développez alors rapidement votre CV à partir de ces deux critères et en prenant soin de mettre en avant ce que vous apportez dans la situation présente.
- Enfin, surveillez votre langage corporel. Ne laissez pas trop transparaître votre émotion en touchant nerveusement vos mains ou en adoptant d'autres attitudes maladroites.

L'entretien fondé sur le comportement

Ce type d'entretien se fonde sur un principe qui consiste à dire que le passé d'un individu permet bien souvent de prédire son avenir. Il vous propose de raconter des exemples de ce que vous avez fait pour illustrer vos réalisations : Quel comportement avez-vous eu dans tel ou tel type de situation, qu'avez-vous fait/quand ? Que feriez-vous si… ? Racontez-moi quand… Décrivez-moi… Comment ?....

- Racontez le moment où votre société a été vendue : quel discours avez-vous eu par rapport à vos collaborateurs ? Comment les avez-vous motivés ?
- Pourriez-vous me donner un exemple d'un moment où vous avez pris une décision stratégique ?

Votre interlocuteur est plus intéressé par la façon dont vous raisonnez, dont vous solutionnez vos problèmes que par l'histoire elle-même. D'où l'importance d'avoir bien préparé son entretien, il est très difficile de bien raconter des expériences quand vous n'y avez pas réfléchi au préalable.

Une demande inacceptable

Parfois, l'entreprise avec laquelle vous passez un entretien va vous demander de travailler sur un projet. Exiger des candidats de préparer un plan marketing sur un nouveau produit qu'ils devront défendre pendant l'entretien peut prendre du temps et de l'argent. Cela me semble inacceptable et douteux sur le plan de l'éthique, d'autant que très souvent le candidat victorieux bénéficiera du travail des candidats malheureux...

Malheureusement, il n'y a pas de solution miracle pour éviter ce type de pratique. Je vous conseille tout de même deux choses : marquer sur le support « propriété de M.... » et confidentiel/privé sur chaque page et faire réaliser à votre interlocuteur que le travail demandé va prendre beaucoup de temps et voir avec lui s'il n'est pas possible de faire un travail plus court. Si vous avez un interlocuteur sensé en face de vous, il admettra peut-être qu'il demande trop et reverra sa position.

Comment réussir son entretien avec un interviewer incompétent ?

C'est probablement l'un des types d'entretien les plus difficiles : vous avez en face de vous une personne imprévisible. C'est souvent un manager d'expérience mais incompétent en matière de recrutement. Le problème, bien souvent, c'est qu'il ne s'en rend pas compte. Il pense que son expérience humaine, son feeling sont suffisants et lui éviteront les erreurs. Si vous avez l'impression qu'à la sortie de l'entretien votre interlocuteur ne connaît rien de vous, de vos compétences, vous avez certainement eu en face de vous un mauvais interviewer.

Au travers d'exemples précis, voyons comment se comporter en face de ce type d'interlocuteur.

- **L'interviewer est sans arrêt dérangé :** notez sur un bloc le moment où vous avez interrompu votre conversation. Rafraîchissez la mémoire de votre interlocuteur, il sera impressionné par la vôtre. Cela aussi vous donne du temps pour réfléchir.

- **L'interviewer ne retrouve pas votre CV sur un bureau en grand désordre :** calmez-vous, ne montrez pas que vous êtes excédé. Proposez-lui un autre CV que vous aurez pris la précaution d'apporter.
- **L'interviewer commence à parler et s'arrête trente minutes après :** essayez de profiter des pauses pour mettre en avant vos compétences et comprendre les besoins de votre futur employeur. Le pire qu'il puisse vous arriver, c'est qu'il n'ait pas le temps de vous poser des questions car il a parlé trop longtemps. « Monsieur Smith, cela vous intéresserait-il que je vous parle de mon expérience de chef comptable ? » En général, il vous laissera parler.
- **L'interviewer ne vous présente que les aspects négatifs du poste :** ne vous laissez pas démonter, allez dans le sens de votre interlocuteur en disant que vous avez bien saisi son message, qu'il y a de toute façon des points négatifs dans tous les postes mais que vous voyez beaucoup de points positifs dans le poste et sa société.
- **L'interviewer passe tout son temps à décrire la culture et le type de gens qui réussissent dans son entreprise :** dites simplement que c'est le genre de culture que vous avez toujours recherché. Si c'est le cas !
- **L'interviewer ne vous pose que des questions fermées :** ce genre de questions appelle des réponses : oui/non. Ces questions ne vous permettent pas d'établir clairement vos aptitudes, vos traits de personnalité. Ainsi n'hésitez pas à développer votre réponse. Par exemple, *Question* : « Aimez-vous travailler sous pression ? » *Réponse* : « Oui. Je pense qu'une certaine dose de pression est positive. Elle permet de maintenir une attention soutenue. Je pense aussi qu'il est essentiel aujourd'hui de savoir travailler sous pression dans un monde changeant. Il n'existe aucune situation acquise... »
- **L'interviewer ne vous regarde pas dans les yeux quand il vous parle :** votre interlocuteur est soit timide, soit pas très « franc du collier » ou les deux. Essayez de l'aider, souriez, ne le regardez pas trop fixement dans les yeux, facilitez-lui la tâche : « Souhaiteriez-vous que je vous parle de mon expérience de... ? »

Quelques exemples de personnalités types d'interviewers

Le penseur

Ce type d'interlocuteur est celui qui prend des décisions vous concernant principalement à partir de faits précis. Il aura étudié consciencieusement votre CV avant l'entretien et s'en servira comme trame de son entretien avec vous. L'interviewer essaiera de trouver les failles de votre CV et voudra écouter en détail les moments importants de votre carrière. Dans la plupart des cas, votre interlocuteur prendra des notes et montrera très peu ses émotions.

L'ami

L'interviewer prendra sa décision à partir de ce qu'il a ressenti de vous, la façon dont il pense s'entendre avec vous. Contrairement au penseur, ce type d'interviewer laisse parler ses émotions et son cœur. Si vous regardez dans son bureau, il y a de fortes chances qu'il y ait des photos personnelles. Cette personne va chercher à vous mettre à l'aise, à trouver des zones d'intérêts communs. Attention, ce n'est pas une raison pour baisser votre garde, d'une part, et, d'autre part, pour ne pas répondre complètement et de façon factuelle aux questions qu'elle vous a posées.

Le conducteur

Cette personne utilisera beaucoup les faits et un peu son émotion pour vous juger et arriver à une conclusion vous concernant. Le conducteur aime les faits mais pas resservis de manière froide et stéréotypée. Il préfère un récit qui sort de vos tripes et qui fait ressortir une certaine émotion. Attention, ce type d'individu recherche souvent chez les candidats loyauté et obéissance. Il recherche des soldats qui vont venir renforcer son royaume. Pour cette raison, il élimine souvent les candidats ayant fait preuve ou faisant preuve d'originalité ou d'initiative. Si l'autonomie est vitale pour vous, repérez si vous êtes en face d'un conducteur et fuyez.

Le leader

Ne vous attendez pas à avoir un entretien classique avec ce type d'individu. Il vous posera tout type de question pour essayer de vous visualiser dans différents types de situations et de relations. Par exemple : « Quel a été le jour le plus heureux de votre vie ? » ; suivi de : « Pouvez-vous m'expliquer pourquoi les bouches d'égout sont rondes ? »

Le souci de cet interviewer n'est pas vraiment de savoir si le candidat correspond au profil et va s'intégrer dans la structure mais plutôt de voir comment son expérience va s'appliquer à la solution de problèmes. C'est ce type d'interlocuteur qui peut tout d'un coup décider que vous ne convenez pas pour le poste à pourvoir, mais qui va vous parler d'un autre poste dans son entreprise. Il vous faudra alors être simple, flexible et réfléchir rapidement pour voir en quoi votre expérience peut l'intéresser. Vous l'avez compris, si l'interviewer vous « jauge », vous devez le faire aussi et rapidement. Ce n'est pas malhonnête d'ajuster vos réponses à la personnalité de votre interlocuteur.

Les règles pour contrer une objection

Parfois, l'interviewer ne voudra pas révéler son ou ses objections. En effet, il a peut-être déjà un candidat en tête et souhaite terminer son entretien avec vous, sachant que sa décision est déjà prise. La méthode qui consiste à « faire sortir » les objections éventuelles de votre interlocuteur est délicate : elle met en évidence des problèmes mais est essentielle car elle vous révèle les obstacles que vous devez franchir pour réussir.

La plupart des candidats avec lesquels je parle pensent qu'il ne faut pas parler de choses négatives pendant l'entretien. C'est une grosse erreur. En effet, tant que vous n'avez pas identifié et répondu aux impressions négatives de votre interlocuteur, vous avez peu de chances d'être retenu. Bien évidemment, au cours de cet exercice vous devez rester calme et patient. Ce n'est bien sûr jamais agréable de s'entendre dire pourquoi votre interlocuteur ne souhaite pas vous retenir pour le poste :

- Écouter pour comprendre l'objection : en écoutant attentivement, vous attirerez le respect de votre interviewer. Cela l'encouragera à vous poser des questions sur des points qui lui posent problème. Si vous pensez qu'une question cache une objection, ne répondez pas tout de suite. Essayez de valider vos doutes : « Pourriez-vous me préciser votre question ? »

- Montrer à votre interlocuteur que vous avez compris son point de vue (son objection) en le reprenant avec vos propres termes : « Donc si je vous comprends bien, vous pensez que mon expérience de crédit manager n'a pas été assez longue pour remplir le poste que vous cherchez à pourvoir ? Cela constitue-t-il pour vous le seul obstacle à ma candidature ? »
Si la réponse est affirmative, vous devez insister sur ce point-là.
- Neutraliser l'objection : maintenant que l'interviewer sait que vous avez pris le temps de l'écouter, que vous avez compris son problème, il est prêt à entendre les informations qui vont tenter de répondre à ce problème.

Un exemple pour bien expliquer le processus

Vous êtes chef de produit dans les cosmétiques et vous postulez à une fonction identique dans une industrie différente, par exemple l'automobile.

L'objection de votre interlocuteur est légitime : il se demande si vos compétences et votre expérience vont pouvoir s'appliquer à un environnement différent.

L'interviewer s'apprête à terminer l'entretien.

Interviewer – Bien, si vous n'avez plus de question…

Candidat – Non, je pense que j'ai fait le tour des questions que je souhaitais poser. Y a-t-il quelque chose dans ce que je vous ai dit qui vous ait moins convaincu de ma capacité à tenir le poste ?

Interviewer – Non, je ne pense pas. Toutefois, vous n'avez aucune connaissance du secteur automobile, mais ce n'est pas primordial.

Candidat – Oui, ce n'est pas quelque chose que nous avons abordé en détail, mais, comme vous, je pense que cela peut être important pour ce poste. À ce titre, je voudrais vous préciser deux points importants : même si je n'ai pas travaillé dans le secteur automobile, je le connais très bien ; c'est une passion et donc je lis régulièrement les magazines de ce secteur et je pense comprendre parfaitement ses problématiques. De plus, je pense pouvoir vous apporter des méthodes marketing pointues qui sont transférables à votre secteur.

À ce moment, validez : « Que puis-je vous dire d'autre sur ce point ? »

En général, si vous avez rassuré votre interlocuteur, il vous répondra : « Très bien merci, vous avez répondu à ma question. »

Au cours du deuxième ou troisième entretien, voire au cours du premier, il est fort possible que l'interviewer décide que vous n'êtes pas le bon candidat. C'est à ce moment précis que vous devez être le mieux armé pour faire face à des objections. Comme dans n'importe quelle vente où le vendeur doit faire face aux objections de l'acheteur, vous devez vous aussi surmonter l'épreuve des objections.

Première objection : le licenciement

Exemple

Vous avez été licencié, bien évidemment vous ne l'avez pas mentionné dans votre CV, et votre interlocuteur le découvre à la suite d'une question du style : « Je vois que vous avez quitté AB & Co en juillet, pourriez-vous me dire pour quelles raisons ? »

Candidat – En réalité, j'ai été licencié.

Interviewer – Pourriez-vous me raconter ce qui s'est passé ?

À partir de cet instant, vous devez respecter quatre règles d'or pour que votre licenciement ne devienne pas une objection majeure :

N'incriminez pas votre précédent employeur : beaucoup de chômeurs que j'ai pu rencontrer blâmaient leur précédent patron. Cela est contre-productif. En effet, votre futur patron se dira que si vous êtes capable de critiquer votre ancien patron, vous le ferez à nouveau avec lui. Ensuite, attention, il connaît peut-être votre ancien patron.

Ne vous attardez pas sur le côté négatif des choses : en effet, vous donnerez l'impression que vous vivez dans le passé et donc que le présent ne constitue pas une priorité.

Acceptez vos responsabilités : la cause d'un licenciement n'est pas toujours imputable uniquement à votre ancien employeur. Souvent les torts sont partagés. Vous devez examiner objectivement vos erreurs et en quoi elles ont contribué à votre licenciement.

Expliquez quelles leçons positives vous en avez tirées.

Toute expérience a des côtés négatifs et positifs. Vous devez donc essayer de convaincre votre interlocuteur que cette expérience vous a mûri et que les erreurs passées ne seront plus recommencées.

Quelques exemples de questions à propos de l'objection de licenciement

- Comment expliquez-vous votre licenciement ?
- Pourquoi les choses se sont-elles envenimées ?
- Qu'est-ce que vous auriez pu faire pour changer le résultat et que vous n'avez pas fait ?
- Quelle a été, à votre avis, l'influence de votre performance dans la décision de votre licenciement ?
- Pourquoi n'avez-vous pas été capable de vous entendre avec votre patron ?
- N'avez-vous rien vu venir ?
- Pourquoi avez-vous réagi si tard ?
- Quand vous avez senti que votre job était menacé, pourquoi n'êtes-vous pas allé trouver votre supérieur hiérarchique ?
- Pourquoi n'êtes-vous pas allé trouver le patron de votre patron ?
- Avez-vous déjà eu des problèmes similaires dans un autre poste ?
- Maintenant que vous avez eu cette expérience, qu'est-ce que vous feriez différemment ?

Autre objection : l'âge pour le « surqualifié »

Bien qu'il soit parfaitement interdit d'écarter des candidats à cause de leur âge, chaque année, des centaines de candidats entre 50 et 60 ans restent au chômage.

La principale objection réside dans le fait que les employeurs pensent qu'un candidat âgé sera plus cher, sera moins performant, moins bien, ou aura plus de mal à s'adapter qu'un candidat plus jeune. De même, certains employeurs avec qui j'ai pu m'entretenir m'ont dit qu'un candidat âgé partirait plus tôt et que donc le retour sur investissement serait moins bon…

Exemple

Interviewer – Chez AB & Co, vous managiez vingt-cinq personnes ; pour ce poste, vous n'aurez la responsabilité directe que de trois personnes et ce, pendant une période d'au moins trois ans.

Candidat – Je suis parfaitement conscient de ceci, mais le management n'est pas ma première motivation. J'ai toujours managé de grosses équipes, je sais le faire. Aujourd'hui, ce qui m'intéresse dans le poste, c'est le challenge de faire réussir une petite équipe dans une entreprise.

Interviewer – Est-ce que vous réalisez que c'est un poste avec beaucoup de pression ?

Candidat – C'est précisément ce qui m'intéresse. Je suis en parfaite santé, et encore une fois c'est le challenge qui m'intéresse. Dans mes précédents emplois, j'ai toujours su faire face à la pression. J'ai une vie très équilibrée et donc je pense pouvoir insuffler cet équilibre à mon équipe.

Troisième objection : l'équivalence homme/femme

C'est un fait, dans certaines entreprises, les femmes se voient proposer moins d'opportunités que les hommes. Au cours de l'entretien, plusieurs types d'objections concernant ce sujet peuvent surgir :

- L'interviewer a des doutes sur la capacité d'une femme à exercer une fonction managériale.
- L'interviewer pense qu'une femme mariée aura du mal à se consacrer entièrement à son travail du fait de ses responsabilités parentales.
- Une femme va moins bien réussir dans un poste qui nécessite beaucoup de déplacements.
- Une femme réussira moins bien qu'un homme dans un environnement industriel...

On pourrait énumérer à l'infini ce type de poncif. Voici quelques idées pour contrer ce genre d'objection.

Tout d'abord, une façon de sonder votre interlocuteur sur le sujet peut consister à lui poser la question suivante : « Combien avez-vous de managers femmes dans votre société ? »

C'est une question qui peut mettre votre interlocuteur sur la défensive mais qui vous permet en général de voir s'il y a des problèmes concernant l'emploi des femmes dans cette société.

Ensuite, il est important de préparer les arguments rassurant votre interlocuteur sur les difficultés à mener de front son travail et sa vie familiale.

Quatrième objection : le handicap d'un candidat

Le problème réside dans l'*a priori* qu'ont beaucoup d'interviewers sur la capacité des handicapés à effectuer certaines tâches et aussi par la gêne d'être en face d'un handicapé, une nouvelle expérience pour beaucoup.

Si votre interlocuteur n'aborde pas le sujet de votre infirmité, ne l'abordez pas non plus. Concentrez votre discours sur vos compétences et la plus-value que vous pouvez apporter. Si vous sentez votre interlocuteur très réservé sur votre candidature, proposez-lui un CDD : cela le rassurera et lui permettra de vous tester.

Essayez dans la mesure du possible de quitter votre ancien employeur en bons termes. Si cela n'a pas été le cas dans le passé, essayez de rétablir de bonnes relations. Pour ceci, n'attendez pas d'avoir à rechercher une nouvelle situation !

Études de cas

Anne, la jeune diplômée

Ce que recherchent les employeurs chez un jeune diplômé : équilibre, ambition, adaptabilité, envie d'apprendre.
Anne doit donc préparer son entretien afin de projeter cette image au cours de l'interview.
D'après mon expérience, les jeunes diplômés ont deux défauts en entretien :
– Ils ne sont pas suffisamment enthousiastes, ils ont rarement la petite étincelle dans les yeux qui va faire toute la différence.
– Ils savent rarement pourquoi ils sont devant l'interviewer. Ils n'ont pas bien lu l'annonce, ne connaissent rien de l'entreprise, n'ont pas de projets, n'ont pas préparé les questions…
Anne devra éviter ces travers et travailler les questions qui vont porter sur son parcours académique, sur ses réalisations extrascolaires et universitaires. L'interviewer va tenter de comprendre les motivations d'Anne et évaluer si elle va s'intégrer dans la culture de l'entreprise.

Anne devra aussi être professionnelle dans son attitude (langage, vocabulaire, présentation…). Bien souvent, les jeunes diplômés pensent qu'ils peuvent s'habiller n'importe comment sous prétexte qu'ils ne sont pas encore dans la vie active. Or porter une cravate ou un tailleur anthracite ne pourra vous nuire.
Plus généralement, la plupart des remarques de ce livre s'appliquent à la recherche d'Anne.

Jean : le jeune avocat

Si Jean décide de changer de cabinet ou de partir en entreprise, il doit simplement appliquer lui aussi la plupart des conseils de ce livre.

Paul : le directeur général

Paul doit comprendre qu'à ce niveau de poste, son futur employeur va être très inquisiteur dans ses questions, de même la durée de l'entretien sera plus longue. D'où la nécessité pour lui d'arriver très bien préparé.
Ainsi son interlocuteur va chercher à savoir quelle plus-value Paul va pouvoir apporter. Il recherche des preuves tangibles de succès dans le passé de Paul. À chaque phrase, Paul devra démontrer, argumenter, prouver par des chiffres, des faits précis qu'il est bien l'homme de la situation.
Enfin, l'interviewer posera surtout à Paul des questions de situation :
– « Si vous étiez dans la situation Z, que feriez-vous ? »
– « Si vous aviez le problème de management X, comment réagiriez-vous ? »

Sophie : la femme au foyer

Dans le marché de l'emploi actuel, il est bien entendu encore plus difficile pour quelqu'un qui s'est arrêté de travailler, même pour une raison valable, de retrouver un job. Malgré cela, Sophie doit toujours essayer de donner une image d'elle-même positive et enthousiaste.

Au cours de l'entretien de recrutement, l'interviewer essaiera de déstabiliser Sophie, il voudra savoir pourquoi elle souhaite retravailler, si elle est bien organisée et aidée à la maison, si elle veut avoir d'autres enfants… Ces questions sont normales, Sophie doit y répondre sans agressivité.

John : le directeur financier

Le plus gros obstacle que John devra surmonter, c'est son manque de confiance et la « tache » (pense-t-il) que représente le licenciement sur son CV.

Donc, son objectif durant l'entretien est de supprimer toute trace d'amertume (même si cela est difficile) et d'apparaître le plus positif possible. Il doit éviter de s'appesantir sur son licenciement et plutôt essayer de mettre en avant ses réalisations, son expérience et ses qualités humaines.

Il doit se préparer à des questions sur ses aptitudes, sur les raisons de son départ. Son futur employeur doit être convaincu que John a été licencié pour des raisons qui ne vont pas affecter sa capacité à tenir le poste.

John doit donc faire le tour de ses références afin d'être en phase avec ses anciens employeurs.

Chapitre 17

160 questions, leurs explications et des conseils pour y répondre

Ce n'est pas uniquement ce que vous répondez aux questions qui comptent lors d'un entretien de recrutement, mais aussi la façon dont vous y répondez. L'interviewer va surveiller attentivement la façon dont vous réagissez à ses questions et la façon dont vous y répondez.

En général, au cours d'une interview, vous allez donner beaucoup plus d'informations que vous n'allez en recevoir. Personne bien sûr et encore moins ce livre ne peut vous dire quoi répondre exactement à telle ou telle question ; cela dépend de vous, de votre expérience, de votre personnalité... À vous d'adapter vos réponses à partir des exemples suivants. Toutefois, il y a certains principes qui vont vous permettre de répondre à votre interlocuteur en créant une impression favorable.

L'essentiel, au cours d'un entretien, est d'établir un bon rapport avec son interlocuteur. Vous pouvez obtenir ce résultat en l'écoutant attentivement. Essayez d'abord de comprendre pour ensuite être bien compris.

Faites savoir à votre interlocuteur que vous l'écoutez et le comprenez. Faites-lui face et maintenez le contact visuel, renforcez ceci par quelques approbations verbales ou gestuelles (hochements de tête). Cela vous permettra d'entendre la question (ou plutôt devrais-je dire de comprendre) de votre interlocuteur et, donc, vous évitera de répondre à côté comme le font souvent les candidats.

La question « Parlez-moi de votre dernier poste », par exemple, est très différente de la question « Quelles étaient les principales responsabilités dans votre dernier poste ? » La première question vous permet de mettre en avant les aspects de votre job qui vous semblent importants et les relier avec le poste pour lequel vous postulez. La deuxième nécessite une réponse plus factuelle et précise.

Préparez-vous à répondre à tout type de question

Selon l'interviewer, son expérience, son degré dans la hiérarchie, son emploi du temps... vous pouvez être confronté à tout type de question. Certains recruteurs peuvent poser des questions surprenantes d'entrée de jeu. Exemples vécus : « Quelle est votre idée du bonheur ? » « Quelle est la hauteur de la Seine sous le Pont-Neuf ? »

L'idée principale à avoir en tête, quand vous répondez à une question, est de savoir comment coller aux besoins de votre interlocuteur et aux spécificités du poste à pourvoir.

Par exemple :

- « Quelle est votre idée du bonheur ? » : « Je peux vous répondre en précisant mon idée du bonheur professionnel : je souhaite avoir un poste (critères correspondant au poste à pourvoir) dans une société (critères correspondant à la société qui recrute...). »
- « Quelle est la hauteur de la Seine sous le Pont-Neuf ? » : laissez de côté les réponses du style : « Sous quel pilier ? » « Avant ou après la pluie ? ». Sauf si vous avez bien sûr beaucoup de répartie. Préférez le classique : « Je ne sais pas, par contre je peux vous parler de mon dernier lancement de produit qui a été une belle réussite. »
- Enfin, si l'on vous demande : « Quelle a été la matière la plus importante pour vous à l'université ? » Ne répondez pas l'éducation physique, collez aux besoins de votre interlocuteur...

En effet, plus les questions sont vagues ou générales, plus il est difficile d'y répondre. Donc, choisissez rapidement soit d'y répondre, soit de demander des précisions sur la question. Exemple : « Parlez-moi de votre passé. » Répondez : « Souhaitez-vous que je commence par mon éducation académique ou que je vous parle tout de suite de mon expérience professionnelle ? »

Les questions pour un premier emploi

Les entreprises considèrent l'embauche de jeunes à potentiel comme une priorité. Elles deviennent donc de plus en plus rigoureuses et exigeantes dans leur processus d'embauche de jeunes diplômés.

Or ce type de recrutement est certainement le plus difficile. En effet, dans ce cas-là, on ne peut pas s'appuyer sur l'expérience du candidat pour porter un jugement. Votre interlocuteur va donc se concentrer sur vos résultats scolaires et universitaires, votre potentiel, votre dynamisme, votre adaptabilité, votre capacité/volonté à apprendre et à vous intégrer dans un nouvel environnement.

Durant cet entretien, votre but est de montrer que vous avez toutes les qualités et les compétences usuelles des jeunes diplômés mais que vous vous démarquez par quelques points originaux : les langues, voyages à l'étranger, les stages, les activités extraprofessionnelles, etc.

Comment avez-vous trouvé vos stages ou jobs de vacances ?

Il est clair que vos futurs employeurs préfèrent embaucher des gens qui ont déjà travaillé en entreprise même pour des travaux mineurs. Ils sont en général mieux organisés, plus matures. Votre interlocuteur recherche la créativité, l'ingéniosité et même le culot. Évitez de dire (même si c'est la vérité) : « J'ai fait tous mes stages dans la société de mon père », « J'ai trouvé un job par piston ! »

Parmi vos précédents jobs, lequel vous a le moins intéressé ?

Évitez d'insister trop sur le côté négatif d'un poste, cela dévalorisera votre courte expérience. De même, presque tous les postes ont une composante ennuyeuse et répétitive. Si vous insistez trop là-dessus, cela pourra dissuader votre interlocuteur de vous embaucher. Vous pouvez répondre par exemple : « Bien sûr, chaque poste a ses bons et ses mauvais côtés, toutefois, à chaque poste, j'ai appris des choses intéressantes : travailler en équipe, respecter la hiérarchie... » Vous pouvez aussi décrire un travail ennuyeux mais positivez en montrant ce que vous en avez retiré.

Quels sont vos plans d'avenir ?

Évitez le banal « Je souhaite manager », « Je souhaite devenir responsable d'un centre de profit. » La plupart des candidats que je rencontre me donnent cette réponse : ils pensent que cela prouve leur dynamisme et leur ambition. Une réponse possible : « Si je suis devant vous aujourd'hui, c'est que je suis passionné par votre secteur d'activité. J'ai conscience que j'ai beaucoup de chemin à accomplir avant de devenir un grand professionnel. J'espère dans cinq ans être un professionnel compétent, qui a fait progresser votre entreprise et qui a réussi à progresser avec elle. Je pense qu'à ce moment-là, j'aurai une vision plus claire des challenges possibles. »

Nous avons déjà embauché des gens de votre école, cela n'a pas marché. En quoi êtes-vous différent ?

C'est une question destinée à vous déstabiliser. Retournez la question : « Puis-je vous demander quels ont été les problèmes que vous avez pu rencontrer ? » Une fois que vous avez glané suffisamment d'informations, vous pouvez répondre efficacement.

Qu'avez-vous appris durant votre formation qui puisse être utile dans le poste ?

Si votre interlocuteur ne vous a pas donné d'indication sur le poste, c'est le moment de lui demander : « Peut-être avant que je vous réponde, pourriez-vous m'en dire un peu plus sur le poste ? » Si vous avez déjà parlé du poste, trouvez des compétences qui sont directement en rapport avec le poste : travail d'équipe, leadership, comptabilité, marketing...

Aimez-vous les tâches routinières, les horaires réguliers ?

C'est une question piège. Tous les recruteurs savent que les débutants détestent la routine et sont souvent impatients. Répondez que vous comprenez bien qu'il faudra que vous fassiez vos preuves avant que l'on vous confie des tâches intéressantes.

Qu'est-ce qui vous fait vous lever le matin ?

Une seule réponse : le désir d'agir et de construire, tant dans votre vie professionnelle que personnelle.

Pourriez-vous me donner un exemple où vous avez fait preuve d'initiative ?

Trouvez un exemple dans votre brève carrière ou scolarité où vous avez fait preuve d'anticipation ou d'initiative. S'il n'y en a aucun, vous êtes mal parti, changez d'orientation !

Acceptez-vous d'être commandé ?

Si vous vous braquez dès que l'on vous donne des instructions ou que l'on vous critique, de toute façon vous ne tiendrez pas longtemps dans une entreprise. Elles recherchent toutes aujourd'hui des individus souples et adaptables. Insistez sur ces deux qualités. Si elles ne vous sont pas naturelles, essayez de les acquérir.

Avez-vous déjà eu des difficultés à vous entendre avec d'autres personnes ?

C'est une question fermée. Répondez : « Non » (rien d'autre, attendez la prochaine question).

À votre avis, quel est le but d'une entreprise ?

C'est une question générale, ne faites pas une longue dissertation. Votre interlocuteur veut comprendre quelle est votre vision d'une entreprise et de la marche des affaires.

Que connaissez-vous de notre société ?

C'est là que tout votre effort de recherche sur la société va vous aider.

Les questions qui vous mettent dans une situation donnée

Parfois, votre interlocuteur évoquera une situation professionnelle et vous demandera comment vous réagiriez à une telle situation.

Réfléchissez. Si vous n'avez pas parfaitement saisi la question, faites-la préciser. N'oubliez pas en répondant à ce type de question que vous faites partie d'une équipe, d'une société. Donc, le but sera de montrer que vous avez des idées, que vous savez prendre des décisions et des initiatives mais que vous savez aussi travailler en équipe.

Si votre interlocuteur n'est pas d'accord avec vous sur votre façon de résoudre le problème, maintenez votre position en l'argumentant mieux, sauf si vous vous rendez compte que vous avez mal répondu. Vous ne voulez pas donner une image d'inflexibilité.

Les questions stressantes

Personnellement, je n'emploie que très rarement l'entretien stressant. J'estime que l'on obtient beaucoup plus d'informations d'un candidat relaxé et confiant que d'un candidat stressé et sur la défensive. Toutefois, certains recruteurs psychopathes ou inexpérimentés aiment bien « torturer » le candidat et lui poser une série de questions stressantes.

- L'interviewer pose des questions sans arrêt et très rapidement : ne vous laissez pas impressionner, réfléchissez à chaque question ; si vous n'en comprenez pas une, faites-la préciser. Ne perdez pas votre sang-froid, continuez à regarder votre interlocuteur dans les yeux sans gestes de nervosité…
- L'interviewer emploie le silence pour vous déstabiliser (voir page 329 l'entretien silencieux).
- Les questions stressantes (voir page 370 les exemples de questions et leurs réponses).

Les questions portant sur l'enfance, la scolarité et la formation

Quels sont les parents qui ont eu le plus d'influence sur vous ? Pourquoi ?

Ce que vous pouvez dire : « Tous m'ont apporté quelque chose, à des degrés divers et d'ailleurs, je m'entends très bien avec eux. Par exemple, mon grand-père m'a appris à nager et à skier... »

Méfiez-vous encore de l'interviewer psychologue qui découvrira une trop grande influence de votre mère sur vous ou je ne sais quel syndrome vous éliminant d'office du processus de sélection.

Comment avez-vous choisi vos études ? Pourquoi ?

Il y a autant de réponses à cette question qu'il existe de cursus d'études. Faites toutefois preuve d'une certaine cohérence dans l'exposé de vos choix.

Regrettez-vous ce choix ?

Une seule réponse : « Non ». En effet, les recruteurs se défient toujours des gens amers qui ont pris une mauvaise direction.

Précisez que vos études vous ont beaucoup apporté et prévoyez la question suivante : « Pourquoi ? » Énumérez les trois ou quatre points forts de votre formation.

Avez-vous eu des activités extrascolaires ? Si oui, lesquelles ?

Cette question est beaucoup moins anodine qu'elle n'y paraît.

De nombreux recruteurs estiment qu'on peut juger du potentiel d'un individu en observant, dans sa jeunesse, comment il s'est démarqué des autres (de façon positive, bien sûr), s'il a exercé jeune des responsabilités. Il se peut que vous n'ayez jamais eu d'activité extrascolaire. Fouillez dans votre mémoire car il est essentiel de répondre affirmativement à cette question, même si vous n'avez été que capitaine de votre équipe de handball.

Avez-vous eu des emplois rémunérés durant vos études ?

Mêmes conseils que pour la question précédente.

Quels journaux lisez-vous ? Quel est le dernier livre que vous avez lu ?

Répondez franchement en argumentant. Ne faites pas croire que vous lisez régulièrement la presse si vous n'avez pas ouvert *Le Figaro, Le Monde* ou *Le Nouvel Économiste* plus de deux fois en six mois. Si vous ne lisez pas, trouvez-vous une autre passion dévorante, sans quoi vous passerez pour une personne creuse, inculte et sans passion !

Quelle a été la chose la plus importante que vous avez apprise à l'école ? À l'université ?

Là encore, collez aux besoins de votre interlocuteur et aux spécificités du poste à pourvoir.

Comment avez-vous financé vos études ?

Cette question a pour but d'évaluer votre capacité d'autonomie et votre maturité. Même si vos parents sont riches et ont financé vos études, essayez de montrer que vous avez essayé de faire des stages pour payer vos études. Si vous êtes un vrai « fils à papa » et que vos parents vous ont toujours tout payé, alors priez pour que l'on ne vous pose pas cette question… !

Les questions portant sur l'entreprise qui recrute

Pour quelle(s) raison(s) avez-vous adressé votre candidature spontanée à notre entreprise ?

C'est là que les recherches que vous avez effectuées sur l'entreprise vont vous servir pleinement. Car vous détenez, avec cette question, l'occasion rêvée de vous démarquer d'autres candidats qui ont écrit à la société X sans trop savoir pourquoi ils le faisaient ou, plus simplement, parce qu'elle figurait sur un listing. Votre interlocuteur doit avoir en face de lui quelqu'un qui connaît l'entreprise et qui n'a pas écrit au hasard.

Ce que vous pouvez dire : « Je vous ai écrit parce que j'ai le sentiment de pouvoir réellement apporter quelque chose à votre entreprise (ce qui n'est pas le cas de toutes les entreprises). En premier lieu, j'ai compris que votre société était internationale. Je parle moi-même couramment l'anglais et l'allemand. Pour avoir vécu deux ans en Allemagne et six mois aux États-Unis, je m'adapte très vite à d'autres cultures. Enfin, votre société est réputée comme l'une des plus performantes dans le domaine marketing : c'est la voie que j'ai toujours privilégiée dans mes études et lors de ma première expérience ».

Qu'est-ce qui a retenu votre attention dans l'annonce à laquelle vous avez répondu ?

Soyez précis dans votre réponse.

Ce qu'il ne faut pas dire : « Je ne me rappelle plus très bien du texte de l'annonce » ou « Je ne sais pas très bien car l'annonce était vague... » N'oubliez pas que c'est votre interlocuteur qui a rédigé l'annonce.

Si vous avez suivi les conseils du chapitre 5, vous avez préparé quelques éléments de réponse (trois ou quatre) à cette question. Servez-vous de cette question pour aborder trois ou quatre points clés de l'annonce. Montrez, dès à présent, que vous correspondez bien au profil.

La personne recherchée doit parler couramment anglais

Ce que vous pouvez dire : « Ayant vécu deux ans aux États-Unis, je parle couramment cette langue. Mais puis-je me permettre de vous demander pourquoi l'anglais est important pour ce poste ? »

N'hésitez pas à renchérir en posant des questions. Sur ce sujet, voir notre section « L'entretien en langue étrangère », page 300.

Que connaissez-vous de notre société ?

Ne vous lancez pas dans un exposé long et fastidieux sur la société, votre interlocuteur la connaît déjà et cela ne fera que l'agacer.

Montrez-lui que vous avez fait des recherches. Dites : « Je me suis procuré votre rapport annuel (s'il existe), je me suis fait envoyer votre brochure commerciale, j'ai visité votre site, j'ai consulté le site Societé.com pour avoir vos bilans. »

N'affabulez pas car vos affirmations en ce domaine appelleront d'autres questions plus pointues : « Qu'en pensez-vous ? Que pensez-vous de notre situation de trésorerie ? Que pensez-vous de nos produits ? » Vous êtes en terrain dangereux ! Esquivez en disant que vous ne disposez pas d'assez de matière pour vous faire une idée correcte sur le sujet et rappelez que vous êtes ici pour en savoir plus.

Que recherchez-vous dans votre prochain poste ?

Réaffirmez vos compétences techniques, vos qualités, vos motivations en les faisant concorder, bien évidemment, avec le poste proposé.

Pour quelles raisons souhaitez-vous travailler pour notre société ?

Ce qu'il ne faut pas dire : « Parce que votre société est numéro 1, parce qu'elle bénéficie d'une bonne réputation ou parce que vos locaux sont agréables » (histoire vécue !).

Tâchez plutôt d'articuler votre réponse autour de motivations saines et claires : la nature du poste, les membres de la société que vous avez déjà vus, les perspectives de l'entreprise, la qualité des produits, la direction...

Combien de temps pensez-vous rester dans notre société ?

En vous posant cette question, pas très habile et cousue de fil blanc, votre interlocuteur s'efforce de déceler vos projets secrets : ne considérez-vous pas le poste comme une expérience à court terme ? N'allez-vous pas seulement utiliser la réputation de l'entreprise pour la quitter peu de temps après ?

Répondez sans préciser de durée : faites plutôt valoir que vous attachez la plus grande importance à ce changement de poste et souhaitez tout naturellement l'exploiter au mieux.

Ce qu'il ne faut pas dire : « Trois ans et je pars... » ou « J'espère passer dix années dans votre entreprise... »

Vous avez travaillé dans une grande société, quels attraits présente pour vous une PME ?

Votre job et la société pour laquelle vous travaillez vous apportent beaucoup. Pourtant, la lenteur des prises de décision inhérente aux grandes entreprises vous pèse. Vous ressentez une frustration que vous pensez bien compenser en intégrant une PME. Autre argument, il est plus difficile d'envisager une évolution rapide dans une multinationale qu'au sein d'une PME où, compte tenu de votre expérience, on n'hésitera pas à vous confier davantage de responsabilités.

Vous avez travaillé dans une PME, quels attraits une multinationale présente-t-elle ?

Travailler dans une PME présente de nombreux avantages : forte autonomie, haut degré de responsabilités, prise de décisions rapide... Cependant, à ce stade de votre carrière, vous aspirez à diriger des équipes plus fournies, à gérer un centre de profits plus conséquent, deux prérogatives que ne vous offrent pas les PME.

Êtes-vous sensible aux avantages sociaux dont bénéficient nos salariés ?

Ce que vous pouvez dire : « Je ne les connais pas, mais vous allez sans doute pouvoir m'éclairer. »

Celui qui est en face de vous essaie de mettre au jour ce qui vous incite à entrer dans sa société. Si c'est la qualité de la nourriture à la cantine, passez votre chemin !

Que pensez-vous apporter de plus à l'entreprise ?

Si cette question vous est posée en début d'entretien, faites remarquer qu'il vous est difficile d'y répondre car vous ignorez encore presque tout du poste.

Si vous en savez plus, mettez alors l'accent sur vos capacités d'adaptation et proposez une stratégie concrète : « Je commencerai par observer et écouter, puis, en accord avec ma hiérarchie, je déciderai des actions à entreprendre. »

Autre option : choisissez deux ou trois actions que vous avez réalisées précédemment et transposez-les dans le contexte de l'entreprise où vous postulez.

Questions à poser sur le poste

Quelles sont les responsabilités inhérentes au poste ?

C'est pour vous l'occasion de savoir ce que recouvre exactement le poste espéré, de déterminer, en connaissance de cause, si vous possédez les aptitudes requises et, enfin, de décider si la nouvelle fonction que vous briguez vous attire vraiment. Dans le même temps, les réponses qu'on vous fera, en vous renseignant plus avant, vous permettront d'adapter au plus près votre discours à la situation.

Quels changements et/ou améliorations souhaiteriez-vous voir apporter à ce poste ?

En abordant cette question, le recruteur, bien souvent, vous expose ce que faisait votre prédécesseur. À vous d'utiliser au mieux ces précieuses informations.

Quelles sont les difficultés du poste ?

Une autre opportunité pour obtenir de plus amples informations sur la société, l'environnement du poste.

Qu'est devenue la personne qui occupait le poste ?

Démission, licenciement ou promotion, le dernier cas est généralement signe de bonnes perspectives d'évolution. Les deux autres sont peut-être à creuser afin d'éviter les erreurs.

Pouvez-vous me préciser à nouveau les qualités nécessaires pour réussir à ce poste ?

Cette question vous permettra encore une fois de mieux comprendre les attentes de votre interlocuteur et donc de lui vendre plus facilement ce pour quoi vous ressemblez au candidat modèle.

Pouvez-vous me montrer mon poste dans l'organigramme ? Qu'attendez-vous de moi ?

Certains employeurs ne se font pas une idée précise de ce qu'ils attendent de la personne qu'ils recrutent. Cette question les aidera à clarifier leur pensée et à lever toute ambiguïté sur les spécificités du job. Ces renseignements vous conféreront un avantage certain sur les autres.

Quel « plus » attendez-vous du candidat recruté à ce poste ?

Sachez faire la différence entre un patron qui répond : « Je veux quelqu'un qui parvienne à augmenter les ventes de 20 % » et un autre qui dit : « J'attends de l'énergie et de l'enthousiasme. » Les deux réponses vous éclairent sur la personnalité et le style du dirigeant.

Pourquoi le poste est-il vacant ?

Il est toujours instructif de connaître les raisons pour lesquelles le poste est vacant, notamment pour comprendre les mécanismes internes de la société. S'il y a eu des conflits de personnalité, vous pouvez en déduire que le management est difficile ou le patron caractériel !

Depuis combien de temps le poste est-il vacant ? Pourquoi ?

Cette question n'est pas sans conséquences. Méfiez-vous des postes vacants depuis trop longtemps d'autant que, si c'est le cas, votre interlocuteur est probablement sous pression car pressé de trouver quelqu'un. Profitez-en pour vendre votre disponibilité si vous êtes libre de tout engagement.

Avec quelles personnes vais-je travailler ? Puis-je les rencontrer ?

N'acceptez jamais un emploi en restant sur la bonne impression qu'a pu vous faire la personne chargée de vous recruter. Demandez à voir l'équipe avec laquelle vous aurez à travailler. Cette démarche permettra à votre futur patron de vous imaginer à l'intérieur de la société.

Quel type de formation donnez-vous à ce poste ?

La plupart des patrons vous laisseront le choix entre une formation formelle et une formation sur le terrain. La réaction de votre futur employeur à cette question vous donnera une idée de son degré d'accessibilité : pratique-t-il la politique de la porte ouverte ou serez-vous contraint de vous adresser à quelqu'un d'autre en cas de problème ou, plus simplement, pour être formé ?

Quelle est la culture de l'entreprise ?

Encore une fois, cette question vous fournira des informations particulièrement utiles sur la société et sur celui ou celle avec qui vous allez être amené à travailler.

Qu'appréciez-vous particulièrement dans cette société ?

Mêmes remarques que pour la question précédente.

Ces questions ont l'intérêt de vous faire mieux comprendre les besoins de votre interlocuteur et sont autant d'atouts pour mieux adapter vos réponses.

Questions portant sur l'expérience professionnelle

Quel est votre style de management ?

Vous serez confronté à cette question si vous postulez à un poste de management. Expliquez que vous êtes doué d'une grande faculté d'adaptation et que vous parvenez à vous acclimater à tous types de personnes et de situations. Vous estimez que si certains collaborateurs doivent être managés avec fermeté, d'autres peuvent être autonomes alors que d'autres encore ont besoin d'encouragement et de considération.

Y a-t-il eu du turn-over *dans votre département ?*

Cette question annonce souvent une série de questions sur ce thème. Le *turn-over* est considéré comme l'une des plaies actuelles du management, donc vous serez de plus en plus interrogé sur votre capacité à gérer celui-ci.

Qu'est-ce qui était le plus fréquent dans le turn-over : les licenciements ou les démissions ?

Si le *turn-over* dans votre équipe était fréquent : soyez prêt à vous en expliquer. Était-ce parce que votre sélection des candidats n'était pas efficace ? À cause d'un mauvais management ? De conditions de travail exécrables ? Essayez de trouver des explications qui ne vous mettent pas trop en cause.

Quelle a été la raison la plus fréquente de licenciement ?

Attention, c'est une question très sensible : si vous répondez par exemple qu'il est très dur de trouver des personnes compétentes et que c'est une des raisons du *turn-over*, votre interlocuteur va en déduire que vous ne savez pas recruter vos équipes et donc que vous allez avoir du mal à développer le centre de profit qu'il souhaite vous confier.

Combien de personnes avez-vous dirigées ? Quelles étaient leurs qualifications ?

Votre interlocuteur vous demande des faits, répondez concrètement.

Avec quel type de personnes aimez-vous bien travailler ?

Partant du principe que nous aimons travailler avec des gens qui partagent nos valeurs, nos idées, attachez-vous à saisir ce qu'on attend de vous et, surtout, évoquez des facteurs positifs comme l'honnêteté, la rigueur, l'engagement et la motivation...

Avec quel type de personnes avez-vous des difficultés à travailler ?

C'est une question piège car votre interlocuteur a probablement en tête une ou deux personnes avec qui vous aurez à travailler au sein de l'entreprise. Aussi, ne prenez pas de risques et répondez que vous n'appréciez pas ceux qui ne partagent pas votre enthousiasme pour le travail bien fait.

Que pensez-vous de votre patron actuel ?

Ici, on cherche à évaluer votre rapport à la hiérarchie et à l'autorité. Ne vous y trompez pas, vous êtes en terrain glissant !

Soyez clair et concis : « J'ai beaucoup de respect pour mon patron, il m'a apporté beaucoup » (évoquez des faits précis). Si vous vous êtes heurté à lui, expliquez sereinement dans quelles circonstances cela est arrivé, sans porter de jugement de valeur et en écartant les remarques personnelles. Ne l'accusez surtout pas d'incompétence.

Souhaitez-vous prendre le poste de votre patron ? Êtes-vous ambitieux ? loyal ? peut-on vous faire confiance ?

Cette question vous met en porte-à-faux car, d'une part, vous risquez de passer pour quelqu'un de peu d'ambition si vous répondez non et, d'autre part, vous serez considéré comme un « tueur » si vous répondez oui.

Ce que vous pouvez dire : « Je possède une certaine ambition et j'aime avoir de nouvelles responsabilités, j'aime aussi aller de l'avant. Toutefois, je ne me suis jamais penché sur cette question. »

Qu'est-ce qui vous paraît difficile dans votre emploi actuel ?

Question délicate ! Dites que vous ne rencontrez pas de difficultés particulières, tout en donnant des exemples de difficultés qui sont en dehors de votre contrôle et dont vous n'êtes pas la cause : « Le marché de l'automobile, actuellement en baisse, rend notre démarche marketing à la fois plus stratégique et difficile. » Sachez utiliser cette opportunité pour montrer que vous savez prendre des initiatives.

Pourquoi souhaitez-vous quitter votre poste ?

Il s'agit ici d'apprendre si l'on vous pousse dehors ou si c'est vous qui choisissez de partir. Votre réponse doit être courte et précise : vous souhaitez évoluer pour avoir des responsabilités supplémentaires, ce que vous ne trouvez malheureusement pas à ce jour.

Qu'est-ce qui vous déplaît dans votre société actuelle ?

Deux règles : ne jamais critiquer son employeur et ne pas apparaître comme une victime. *A contrario*, ne pas présenter un tableau idyllique de votre situation quand vous vous apprêtez à quitter votre employeur.

Qu'avez-vous appris chez AB & CO ?

Cette question vous permet de coller au plus près aux attentes de votre interlocuteur. Évoquez les compétences et expériences qu'il pourra directement utiliser.

Qu'avez-vous apporté à cette société ?

Mêmes réponses qu'auparavant. N'en faites pas trop quand même en vous attribuant tout le mérite d'une réussite. Parlez d'un succès d'équipe.

Quelle est la situation la plus difficile à laquelle vous ayez eu à faire face ?

Il s'agit ici de juger votre conception de la difficulté. Autrement dit, comment vous traitez les problèmes. Êtes-vous à même de décider ? De supporter la pression ? Illustrez vos propos en décrivant une situation difficile dont vous ne portez pas la responsabilité. Commentez votre gestion de la crise, vos options et justifiez vos choix en faisant valoir l'aspect bénéfique. Vous pouvez aussi évoquer le licenciement de collaborateurs, ce qui est toujours un événement douloureux.

Avec le recul, qu'auriez-vous fait autrement dans votre carrière ?

Tout le monde a droit à l'erreur ! Choisissez de préférence des impairs de jeunesse, imputables au manque d'expérience, survenus il y a longtemps.

Quelles sont les qualités nécessaires pour faire un bon... ?

En clair, l'interviewer vous demande si vous partagez ses conceptions des qualités et des compétences techniques requises pour ce poste. Si vous maîtrisez bien votre fonction. Cette question ne doit pas vous perturber, d'autant plus si vous y avez pensé avant.

Avez-vous ces qualités ?

Vous ne pouvez faire autrement que répondre oui. Toutefois, il ne suffit pas de le dire. Prouvez-le en revendiquant vos succès, vos qualités, votre savoir-faire technique.

Combien d'heures par semaine travaillez-vous ?

Autre question difficile car si certains recruteurs considèrent que travailler beaucoup reflète une attitude positive, d'autres en déduiront que vous êtes mal organisé et par conséquent inefficace. Répondez que cela dépend : vous travaillez pour atteindre des objectifs et remplir vos responsabilités, non pas pour faire acte de présence.

Décrivez votre journée type

On teste ici votre gestion du temps, votre organisation, votre assiduité et donc votre efficacité. Préparez-vous à l'avance.

Qu'avez-vous fait aujourd'hui ?

Prévoyez ces questions car il se peut que votre journée ait été banale et insipide.

Que pensez-vous de votre charge de travail ? Comment divisez-vous votre temps de travail entre vos différentes responsabilités ?

Ces deux questions ont pour but d'analyser la façon dont vous structurez votre temps de travail et votre attitude par rapport à votre charge de travail. Évitez de vous plaindre d'une surcharge permanente.

Avec quels autres départements de la société et quels échelons hiérarchiques avez-vous des contacts ? Avez-vous rencontré des difficultés ?

Ces questions ont pour but d'évaluer l'importance que revêt pour vous la communication avec les autres départements. Si vous avez des difficultés, choisissez celles qui ne sont pas de votre fait.

Comment organisez-vous vos journées ?

Là encore, le but est de démontrer que vous êtes rigoureux, bien organisé mais aussi flexible et adaptable en fonction des événements extérieurs.

En général, l'interviewer sera favorable et impressionné par le candidat qui sait organiser ses journées et qui établit une liste de priorités journalières. De même, il donnera l'avantage à celui qui analyse le résultat de son activité journalière afin de modifier son planning pour le jour suivant.

Parlez-moi de votre méthode de travail

C'est une question importante. Vous y répondrez d'autant mieux que vous avez déjà une première vision des méthodes employées dans l'entreprise pour laquelle vous postulez.

La réponse possible : « J'ai des objectifs à court, moyen et long terme :

- Court terme : organisation journalière de mes priorités et revue journalière de la réalisation de ces priorités ;
- Moyen terme : objectifs précis au mois, au trimestre, au semestre ;
- Long terme : un an, trois ans, cinq ans. »

Si vous managez une équipe, parlez de vos méthodes de travail avec celle-ci : délégation, mise en place d'objectifs, contrôle...

Qu'est-ce qui vous motive le plus dans votre travail actuel ?

Le responsable du recrutement s'efforce d'analyser précisément les facteurs qui vous motivent. Calquez vos motivations sur les besoins du poste et ne cessez pas d'être positif sur votre job actuel, sans en faire trop quand même. N'oubliez pas que vous voulez changer !

Ce que vous pouvez dire : « Dans une grande société, la prise de décision est très longue et très frustrante... » ; « Dans une PME, on est souvent privé des ressources nécessaires pour un développement rapide. » Ayez l'air serein.

Quels types de décisions trouvez-vous difficiles à prendre ?

Cette question piège a pour objet de vous contraindre à dévoiler vos faiblesses. Parlez du licenciement d'un collaborateur, c'est un acte de management que personne n'aime faire.

Faites comprendre que, quelles que soient la situation et la difficulté, vous prenez les décisions et assurez vos responsabilités. Précisez aussi que vous savez vous montrer ferme tout en restant humain. Si vous ne vous occupez pas de management, avancez que la décision vous paraît difficile à prendre lorsque vous manquez d'informations suffisantes. Objectez qu'il est dangereux d'arbitrer au seul ressenti.

Quelles ont été vos plus importantes réalisations à ce jour ?

Sélectionnez des réalisations qui coïncident le mieux avec le poste proposé. Ne manquez jamais non plus de spécifier quels en ont été les bénéfices pour votre entreprise.

Ce que vous pouvez dire : « J'ai lancé un nouveau produit qui complète parfaitement notre gamme de produits frais vendus en GMS. Cela représente après deux ans 25 % du chiffre d'affaires et 15 % des profits de la société. »

Êtes-vous satisfait de la progression de votre carrière jusqu'à présent ?

C'est votre confiance en vous, votre ambition qui sont éprouvées ici, de même que la perception que vous avez de vous-même.

N'êtes-vous pas aigri et insatisfait ?

Soyez, dans la mesure du possible, positif. Si cependant vous jugez que vous avez eu un début de carrière difficile ou encore, si vous êtes actuellement dans une phase plateau, soyez franc : « J'ai eu du mal à démarrer ma carrière parce que je n'avais pas trouvé ma voie. Aujourd'hui, je me suis concentré sur la comptabilité et je suis parfaitement heureux de l'évolution de ma situation, tout en souhaitant une progression à terme. »

Où espérez-vous être dans cinq ans ?

Votre interlocuteur se demande si vous contrôlez votre carrière et si vous vous projetez, à moyen terme, dans l'avenir. Restez évasif et ne parlez jamais d'un poste précis. Aujourd'hui, le cours d'une carrière est amené à se modifier très vite, dans un sens comme dans l'autre.

En étant trop déterminé, vous paraîtrez irréaliste, trop ambitieux ou pas assez. Arguez que votre souhait est de vous améliorer, notamment sur le plan technique, tout en consolidant vos atouts. Vous pouvez dire, pour conclure avec cette question : « Naturellement, cela m'intéresserait beaucoup de connaître votre point de vue sur les évolutions possibles du poste. »

Atteignez-vous toujours vos objectifs ?

Même si vous êtes tenté de répondre positivement, dites à votre interlocuteur qu'en matière de business, la réussite dépend de beaucoup de facteurs, notamment extérieurs. Il est donc difficile d'atteindre toujours ses objectifs.

Combien de temps vous faudra-t-il pour apporter une réelle contribution à notre entreprise ?

Deux solutions se présentent :

- Votre interlocuteur vous a déjà parlé de sa société et du poste à pourvoir : vous avez une chance de vendre tous vos points forts et les avantages que va retirer votre futur employeur de votre candidature. Ne donnez pas de date précise et dites que vous êtes certain, compte tenu de vos forces, d'apporter une contribution rapide. Cela dit, vous souhaitez écouter et comprendre l'entreprise et ses collaborateurs avant de foncer tête baissée.
- Votre interlocuteur ne vous a pas encore parlé de la société et du poste à pourvoir, répondez par exemple : « Je souhaiterais saisir l'opportunité de cette question pour obtenir quelques précisions sur le poste, sans lesquelles j'aurais du mal à vous répondre précisément. » En effet, comment répondre sur votre contribution sans connaissance du poste ? Ce n'est pas sérieux.

Quel a été le rapport le plus complexe que vous ayez eu à rédiger ?

Là encore, c'est une question dangereuse car elle donne une indication sur les choses qui vous semblent complexes. Il faut expliquer pour quelle raison ce rapport vous a semblé complexe et les leçons que vous en avez tirées.

Avez-vous déjà eu à prendre une décision impopulaire ?

Cette question est importante, elle permet à votre interlocuteur de situer plus précisément votre niveau de responsabilité et votre niveau d'activité. Plus votre niveau de responsabilité est élevé, plus il est probable que vous ayez eu à prendre ce genre de décision.

Expliquez pourquoi elle était impopulaire et comment vous avez réussi à limiter son impact. Enfin montrez que si vous savez être humain, vous savez aussi prendre des décisions impopulaires mais qui sont bonnes pour l'intérêt de la société.

Traitez-vous des problèmes complexes ? Lesquels ?

Votre interlocuteur va essayer d'identifier les choses que vous trouvez complexes et donc qui peuvent vous poser des problèmes.

Réfléchissez à la complexité de votre métier et montrez comment vous faites face à cette complexité au travers de deux exemples.

Parlez-moi d'un de vos objectifs actuels. Que faites-vous pour les atteindre ?

En répondant, vous allez donner des informations à l'interviewer sur vos priorités, votre degré de volonté pour réaliser des choses. Choisissez des objectifs qui vont pouvoir correspondre avec ceux du poste pour lequel vous postulez.

Pourriez-vous me citer un exemple où, dans des circonstances difficiles, vous avez réussi à souder votre équipe ?

Cette question a pour but de vérifier si vous êtes un leader ou un suiveur. Montrez comment vous avez réussi à prendre des responsabilités concernant le bien-être de votre équipe.

Questions sur le comportement au travail

Aimez-vous travailler seul ou en équipe ?

Vous allez à la catastrophe si vous répondez sans avoir une connaissance suffisante de l'emploi sollicité. D'où l'importance des questions que vous aurez posées précédemment.

Ce que vous pouvez dire : « Je m'adapte à toutes les circonstances. Je suis capable aussi bien de m'isoler pour réfléchir que de m'épanouir au sein d'un groupe. D'ailleurs, dans mon job actuel... »

Comment s'est passée la première rencontre avec votre équipe ? Comment vous sentiez-vous ?

Il est important d'avoir réfléchi à cette question : la nouveauté vous déstabilise-t-elle ? Vous faut-il un temps d'adaptation ? Si oui, expliquez et argumentez car cela peut faire peur à votre futur employeur.

Que ferez-vous si vous êtes en désaccord avec votre supérieur hiérarchique ?

Autrement dit, comment réagissez-vous à une tension ou à un conflit ?

Ce que vous pouvez dire : « Au cours d'une conversation ou d'une réunion, si mon patron me demande mon avis, je le lui donnerai, même si je ne suis pas d'accord avec lui. Si au contraire il ne me demande pas mon avis, je me manifesterai après et lui exposerai alors mes craintes. »

Ainsi, vous montrez que vous êtes capable d'assumer vos différences tout en faisant preuve de tact.

Comment réagissez-vous si votre supérieur vous reproche une erreur imputable à l'un de vos collaborateurs ?

En règle générale, vous soutenez vos collaborateurs tout en veillant à ce que cela ne se reproduise plus. Si la même erreur réapparaît, vous vous expliquez avec le collaborateur.

Que détestez-vous chez les autres ?

En vous posant cette question, votre interlocuteur peut avoir deux idées en tête :

- La première : déduire de ce que vous allez dire vos caractéristiques, selon le principe du contraire. Vous ne supportez pas la lenteur, donc vous êtes rapide, vous ne supportez pas l'intolérance, donc vous êtes tolérant...
- La seconde : il a peut-être en tête des membres de votre future équipe avec des traits de caractère particuliers. Il teste simplement une éventuelle adéquation.

Avec prudence, citez des défauts sur lesquels votre interlocuteur sera forcément d'accord avec vous : « l'incompétence, le mensonge... ».

Êtes-vous capable de travailler sous pression ?

Faites-vous préciser le degré de pression auquel il est fait allusion : très forte pression ? faible ? autre ? En effet, votre interlocuteur n'en a peut-être pas la même définition que vous. Respectez donc la règle qui fait que vous ne devez jamais répondre à une question que vous n'avez pas parfaitement comprise. Si vous aimez travailler sous pression, répondez : « Oui, et je trouve cela stimulant. Toutefois à chaque fois que cela est possible j'essaye de planifier mon travail et d'éviter ainsi un stress inutile généré par le travail fait à la dernière minute ».

Quelles sont vos faiblesses ?

Question standard destinée à évaluer la part de risque que l'on prend en vous engageant. Ne prétendez surtout pas n'avoir aucune faiblesse. Vous feriez sourire et seriez immédiatement éliminé.

Première option : exploiter une lacune professionnelle. Ce peut être un manque d'expérience sans gravité dans la fonction que vous convoitez.

Ce que vous pouvez dire : « Je maîtrise mal la prise de parole en public. Je sais que cela est dû à un manque de pratique. » N'admettez pas de défauts personnels comme un mauvais caractère ou une difficulté à vous lever le matin. Dans ce dernier cas, vous serez soupçonné d'arriver en retard un jour sur deux, de n'être pas productif avant midi...

Seconde option : décrire une faiblesse personnelle ou professionnelle qui puisse être considérée comme une qualité.

Ce que vous pouvez dire : « Je sais que mon entourage me reproche ma trop grande exigence. Il est vrai que je demande beaucoup parfois. L'absence de résultat m'insupporte et me frustre. Pourtant, je pense avoir fait des progrès en la matière. Enfin, je parviens très bien à motiver mes collaborateurs. »

Comment réagissez-vous aux critiques ? Reconnaissez-vous vos erreurs ?

Prenez un cas sans conséquence pour l'entreprise, notamment sur le plan financier : une fausse bonne idée, par exemple, sur laquelle vous avez su revenir après réflexion et discussion avec la hiérarchie. Montrez que vous mettez à profit les critiques.

Si vous alliez voir votre patron pour une augmentation, comment le justifieriez-vous ?

Évitez la réponse : « Parce que je le mérite. » Ce que vous devez plutôt montrer, c'est la valeur ajoutée, la contribution que vous amenez à votre entreprise. Cela prouvera que vous prenez les intérêts de votre société à cœur. Cette question en général en amène une autre : « Avez-vous discuté avec votre patron de votre désir de partir ? »

Qu'est-ce que votre patron va dire quand vous allez lui annoncer votre décision ?

Cette question permet à votre interlocuteur de tester votre détermination à partir. Si vous comptez utiliser son offre pour en négocier une meilleure dans votre entreprise actuelle, ne le faites pas sentir, car vous auriez vite fait de tout perdre.

Pourriez-vous me parler d'un de vos projets qui a été rejeté ? Comment avez-vous réagi ?

Votre interlocuteur est à la recherche d'une éventuelle amertume. Même si vous pensez que l'on ne reconnaît pas votre génie ou vos compétences à leur juste valeur, faites attention à ne pas laisser échapper de façon trop évidente votre aigreur sur le refus de certains de vos projets.

Pourriez-vous me donner un exemple où votre performance n'était pas à la hauteur de vos ambitions ?

Cette question est délicate : soyez franc, trouvez une situation qui ne fasse pas douter votre interlocuteur sur vos capacités à tenir le poste pour lequel vous postulez. N'oubliez pas de dire à votre interlocuteur les leçons tirées de cette expérience.

Décrivez-moi un projet qui vous a demandé un degré d'implication élevé et prolongé

Cette question cherche à évaluer votre motivation et votre ténacité.

Le business est une véritable course de fond, les entreprises recherchent plutôt des marathoniens que des sprinteurs. L'interviewer veut aussi savoir d'où vient votre énergie, ce qui vous fait avancer. Cette question est souvent complétée par une autre : « Comment faites-vous pour maintenir votre enthousiasme intact ? »

Essayez de montrer, à l'aide d'exemples choisis, votre ténacité tout en faisant valoir que vous savez aussi prendre du recul : attention, ne confondez pas ténacité et obstination.

« Quel est votre degré de flexibilité ? Êtes-vous rigide ou adaptable ? » Tel est le sens caché de cette question. « Savez-vous changer vos habitudes sans problème ? »

Citez un cas où vous avez dû modifier votre emploi du temps en raison d'un problème urgent à régler

Là encore, l'interviewer teste votre flexibilité et votre sens de l'organisation.

Êtes-vous plutôt une personne d'action ou de réflexion ?

C'est une question difficile, la direction que vous souhaitez donner à votre réponse dépend de plusieurs choses :

- vous (votre personnalité) ;
- les qualités nécessaires au poste proposé (action, réflexion, les deux) ;
- les spécificités du prochain poste que vous recherchez (poste opérationnel, poste fonctionnel, poste de commercial, poste d'analyste...).

Même si votre choix est simple – vous êtes un commercial, vous souhaitez un poste de commercial et vous postulez à un poste de commercial –, faites valoir que vous êtes un homme/une femme d'action (car c'est ce qu'attend votre interlocuteur) mais argumentez votre réponse (parlez de quelques actions réussies), tout en faisant comprendre à votre interlocuteur que vous savez réfléchir. Bien sûr, vous ne vous lancez pas à corps perdu dans une action avant d'y avoir réfléchi.

Concluez en disant qu'en aucun cas vos actions ne sont retardées par votre réflexion.

Questions diverses

Que faites-vous pendant vos loisirs ?

Le recruteur ne fait pas preuve d'indiscrétion. Il souhaite simplement mieux vous connaître, cerner votre personnalité. Vous imaginez bien que vous n'avez aucun intérêt à lui rétorquer que vous passez tout votre temps libre devant la télé. Encore une fois, mettez l'accent sur des qualités que vous développez dans vos hobbies et qui vous servent dans l'exercice de votre métier.

Peut-être n'avez-vous aucun passe-temps. Dans ce cas, faites valoir que vous vous consacrez pleinement à votre travail et donnez tous vos loisirs à la vie de famille. Retenez en tout cas que l'essentiel est de démontrer que vous avez une vie équilibrée.

D'autres questions possibles

- Aimez-vous les risques ?
- Comment vos subordonnés vous jugent-ils ?
- Qu'est-ce qui fait, selon vous, qu'une réunion est productive ?
- Aimez-vous les responsabilités ?
- Savez-vous en prendre ? Exemples.
- Avez-vous beaucoup d'amis ?
- Pratiquez-vous un sport ?
- Avez-vous une passion ?

Toutes ces questions, de même que celles concernant vos loisirs, sont l'occasion de mieux vous faire connaître et, toujours, de valoriser vos qualités personnelles et professionnelles. D'autre part, elles contribuent à détendre l'atmosphère dans le cours de l'entretien.

Encore une fois, il s'agit pour vous de rassurer en donnant la preuve que vous menez une vie équilibrée et que vous êtes aussi bien capable de prendre du recul que de vous relaxer. Au passage, essayez de vous faire une idée de ce qui intéresse celui à qui vous vous adressez.

Si vous vous découvrez un hobby en commun, cela peut très certainement vous servir.

Questions difficiles et stressantes

Si je prends des références auprès de vos anciens employeurs, que vont-ils me dire ?

L'interviewer va certainement prendre des références. Il teste donc votre franchise et vous donne la possibilité, *a priori*, de l'éclairer sur d'éventuels problèmes. Mettez l'accent sur les meilleurs aspects de la collaboration avec votre ancien boss et ne lui cachez pas les mauvaises expériences. Justifiez-les sereinement.

Questions interdites (religion, race, santé, sexualité, opinions politiques...)

On ne peut vous interroger sur votre vie privée. Vous éviterez un affrontement trop direct en demandant en quoi la question a un rapport avec le poste proposé. Il est possible que la réponse vous détourne définitivement de l'entreprise.

Pourquoi avez-vous quitté votre précédent emploi ?

Vous ne gagnerez rien à passer pour une victime en imputant toute la faute à votre patron. Plus simplement, dites que vous ne parveniez pas à communiquer et, qu'avec le recul, vous auriez peut-être agi autrement. Vous démontrerez ainsi votre aptitude à tirer activement parti de vos erreurs. Le plus simple est d'invoquer l'absence de perspectives d'avenir que confirmera une éventuelle prise de référence.

Pourquoi êtes-vous resté aussi longtemps au même poste dans une même société ?

Les mentalités ont évolué. Ce qui passait avant pour de la loyauté, du fait de la complexification des structures et de l'accélération des changements de carrières, dénote aujourd'hui une certaine inertie, une timidité face aux changements. Vous aurez sans doute à vous justifier sur ce point si vous êtes resté plus de cinq ans au même poste, dans la même société. Cela ne compte pas dans le cas où, au sein d'une entreprise, vous avez régulièrement évolué.

Si vous n'avez bénéficié d'aucune promotion et exercé les mêmes fonctions, rétorquez que vous avez changé au même rythme que l'entreprise qui s'est elle-même modifiée au cours des années : sont apparus de nouveaux produits, de nouveaux marchés, des changements de taille, de structure… Votre job a forcément suivi ces mutations. Enfin, si aucune transformation d'aucune sorte n'est intervenue, plaidez en faveur de la loyauté et de la stabilité qui sont des valeurs que vous défendez. Vous aimez vous engager pleinement et à long terme dans un projet professionnel auquel vous croyez et l'on peut compter sur votre fidélité et votre force : vous n'attendez pas la promotion à n'importe quel prix. Autrement dit, vous n'avez pas les dents qui rayent le parquet.

Pourquoi êtes-vous resté aussi longtemps au chômage ?

On peut formuler la question différemment : qu'est-ce qui ne va pas chez vous ? Pourquoi devrais-je prendre un risque en vous embauchant ?

Ce que vous pouvez répondre : « Vous savez comme moi que la situation de l'emploi n'est pas brillante. Les postes que l'on m'a offerts ne correspondaient pas à ce que je recherche. Or je pense qu'il est préjudiciable d'accepter n'importe quoi. Il me semble être en phase avec vos attentes. C'est la raison pour laquelle je suis aujourd'hui en face de vous. »

Avez-vous d'autres pistes ?

Oui, vous en avez ! Mais restez vague sur les entreprises tout en étant précis sur la fonction. Il est normal de ne pas citer de nom. Si vous n'avez pas d'autres pistes, inventez-en car le vide inquiétera votre interlocuteur. Concluez en confiant que les autres opportunités vous intéressent moins que celle qui vous est donnée ici et ce, en précisant pourquoi.

Pourquoi avez-vous changé quatre fois d'entreprise en cinq ans ?

Ou plus clairement, n'êtes-vous pas un instable ? Ne vous laissez pas prendre au piège ! Répliquez en démontrant la cohérence de votre progression et en mettant l'accent sur les augmentations de salaire que vous en avez retirées à chaque fois. Enfin, faites apparaître les enrichissements qu'ont apportés à la connaissance de votre métier ces renouvellements et ces remises en question.

Qu'est-ce qui vous irrite dans la vie ? Quelles sont vos « bêtes noires » ?

Ce que vous pouvez dire : « Je m'efforce de ne pas réagir à chaud et de contrôler activement les événements. Toutefois, pour répondre à votre question, j'avoue que je n'aime pas les gens étroits d'esprit et qui ne font preuve d'aucune flexibilité. » Là encore, profitez-en pour donner l'image d'une personne souple et ouverte. Sauf si ce n'est pas votre vraie personnalité !

Qu'avez-vous à répondre si l'on vous dit que votre prestation a été mauvaise ?

Question rare dont le seul but est de vous déstabiliser. Soyez prêt à l'affronter ! Et surtout, ne perdez pas de vue qu'on vous parle au conditionnel. En fait, on teste votre répondant face à la critique, aussi agressive et désagréable soit-elle.

Ce que vous pouvez dire : « Je m'appliquerai à analyser les raisons de cette impression négative. »

Ne pensez-vous pas être un peu trop jeune pour ce poste ?

Une seule réponse : les succès que vous avez obtenus dans vos précédents postes. Vous montrerez ainsi qu'on peut exercer des responsabilités à tout âge.

Ne pensez-vous pas être un peu trop âgé pour ce poste ?

On peut être vieux à 25 ans. Votre enthousiasme et votre potentiel physique sont intacts. De plus, votre maturité professionnelle, aussi bien que votre connaissance de la vie, sont des atouts majeurs.

Avez-vous connu des échecs dans votre carrière professionnelle ?

Répondez par l'affirmative en analysant ces échecs et en en tirant les enseignements.

Pourquoi vous contentez-vous d'un salaire si bas à votre âge ?

Autre question vouée à vous déstabiliser davantage.

Ce que vous pouvez dire : « J'ai toujours pensé qu'il fallait d'abord s'employer à acquérir un savoir-faire et des compétences. Le salaire suivra. »

Pour finir, retournez la question : « À combien estimez-vous mon salaire actuellement ? »

Que feriez-vous si vous étiez licencié dans deux ans ?

Votre interlocuteur parle au conditionnel. Il veut tester votre réaction. Répondez sereinement : même si vous n'envisagez pas cette option, si cela devait arriver, vous espérez qu'après deux ans dans leur entreprise, vous aurez valorisé votre expérience et amélioré vos compétences dans les domaines X, Y, Z et que vous pourrez vous repositionner sur le marché du travail.

Pourquoi ne gagnez-vous pas plus à votre âge ?

Quelques réponses possibles :

- « C'est dû principalement aux niveaux de salaires pratiqués dans ce secteur. J'étais tout à fait dans la bonne moyenne de la profession. »
- « C'est vrai, j'aurais pu être mieux payé, toutefois je compensais ce manque à gagner par l'intérêt du poste et une bonne ambiance de travail. Aujourd'hui, je recherche ces deux composantes alliées à un salaire plus élevé. C'est pour ces raisons que je postule à votre poste. »
- « J'ai commencé à travailler tard car j'ai fait de longues études. »
- « J'ai commencé dans une très grande entreprise où existaient des grilles de salaire : compte tenu de mes diplômes, mon salaire était moyen. C'est pour cette raison que je souhaite changer, je souhaite

trouver une entreprise qui valorise la compétence individuelle et l'expérience plus que les diplômes. »

C'est une question destinée à vous déstabiliser. Si votre interlocuteur est de mauvaise foi, posez-lui la question suivante : « Combien pensez-vous que je devrais gagner aujourd'hui ? » S'il vous cite un chiffre, n'oubliez pas de l'utiliser à votre avantage dans une négociation de salaire.

Quelles sont les raisons de votre succès dans cette profession ?

Attention, inutile de donner des exemples de succès, votre interlocuteur veut comprendre pourquoi vous réussissez. « Je pense réussir pour trois raisons [trouvez trois ou quatre raisons qui sont en relation avec les qualités recherchées par votre interlocuteur]. »

Êtes-vous satisfait à ce jour de la progression de votre carrière ?

Soyez positif sur vos résultats, tout en faisant comprendre à votre interlocuteur que vous avez encore du potentiel et des choses à apprendre.

Ce que vous pouvez répondre : « Par rapport à mes camarades de promotion, j'ai très bien progressé. Compte tenu de mon expérience et de mes compétences, je peux contribuer à l'essor de votre entreprise. »

Combien de temps allez-vous rester dans notre société ?

Ce que vous pouvez répondre : « Tout ce que vous m'avez dit sur le poste et l'entreprise m'intéresse fortement. J'aime progresser, j'aime apprendre. Du moment que je continue à apprendre et à progresser, il n'y a aucune raison pour moi de quitter votre entreprise. À votre avis, combien de temps pensez-vous que je serais heureux dans votre entreprise ? »

Comment réagissez-vous à un management très directif ?

Deux questions dans cette phrase : acceptez-vous d'être managé ? Acceptez-vous la critique ?

Ce que vous pouvez répondre : « Selon moi, il y a deux types de management : le management participatif où le manager prend le temps de m'expliquer les choses ; un management plus directif où le manager n'a pas toujours le temps de m'expliquer sur l'instant le pourquoi de sa demande. Les deux me conviennent ; je préfère le premier mais je comprends qu'il y ait parfois des priorités. »

Vous avez mis trois semaines à obtenir ce rendez-vous chez le médecin. À la dernière minute, vous avez une réunion urgente. Que faites-vous ?

C'est une technique d'entretien de situation : on pose un problème et l'on voit comment répond le candidat.

Dans ce cas-là, essayez de vous mettre à la place de votre manager. Si j'étais le manager obligé de planifier une réunion de façon urgente, quelle serait ma réaction si l'un de mes collaborateurs m'annonçait qu'il devait se rendre chez le médecin. Bien évidemment, c'est une question de nuance. Si le rendez-vous est pour une maladie grave, la question est vite réglée.

Ce que vous pouvez répondre : « Cela dépend du degré d'urgence de mon rendez-vous avec le médecin. Si cela peut attendre, j'annule mon rendez-vous et je me prépare pour le meeting dans mon entreprise. »

Comment faites-vous pour assister à des entretiens alors que vous êtes en poste ?

Surtout ne dites pas que vous vous inventez des rendez-vous bidon chez le médecin ! Expliquez simplement qu'il vous reste quelques jours de vacances à prendre. Montrez bien que vous cherchez à changer mais vous ne souhaitez pas porter préjudice à votre employeur.

Qu'est-ce que vous n'avez pas aimé dans votre dernière société ?

Ne critiquez pas la société dans son ensemble, prenez des exemples isolés. « Certains collaborateurs n'avaient pas le même niveau d'exigence en matière de service aux clients »…

Je ne pense pas que vous ayez le profil du poste !

Cette question est une façon de tester votre résistance au stress, votre détermination, votre écoute, votre combativité. En fait, votre interlocuteur vous déstabilise et vous donne une chance de vous en sortir mieux que la plupart des candidats mal préparés à cette question.

Stratégie de réponse possible : « Pourriez-vous me dire pourquoi vous me dites ceci ? » (Restez calme !) Vous devez gagner du temps et essayez d'en savoir plus sur cette objection avant de répondre : écoutez !

Vous ne m'avez pas convaincu de votre intérêt pour le poste !

Ce que vous pouvez répondre : « C'est intéressant que vous me disiez cela. » Redites-lui tout le bien que vous pensez du poste, de sa société et de la contribution que vous pouvez apporter... Validez à nouveau : « Êtes-vous plus convaincu ? »

Chapitre 18

Conclure l'entretien, l'offre et la négociation de salaire

Vous voilà parvenu au bout de votre démarche : tous les aspects de votre candidature et du poste ont été abordés et l'entretien touche à sa fin. Si tout s'est passé pour le mieux jusqu'ici, il serait dommage de négliger cette dernière étape et de gâcher l'impression positive que vous avez su créer, d'autant qu'un point important reste à évoquer : le salaire et sa négociation.

Conclure l'entretien

L'entretien touche à sa fin, votre interlocuteur vous donne le signal du départ. C'est le moment de lui montrer que vous avez parfaitement bien saisi les tenants et les aboutissants du poste proposé. Un résumé en deux ou trois phrases de ce qui s'est dit permettra d'en faire la preuve. Enfin et surtout, réaffirmez votre intérêt pour le job.

Ce que vous pouvez dire : « Si j'ai bien compris, je serai chef de produit sur la marque X qu'il s'agit de redynamiser (nouveau film publicitaire, nouveau packaging...). J'aurai aussi la responsabilité du lancement d'un nouveau produit. Cette perspective me stimule particulièrement, d'autant que je pense avoir les compétences requises pour réussir ». Il est temps de demander à votre interlocuteur ce qu'il pense de votre candidature. S'il accepte de vous répondre, vous saurez si votre message est bien passé et quels sont les points forts et les points faibles qui l'ont marqué. Posez la question en termes de bilan de votre candidature, compte tenu du poste à pourvoir.

Si son verdict s'exprime sur des faits concrets (votre expérience marketing est courte, votre allemand rudimentaire...), celui qui vous juge ne craindra pas de justifier son avis. Ne vous rebellez pas ouvertement, essayez de répliquer sans acrimonie : « Pour compléter votre information, je voudrais à ce sujet vous préciser les points suivants. »

S'il s'exprime sur un trait de votre personnalité (il vous trouve peu dynamique ou stupide), soyez sûr qu'il ne vous le dira pas ouvertement ; il est trop bien élevé ou trop lâche.

Si vous vous êtes découvert une lacune, devancez ses doutes : « À l'évidence, le poste requiert un peu plus d'expérience que la mienne. Toutefois, je me crois capable d'en assurer les fonctions. Qu'en pensez-vous ? »

De même vous pouvez dire : « Y a-t-il quelque chose de plus que je puisse dire afin de vous permettre de prendre une décision favorable en ma faveur ? »

Faites-vous préciser le déroulement du recrutement : qui rappellera et quand ? Et n'hésitez pas à prendre l'initiative en proposant de le faire de votre côté. Vous resterez maître de la situation :

– Quand pensez-vous avoir terminé votre première sélection ?
– D'ici deux semaines.
– Je serai peut-être difficilement joignable, puis-je donc vous contacter dans deux semaines ?

Tant que vous n'avez pas franchi le seuil de l'immeuble, l'entretien n'est pas terminé. Gardez-vous de dire, une fois le seuil du bureau franchi : « Au fait, j'ai oublié de vous dire que... » Il est trop tard. Remerciez pour l'accueil qu'on vous a réservé et le temps qu'on vous a consacré, restez souriant tout en maintenant, jusqu'à la fin, un regard franc et direct. Ne négligez pas, en sortant, de saluer la standardiste et la réceptionniste. Les dirigeants leur demandent parfois leur avis sur les candidats.

Après l'entretien, confirmez votre intérêt et remerciez votre interlocuteur par une lettre ou un e-mail :

– Cela renforce votre image de professionnel.
– Cela vous distingue des autres.
– Cela vous permet de réitérer vos points forts.
– Cela confirme votre intérêt pour le poste.

Exemple de lettre

Monsieur,

Suite à notre récent entretien, concernant le poste de ...., je tenais à vous remercier pour les informations que vous m'avez communiquées.
Par ailleurs, je souhaitais vous confirmer les points suivants :
Très favorablement impressionné par votre entreprise et la teneur du poste proposé, je poursuivrai volontiers plus avant nos entretiens.
Je pense pouvoir apporter.......... (adhérez autant que possible aux besoins de votre interlocuteur) à ce poste.
Comme convenu, je vous rappellerai le.......... afin d'envisager la possibilité d'une nouvelle rencontre.

Je vous prie de croire,..., en l'expression de mes sentiments les meilleurs.

Bernard Durand

Exemple d'e-mail

De :
Envoyé :
À :
Objet : Poste de... – Notre entretien de ce jour

Madame, Monsieur,

À l'issue de notre rencontre aujourd'hui, je tenais à vous remercier pour le temps que vous m'avez consacré et la qualité de notre discussion.

Je vous renouvelle mon intérêt pour le poste de...... sur lequel nous avons échangé.

Comme convenu avec vous, je reprendrai contact avec vous d'ici une semaine pour savoir où en est votre recrutement et convenir le cas échéant d'un deuxième rendez-vous.

Cordialement

L'offre

Vous avez passé tous les obstacles de la sélection. À la fin du deuxième entretien, le recruteur vous indique que le salaire se situera dans une fourchette de 45 000 à 50 000 euros et que la décision doit intervenir dans les prochains jours.

Deux jours plus tard, vous recevez un coup de téléphone vous informant que vous êtes engagé avec un salaire de départ de 46 000 euros ; pouvez-vous commencer dans quinze jours ?

Bien évidemment, vous êtes content. Le salaire n'est pas exactement à la hauteur de vos attentes, mais vous acceptez et serez à votre nouveau poste dans quinze jours.

Ce n'est pas forcément la meilleure méthode d'accepter l'offre tout de suite. À cet instant, votre pouvoir de négociation est au plus haut point : vous avez convaincu votre interlocuteur que vous étiez la personne capable de résoudre ses problèmes et d'apporter la contribution la plus significative à son entreprise. L'employeur a passé du temps à vous sélectionner. Pour toutes ces raisons, il est, plus que jamais, ouvert à la négociation.

Vous disposez de trois solutions pour répondre à cette offre verbale :

- **L'offre vous convient :** vous le remerciez, acceptez instantanément et attendez le contrat.
- **L'offre ne vous convient que partiellement :** vous avez en tête d'autres objectifs que vous êtes prêt à négocier au téléphone (provoquez un ultime rendez-vous si vous sentez que la négociation doit s'éterniser) : « Je vous remercie beaucoup pour votre offre, elle est très intéressante ; toutefois, il y a deux points qui ne correspondent pas tout à fait à… »
- **Vous ne vous sentez pas capable de négocier par téléphone car vous n'avez pas suffisamment travaillé vos objectifs :** « Je vous remercie beaucoup pour votre offre. Elle est très intéressante mais je souhaite y réfléchir. Puis-je vous rappeler demain matin pour en parler… ? »

Il faut alors faire le point sur vos ambitions. Il n'y a pas que le salaire qui compte, d'autres aspects, tout aussi importants, sont à négocier (voir liste ci-après). Aussi, en fixant vos objectifs, vous allez peut-être vous apercevoir qu'un job autonome et qui vous permettra de relever des défis est plus avantageux qu'un salaire important. Il importe donc de bien définir vos points limites de négociation.

Pour fixer vos objectifs posez-vous les questions suivantes

Qu'est-ce qui m'a attiré dans ce job ?

Si vous êtes au chômage depuis deux ans, vous aspirez simplement à un travail et à un salaire. Dans ce cas, ne négociez pas. Ou bien vous vous apercevez que le salaire est peu important et que vous recherchez surtout un job qui vous permette de voyager à l'international.

Quels sont mes besoins et mes motivations, tant sur le plan matériel que psychologique ?

Vous souhaitez être plus souvent avec votre famille, posséder une voiture plus belle, davantage de pouvoir, exercer une activité créative ! En clarifiant vos attentes, vous saurez ce qui prime dans la négociation.

Quel est mon objectif maximum ?

Renseignez-vous sur les normes de la profession (salaire, avantages en nature...). S'il n'est pas rare de bénéficier d'une voiture de fonction, demandez-en une. Faites également une liste des prérogatives que vous êtes prêt à abandonner parce qu'elles vous semblent irréalistes par rapport au niveau de la fonction et aux normes du secteur.

Comment ce job s'insère-t-il dans une perspective de carrière à plus long terme ?

Méfiez-vous des jobs trop bien rémunérés qui, à terme, ne mènent qu'à des placards. Ne perdez jamais de vue votre plan de carrière.

Quel est mon objectif minimum ?

Cette donnée ne concerne que vous et vous seul. Elle ne doit en aucun cas être communiquée à l'employeur potentiel car celui-ci s'alignera toujours sur le palier le plus bas pour faire son offre.

Sur quels points transiger ?

Isolez dans votre liste d'objectifs les points sur lesquels vous resterez intraitable. Dans tous les cas, au cours de la négociation, soyez certain que vous parlez bien le même langage que les responsables de l'entreprise : « Si j'ai bien compris, je n'aurai pas de voiture de fonction, en revanche, vous me rembourserez mes kilomètres professionnels au tarif de.../km ». En somme, ayez des arguments concrets, soyez flexible, clair et faites-vous préciser les points qui restent flous. Sachez faire des concessions de moindre importance afin d'obtenir des avantages conséquents par ailleurs.

Les points sur lesquels négocier

- Le salaire
- Les primes, bonus, commissions, intéressement...
- Les stock-options
- La retraite par capitalisation
- L'augmentation de salaire contractuelle (6 mois, 1 an...)
- L'indemnité en cas de licenciement
- Le titre
- La responsabilité
- L'assurance-vie
- La mutuelle
- Le secrétariat
- Le management
- Les vacances
- La formation
- La voiture de fonction, club de sport...
- Les notes de frais...
- Les termes d'une éventuelle clause de non-concurrence

La négociation de salaire

La question du salaire ne doit être abordée qu'à la fin de l'entretien ou au cours d'une seconde rencontre. En effet, plus vous connaîtrez le poste à pourvoir, plus vous pourrez en évaluer le salaire avec précision. Sachez toutefois que si l'on vous confie davantage de responsabilités qu'auparavant, vous pourrez facilement justifier une augmentation de salaire.

Il se peut que l'on vous demande, dès le début de l'entretien, le montant de votre rémunération actuelle. S'il est certes difficile d'éluder cette question, il est possible de répondre en termes de package ou de compensation. Par exemple : « Je reçois une compensation annuelle de 40 000 euros. » Vous restez assez vague tout en répondant à la question. Vous pouvez d'autre part répondre en disant que « vous envisagez d'accepter un poste, non seulement parce qu'il est bien rémunéré, mais aussi parce qu'il répond à vos aptitudes et à vos motivations. »

Il convient donc de faire plus ample connaissance avant de traiter ce sujet ultérieurement. Si, néanmoins, on vous demande combien vous souhaitez gagner, répondez de la façon suivante : « Si je compare à une autre offre où l'on me propose X euros, je constate que les responsabilités que vous me confiez sont plus importantes. Un salaire de 10 % supérieur à celui que l'on m'offre par ailleurs me paraît raisonnable. »

Si votre interlocuteur ne veut pas revenir sur le salaire qu'il vous propose, rabattez-vous sur d'autres avantages. Cela ne signifie pas qu'il cherche à s'opposer à vous mais qu'il est tenu de respecter une structure de salaire inhérente à son entreprise. Vous pouvez aussi lui proposer de vous augmenter à la fin de la période d'essai, lui faisant valoir que c'est vous qui prenez tous les risques.

■ Le salaire proposé est inférieur à celui que vous aviez auparavant

Si vous êtes au chômage, ne dites pas à votre interlocuteur que le salaire est inférieur car vous risqueriez de perdre le poste. Le recruteur croira que vous n'acceptez cet emploi que pour des raisons alimentaires et que vous n'hésiterez pas à le quitter dès que vous aurez trouvé mieux.

Si vous êtes en poste, n'acceptez pas une diminution de salaire sauf si la société et le poste sont exceptionnels et constituent un réel tremplin pour la suite de votre carrière ; ou encore, si vous changez radicalement de fonction.

Les questions types sur les négociations de salaire

Quel salaire minimum accepteriez-vous pour ce poste ?

Si le poste vous intéresse vraiment vous serez toujours tenté de répondre franchement à cette question en donnant le chiffre le plus bas.

Méfiez-vous ! Une fois le seuil minimum connu, il sera quasiment impossible de revenir en arrière et, dans 90 % des cas, c'est ce chiffre qui figurera dans l'offre. Répondez d'abord à cette question en donnant le montant maximum que vous estimez pouvoir obtenir et retournez la question en demandant : « À combien évaluez-vous ce poste ? À combien évaluez-vous mon expérience ? »

Combien souhaitez-vous gagner dans cinq ans ?

Autre question piège ! Répondez simplement : « Je souhaite une progression de mon pouvoir d'achat d'environ 10 % par an. »

Précisez toujours à votre interlocuteur si vous parlez de salaire net ou brut. De même, faites-vous-le préciser par votre interlocuteur. (Il peut y avoir entre 15 % et 20 % d'écart entre les deux.)

Avant toute négociation de salaire, renseignez-vous sur ce qui est pratiqué pour votre fonction et dans votre secteur (source : étude de salaires dans la presse, offres d'emploi similaires, contacts avec les chambres de commerce, relations personnelles).

Ne (presque) jamais accepter la défaite

Parfois, vous serez victime d'un mauvais recrutement. On ne vous aura pas choisi, à tort. Vous devez donc être préparé à ce genre d'événement et essayer de vous battre pour rectifier le choix de votre interlocuteur. Tout n'est pas perdu :

- Le verdict tombe : vous n'êtes pas sélectionné.

- Remerciez votre interlocuteur pour son temps et sa considération.
- « Afin de m'aider dans ma recherche, auriez-vous l'obligeance de me dire pourquoi je n'ai pas été choisi ? » Assurez votre interlocuteur que vous lui serez reconnaissant d'une réponse franche. Écoutez-le et, quoi qu'il puisse dire, laissez-le parler, prenez des notes.
- Montrez-lui que vous avez compris ce qu'il vous a dit : « Merci de vos commentaires, maintenant je comprends parfaitement ce qui a pu se passer. Comme je ne suis pas un professionnel de l'entretien, ma nervosité m'a joué des tours. Je souhaite vraiment travailler pour votre société. Laissez-moi vous prouver que j'ai vraiment les compétences requises. Vous me dites le jour et l'heure et j'y serai. Qu'est-ce qui vous convient le mieux ? »

Bien sûr, ce n'est pas infaillible, certains ne voudront plus vous revoir car vous n'êtes réellement pas fait pour le poste mais vous ne risquez rien à tirer cette dernière cartouche.

Restez en contact avec votre interlocuteur. Quand vous voyez un article de presse qui peut l'intéresser, n'hésitez pas à lui envoyer avec un petit mot : « Je suis toujours intéressé par votre entreprise. Je souhaite toujours devenir commercial chez vous. Je me permettrai de vous appeler prochainement pour voir si vous n'avez pas de besoin dans ce domaine. »

Vous me direz, il n'y a que des *happy ends* dans ces cas concrets. C'est volontaire car je demeure persuadé qu'aucune situation n'est complètement bloquée. Il y a toujours un poste quelque part qui peut vous convenir. L'important c'est, une fois que vous l'avez identifié, de ne pas rater votre entretien en... portant des chaussettes blanches par exemple.

En un mot, en suivant les conseils de ce livre.

Études de cas

Anne : la jeune diplômée

Anne a finalement opté pour un emploi d'assistante chef de produit dans le service marketing d'une société de grande consommation.

Elle n'a pas négocié son salaire, à raison, car elle va être formée et apprendre son métier. Elle sera en relation avec différents services (commercial, production, juridique…) et donc sa carrière est bien en « marche avant ».

Jean : le jeune avocat

Jean s'est aperçu que finalement son principal objectif dans la vie était d'avoir une vie équilibrée, ce que pourra difficilement lui offrir un poste de *partner*. Il doit donc repenser son objectif long terme et se préparer à changer de situation dans les deux ou trois prochaines années.

Paul : le directeur général

Paul aurait pu tomber dans la crise de la quarantaine. Il a su se fixer de nouveaux objectifs personnels et professionnels, s'est formé à de nouvelles techniques et peut maintenant envisager sereinement un nouveau challenge dans une nouvelle société.

Sophie : la femme au foyer

Après de nombreux rejets à des entretiens, Sophie a fini par trouver un employeur qui reconnaît sa maturité d'esprit et mise sur sa rapidité à assimiler rapidement de nouvelles techniques. Elle est bien décidée à apporter une réelle plus-value à son nouvel employeur, le récompensant ainsi de la confiance qu'il lui accorde tout en ne perdant pas de vue son objectif final : devenir consultante indépendante.

John : le directeur financier

L'amertume envolée, un bilan achevé, John s'est rendu compte qu'il aimait la finance, la comptabilité et qu'il était à l'aise dans un environnement technique.
En fait, c'était le stress occasionné par la situation précaire de sa société qui lui faisait douter de son job. Aujourd'hui, il met à profit ses compétences techniques au sein d'une PME, certes pour un salaire moins élevé, mais aussi pour un stress moins important.

Un exemple d'entretien

Voici un bref aperçu d'un véritable entretien de recrutement. Prenons un cas concret.

John Lamy, 45 ans, vient d'être licencié par sa société qui a fait l'objet d'une récente OPA. Son poste a été supprimé car il faisait double emploi. Il a travaillé quatorze ans dans la même société dont six ans au poste de directeur financier. Il s'est beaucoup investi dans sa société qui avait des difficultés financières importantes avec, pour toute récompense, des horaires pénibles, peu de vacances, pas d'augmentation et finalement un licenciement. John, à l'heure du bilan, est amer car sa loyauté et son professionnalisme n'ont compté pour rien dans la décision de la multinationale. Il a du mal à retrouver un poste principalement parce qu'il se « vend » mal durant ses entretiens.

Charles-Henri Dumon – Monsieur Lamy, vous postulez aujourd'hui à un poste de directeur administratif et financier dans une société américaine. Notre cabinet a été mandaté par cette société pour recruter ce Directeur administratif et financier. Je vous propose donc de me parler de vous. Dans un deuxième temps, j'aurai des questions à vous poser sur votre cursus et, enfin, nous parlerons du poste à pourvoir.

John – J'ai 45 ans et je suis au chômage depuis un an. Je n'ai toujours pas compris pour quelle raison j'ai été licencié de chez COM... INFORMATIQUE. Je gagnais 80 000 euros, je recherche donc un poste de directeur administratif et financier à la mesure de mes compétences. Chez COM..., j'étais directeur administratif et financier avec la responsabilité d'une équipe comptable et financière.

Avant COM..., je suis resté trois ans chez COL... comme directeur comptable et enfin en 1985, je suis entré en tant qu'auditeur dans l'un des plus grands cabinets d'audit anglo-saxons : X & Y. Cela a été pour moi l'une des expériences les plus passionnantes : elle était très diversifiée, nous avions l'occasion de voir des clients très différents. J'en suis parti car je me suis rendu compte que j'avais peu de chance de parvenir au poste d'associé dans ce cabinet. Dernier point, j'ai un diplôme d'expertise-comptable.

Commentaires :

Le début de l'entretien et sa présentation sont mauvais pour les raisons suivantes :

- Sa présentation est négative : John commence par dire qu'il est au chômage et qu'il ne comprend pas pourquoi.
- Il ne présente pas ses compétences en fonction des besoins du client.
- Il ne s'appuie pas sur ses points forts : il mentionne en passant son diplôme d'expert-comptable sans insister sur l'intérêt de ce diplôme et de la garantie technique qu'il confère pour l'interviewer.
- On le sent amer dans son discours, créant ainsi un sentiment de malaise chez son interlocuteur.
- Il ne justifie, ni n'explique ses départs.
- Il n'annonce pas ses projets.
- Enfin, il ne donne aucune précision sur ses réalisations ; j'avais la responsabilité d'une équipe comptable et financière. Non : il aurait dû mentionner le nombre de personnes sous sa responsabilité ».

Reprenons avec John l'entretien tel qu'il aurait dû être s'il l'avait préparé.

John – J'ai 45 ans, j'ai un diplôme d'expertise-comptable, ce qui fait de moi, avec mon expérience, un professionnel et un excellent technicien de la direction administrative et financière. J'ai commencé ma carrière dans l'audit chez X & Y. Cela m'a permis d'acquérir une bonne méthode de travail en ce qui concerne l'audit des comptes ; j'ai pratiqué notamment deux audits d'acquisition (7,5 M€ et 30,5 M€), ce qui ne manquera pas, je pense, d'être utile à votre client car le poste décrit dans l'annonce mentionnait que le directeur financier aurait à participer à quelques acquisitions. Cela m'a permis aussi de me familiariser avec les systèmes comptables de nombreuses sociétés, ce qui m'aidera dans la mise en place du nouveau *reporting* que votre client souhaite installer. J'ai été chassé pour rentrer chez COL... en tant que directeur-comptable : l'expérience m'intéressait pour trois raisons :

– le management de vingt-cinq personnes ;
– la responsabilité et la refonte complexe des systèmes d'information ;
– la pratique poussée de l'informatique.

Cette expérience a été concluante puisqu'en trois ans, j'ai réduit le personnel comptable de vingt-cinq à dix-neuf personnes. J'ai rencontré, formé des gens plus compétents et mieux réparti les tâches. J'ai mis en place un *reporting* qui est toujours utilisé aujourd'hui. Enfin, j'ai réduit l'encours clients de 10 %.

Le poste étant un peu trop comptable à mon goût, j'ai recherché un poste de directeur financier. Je suis rentré en 1990 chez COM... INFORMATIQUE comme contrôleur financier puis DAF au bout de deux ans. J'ai eu une excellente progression de carrière chez eux tant au niveau salaire qu'au niveau responsabilités. À partir de 2000, la crise a frappé de plein fouet le secteur informatique, notre société a été durement touchée. J'ai su malgré tout permettre à mon patron de réaliser un plan drastique de réduction des coûts : en trois ans, moins 30 % des dépenses dans tous les domaines. J'ai mis en place un contrôle de gestion efficace avec une série de tableaux de bord sophistiqués. La société a été rachetée au début de 2003, ayant déjà un directeur financier mon poste faisait double emploi et ils l'ont supprimé. En attendant, je ne suis pas resté sans rien faire ; j'ai aidé un ami à monter une société et à mettre en place son système de gestion.

Aujourd'hui, le poste proposé m'intéresse beaucoup pour les raisons suivantes : vous recherchez un DAF capable de développer une société par acquisitions tout en mettant en place les outils comptables et financiers pour gérer sa croissance. C'est ce que j'ai fait chez X & Y ; je pense donc pouvoir apporter beaucoup à votre client d'autant que mes quinze ans passés chez X & Y m'ont familiarisé avec la culture et les méthodes anglo-saxonnes, ce qui est le cas de votre client.

Voilà brièvement un résumé de ma carrière, y a-t-il des points que vous souhaitez me voir développer plus particulièrement ?

Commentaires :

Je pense que vous avez saisi la différence entre les deux prestations. Continuons maintenant l'entretien avec les réponses du candidat à certaines de mes questions.

Charles-Henri Dumon – Quel est votre style de management ?

John – Je délègue beaucoup, je crois beaucoup dans l'autonomie.

Charles-Henri Dumon – Combien de personnes avez-vous dirigées ? Quelles étaient leurs qualifications ?

John – J'ai managé dix-neuf personnes avec succès : trois cadres et seize employés.

Commentaires :

Les réponses de John sont trop courtes, elles n'argumentent pas. À aucun moment John n'a expliqué qu'il était doué d'une grande faculté d'adaptation et qu'il pouvait s'adapter à tous types de personnes et de situations.

John a trop insisté sur l'autonomie qu'il donne à ses collaborateurs. Si savoir déléguer est important, savoir contrôler l'est tout autant. Essayez de donner une image équilibrée de vous-même. Il aurait pu par exemple répondre : « Certains collaborateurs doivent être managés avec fermeté, d'autres peuvent être autonomes alors que d'autres encore ont besoin d'encouragement et de considération. »

Charles-Henri Dumon – Avec quel type de personnes aimez-vous bien travailler ?

John – J'aime travailler avec des gens rigoureux, honnêtes, motivés et enthousiastes.

Commentaires :

John a raison d'insister sur des qualités que le recruteur va essayer de déceler chez lui et qui sont importantes pour le poste. Partant du principe que nous aimons travailler avec des gens qui partagent nos valeurs, nos idées, évoquez des facteurs positifs et qui sont importants pour remplir la fonction à laquelle vous postulez.

Charles-Henri Dumon – Qu'est-ce qui vous paraissait difficile dans votre dernier poste ?

John – Mes rapports avec mon patron étaient très tendus les dernières années. Il ne maîtrisait pas bien la situation difficile dans laquelle nous nous trouvions. Le marché était responsable de cette situation mais sa mauvaise gestion aussi.

Commentaires :

Attention John ne répond pas très bien à cette question délicate. Il devrait plutôt dire qu'il n'a pas rencontré de difficultés particulières, qu'il maîtrisait bien son job. Il peut donner des exemples de difficultés qui sont en dehors de son contrôle et dont il n'est pas la cause. Ainsi, il aurait pu dire « Le marché de l'informatique ayant subi une chute importante, cela a rendu notre démarche plus difficile. »

Charles-Henri Dumon – Décrivez votre journée type.

John – J'organise ma journée du lendemain, la veille. Cela me permet de connaître clairement ma priorité pour la journée quand j'arrive au bureau vers 8 h 30 le matin. Je réunis rapidement mes collaborateurs pour leur fixer le programme de la journée et les objectifs à atteindre. Je suis très organisé et rigoureux dans la gestion de mon temps.

Commentaires :

John répond bien à cette question qui a pour but de valider son organisation, sa gestion du temps, son efficacité.

Charles-Henri Dumon – Qu'est-ce qui vous motive dans votre poste actuel ?

Commentaires :

Cette question a pour but d'analyser les facteurs de motivation de John. Son but doit être de calquer encore plus ses motivations sur les besoins du poste à pourvoir. Il doit être positif sur son job actuel sans en faire trop : il veut quand même changer de société.

Charles-Henri Dumon – Quelles sont les qualités nécessaires pour faire un bon directeur administratif et financier ?

John – La rigueur et l'écoute.

Commentaires :

Une fois encore, John, comme il n'a pas préparé son entretien, répond de façon trop laconique. Cette question doit être une excellente occasion pour coller aux besoins de votre interlocuteur.

Charles-Henri Dumon – Avez-vous ces qualités ?

John – Oui, bien sûr.

Commentaires :

John ne prouve rien. S'il faut bien sûr répondre positivement à cette question, il ne suffit pas de le dire, il faut le prouver en illustrant vos succès, vos qualités, votre savoir-faire technique.

Charles-Henri Dumon – Avec du recul, qu'auriez-vous fait de différent dans votre carrière ?

John – Rien, j'assume mes responsabilités.

Commentaires :

Réponse cassante : tout le monde est sujet à l'erreur ! Choisissez de préférence des impairs de jeunesse, imputables au manque d'expérience et survenus il y a longtemps.

Charles-Henri Dumon – Quels types de décisions trouvez-vous difficiles à prendre ?

John – Principalement, les décisions concernant le licenciement de collaborateurs. C'est un acte de management qui n'est pas facile, que personne n'aime faire. Cela dit, quelles que soient la situation et la difficulté, je sais prendre les décisions et assumer mes responsabilités.

Commentaires :

Si vous n'avez pas un poste en rapport avec le management, faites valoir que la décision vous paraît difficile à prendre lorsque vous manquez d'informations sur le problème.

Charles-Henri Dumon – Que feriez-vous si vous étiez en désaccord avec votre supérieur hiérarchique ?

John – Nous nous sommes très souvent confrontés avec mon patron. J'ai toujours trouvé qu'il prenait trop de risques. Je lui en ai souvent fait part en réunion.

Commentaires :

John fait une erreur en répondant trop franchement à cette question : il risque de donner une image négative de lui-même, son interlocuteur peut penser que c'est une personne difficile à manager.

Charles-Henri Dumon – Quelles sont vos faiblesses ?

John – Je maîtrise mal la prise de parole en public. Je sais que cela est dû à un manque de pratique, je sais que mon entourage...

Commentaires :

Bonne réponse. N'admettez pas de défauts personnels.

Charles-Henri Dumon – Êtes-vous capable de travailler sous pression ?

John – Oui, et je trouve cela stimulant. Toutefois, à chaque fois que cela est possible, j'essaye de planifier mon travail et d'éviter ainsi un stress inutile généré par le travail fait à la dernière minute.

Commentaires :

Bonne réponse de John.

L'entretien va bien sûr continuer avec d'autres questions que nous avons abordées dans le chapitre précédent.

Conclusion

> « Impose ta chance, serre ton bonheur et va vers ton risque.
> À te regarder, ils s'habitueront. »
>
> René CHAR, *Rougeur des matinaux*

Chercher un emploi est avant tout affaire de préparation, d'organisation, de réflexion personnelle sur ses compétences, ses envies et sur la réalité d'un marché. Trouver un emploi est la combinaison entre tous ces facteurs et un facteur chance qui vous permet d'être « la bonne personne, au bon endroit, au bon moment ».

Pour conclure cet ouvrage, quelques derniers conseils pour vous accompagner dans cette recherche :

- **Soyez réactif(ve) :** les outils actuels (voir notre partie consacrée à Internet) vous permettent non seulement de vous documenter plus rapidement et plus profondément sur votre secteur d'activité, ses acteurs et ses tendances, mais aussi d'être alerté(e) quand se profilent des pistes d'embauche ou des pistes en bonne et due forme. Ne tardez pas à réagir : cette rapidité sera mise à votre crédit et vous placera dans les premières candidatures étudiées dans un contexte où les places sont chères...
- **Soyez constant(e) :** la recherche d'emploi ne se fait pas à vos moments perdus. L'effort doit être constant, continu, un peu comme si vous étiez engagé(e) dans une course de fond ou un marathon pour les moins chanceux. Établir un planning des actions à réaliser, des personnes à rencontrer, des lieux à visiter (salons, congrès, événements professionnels) vous aidera à garder cette constance dans votre recherche d'emploi. La persévérance est aussi une qualité appréciable pour un employeur...
- **Soyez réaliste :** si vos souhaits ne correspondent pas à la réalité d'un marché ou à son évolution, sachez vous adapter à la nouvelle donne.

Vous cherchez un emploi en CDI et votre secteur n'offre que des missions ponctuelles ? Prenez-les : le travail est toujours plus intéressant que l'inactivité, à la fois financièrement et psychologiquement, et vous engrangerez de l'expérience. Votre secteur paraît complètement bouché ? Il est peut-être temps de l'accepter, de procéder à un bilan professionnel et de songer à une reconversion professionnelle.

- **Ne vous « endormez » pas :** vous avez des diplômes tout neufs, tant mieux mais leur contenu peut vite être dépassé si vous n'actualisez pas ces compétences par des stages de terrain, des missions courtes ou de l'intérim. Vous n'avez pas de diplôme ou les vôtres sont anciens ? Pensez à la formation continue qui peut vous aider à mettre à jour vos savoir-faire. Les dispositifs existants (CIF, DIF, DPF) tout comme les programmes d'aide régionaux ou locaux (fonds Pôle Emploi pour la formation) peuvent vous aider à trouver les financements nécessaires.
- **Ne vous dévalorisez pas :** une partie des circonstances qui font que l'on trouve un emploi ou pas tient tout simplement à la crise que nous traversons depuis une dizaine d'années. Vous n'êtes pas responsable de ce contexte économique, vous le subissez… et les entreprises également.
- **Ne baissez jamais les bras :** même si vos démarches se révèlent infructueuses à court ou moyen terme, il vous faut persévérer. Cette mentalité volontaire non seulement vous aidera à passer le cap du chômage qui s'éternise, mais constituera également une qualité supplémentaire – cette capacité à garder le moral dans l'adversité – à ajouter à votre liste d'atouts professionnels.

Bonne chance dans vos recherches !

Mise en pages : Facompo

PEFC™
10-31-2541

Certifié PEFC
Ce produit est issu
de forêts gérées
durablement et de
sources contrôlées.
pefc-france.org

Achevé d'imprimer par Normandie Roto Impression s.a.s.
sur papier offset Ambergraphic 90g
N° d'imprimeur : 1502252
Dépôt légal : juin 2015

Imprimé en France